KUNO LORENZ

Indische Denker

VERLAG C. H. BECK

Mit einer Karte, einem Schaubild und 4 Abbildungen

Die Deutsche Bibliothek – CIP-Einheitsaufnahme

Lorenz, Kuno:
Indische Denker / Kuno Lorenz. – Orig.-Ausg. – München :
Beck, 1998
(Beck'sche Reihe ; 545 : Denker)
ISBN 3 406 41945 3

Originalausgabe
ISBN 3 406 41945 3

Umschlagentwurf: Uwe Göbel, München
Umschlagabbildung: Śrī Madhvācārya. In: Haridas Bhāṭṭacharyya
(Hg.), The Cultural Heritage of India, Vol. III, Calcutta 1983

Gesamtherstellung: C. H. Beck'sche Buchdruckerei, Nördlingen
Gedruckt auf säurefreiem, alterungsbeständigem Papier
(hergestellt aus chlorfrei gebleichtem Zellstoff)
Printed in Germany

Inhalt

Vorwort

Noch immer ist es keineswegs selbstverständlich, daß hierzulande jemand, der Verfahrensweisen und Ergebnisse geistiger Tätigkeit auch in historischer Perspektive kennenlernen möchte, dabei mit nicht-europäischen Traditionen vertraut gemacht wird oder diese ohne besondere Schwierigkeiten selbst in Erfahrung bringen könnte. Denker außerhalb des westlichen Kulturkreises und jenseits unserer eigenen Gegenwart spielen in den öffentlich ausgetragenen Kontroversen außerhalb enger Fachkreise selten eine Rolle.

Das geschichtliche Bewußtsein, das unsere geistige Kultur prägt, ist trotz aller Beteuerungen, daß die Gegenwart ein Denken in globalen Zusammenhängen verlange, nahezu uneingeschränkt eurozentrisch geblieben. In der Philosophie mehr noch als in anderen Disziplinen, weil Philosophie und Wissenschaft, anders als etwa Kunst und Religion, noch immer häufig für etwas typisch Westliches gehalten werden.

Es ist an der Zeit, die sich inzwischen deutlich anbahnende Bewußtseinsänderung gerade auch im Bereich von Philosophie und Wissenschaft mit Publikationen zu fördern, die nicht schon Kenner als Leser voraussetzen.

Als Nichtfachmann, aber interessierter Laie und professionell mit philosophischer Reflexion befaßter akademischer Lehrer habe ich mich seit vielen Jahren anhand der immer zuverlässiger werdenden Textausgaben und Übersetzungen indologischer Fachleute und ihrer Kommentare mit den indischen philosophischen Traditionen auseinandergesetzt. Ergebnisse dieser Bemühungen habe ich nicht nur in akademischen Veranstaltungen erprobt, sie sind auch, zum Beispiel, in einschlägige Artikel der mittlerweile fertiggestellten vierbändigen ‚Enzyklopädie Philosophie und Wissenschaftstheorie' (hg. J. Mittelstraß, Mannheim 1980–84, Stuttgart 1995-96) eingeflossen. Sie haben Herausgeber und Verlag bewogen, mich zur Verwirklichung meiner Idee zu ermutigen, zum ersten Male eine an Personen orientierte Darstellung der philosophischen Positionen in der klassischen indischen Tradition zu versuchen.

Bei einem solchen Versuch kann man nicht, wie in unserer eigenen Tradition, den Weg vom Leben zum Werk einer Person einschlagen, weil Leben und Wirken der Autoren klassischer Werke bisher nur in groben Umrissen aus der Fülle überlieferter Legenden von der historischen Forschung haben freigelegt werden können. Es ist aus diesem Grunde nur möglich, aus den Auseinandersetzungen, soweit sie sich in den Werken identifizieren lassen und von der indologischen Forschung hinreichend erschlossen sind, denkerische Profile zu ermitteln. Mit solchen Profilen sollen über den personunabhängigen gedanklichen Gehalt hinaus auch die für einen Autor charakteristischen Interessenschwerpunkte im Kontext der Debatten seiner Zeit ein wenig sichtbar werden.

Acht der bedeutendsten indischen Denker habe ich ausgewählt: je vier aus dem buddhistischen und aus dem hinduistischen Kontext, insgesamt aus einer Spanne von ungefähr eintausendeinhundert Jahren.

Über das die Darstellung angesichts einer Reihe grundsätzlicher methodischer Schwierigkeiten leitende Verfahren gebe ich im ersten einleitenden Kapitel Rechenschaft. Wer an solchen methodologischen Fragen zunächst nicht interessiert ist, mag ohne Beeinträchtigung für ein erstes Verständnis gleich mit dem zweiten Kapitel beginnen, das dem allgemeinen historischen Zusammenhang der philosophischen Entwicklungen in Indien gewidmet ist, und bei Bedarf später auf die Behandlung der Verfahrensprobleme zurückgreifen, die sich im ersten Kapitel findet. Die Kapitel 3 und 4 stellen drei buddhistische Denker vor: Nāgārjuna und die beiden Vasubandhu. Ganz entsprechend stehen in den Kapiteln 6 und 7 drei hinduistische Denker im Mittelpunkt: Śaṃkara, Rāmānuja und Madhva. Das in der Mitte stehende fünfte Kapitel bildet das Scharnier zwischen diesen beiden Teilen und behandelt die Kontroverse zwischen dem hinduistischen Sprachphilosophen Bhartṛhari und dem buddhistischen Logiker Dignāga. Auf Probleme der Wirkungsgeschichte indischer Traditionen in Europa wird noch in gebotener Kürze im abschließenden achten Kapitel aufmerksam gemacht. Eine Zeittafel samt Landkarte sowie ein Glossar und eine Übersicht über weiterführende Literatur sollen die Einarbeitung in den angebotenen Stoff erleichtern.

Für Hilfestellung bei der Klärung zahlreicher sachlicher Probleme und auch beim Finden einer dazu passenden sprachlichen Gestalt bin ich Vielen, Freunden, Kollegen und Mitarbeitern, zu größtem Dank verpflichtet. Die Gespräche mit ihnen über die Jahre hin und auch ihre Arbeiten waren mir eine nicht leicht zu überschätzende Hilfe. Namentlich hervorheben möchte ich den Akademischen Oberrat, Herrn Dr. Dietfried Gerhardus, und Herrn PD Dr. Narahari Rao. Beide haben sich nicht nur der Mühe einer sorgfältigen Lektüre des Manuskripts unterzogen, sondern auch erste Fassungen des Textes mit ihrer hilfreichen Kritik begleitet. Ebenso wie ihnen danke ich Herrn Dr. Wolfgang Schumann, der in freundschaftlicher Verbundenheit seinen sachkundigen Rat besonders der Darstellung der buddhistischen Denker angedeihen ließ und mir bei der Suche nach geeigneten Abbildungen großzügig geholfen hat. Ohne die unermüdlichen kritischen Rückfragen und alternativen Formulierungsvorschläge jedoch, die ich meiner Frau, Dr. Karin Lorenz-Lindemann, verdanke, hätten alle übrigen Hilfestellungen nie zu der jetzt vorliegenden Textfassung geführt. Für alle verbliebenen Mängel trage natürlich allein ich selbst die Verantwortung.

Zum Schluß möchte ich angesichts der mehrfachen Verzögerung bei der Fertigstellung des Textes noch dem Verlag und dem Herausgeber für ihre dabei gezeigte Geduld, ihren hilfreichen Rat und ihre nimmermüde Freundlichkeit aufrichtig danken.

Saarbrücken, im April 1998 Kuno Lorenz

Aussprache und Betonung indischer Wörter

Zur Wiedergabe der indischen Namen und Termini, soweit sie dem Sanskrit oder Pāli angehören, wird in der Regel das (Deva-)Nāgarī-Alphabet verwendet. In der üblichen lateinischen Umschrift hat es die folgende Anordnung:

VOKALE

einfache	kurz	a	i	u	ṛ	ḷ
	lang	ā	ī	ū	ṝ	
DIPHTHONGE	(lang)	e	ai		o	au

KONSONANTEN		stimmlos		stimmhaft		nasal
Verschlußlaute	Gutturale	ka	kha	ga	gha	ṅa
	Palatale	ca	cha	ja	jha	ña
	Cerebrale	ṭa	ṭha	ḍa	ḍha	ṇa
	Dentale	ta	tha	da	dha	na
	Labiale	pa	pha	ba	bha	ma

Halbvokale	ya ra la va		es gehören ya zu i, ra zu ṛ, la zu ḷ, va zu u
Zischlaute (stimmlos)	śa (palatal)	ṣa (cerebral)	sa (dental)
Hauchlaut	ha		

Die Vokale werden unter Beachtung von Länge und Kürze wie im Deutschen gesprochen; ṛ und ḷ klingen wie *er* und *el* in *Bäcker* bzw. *Engel* mit schwach nachlautendem ə, d.i. wie auslautendes *e* in *Hände*; y im Halbvokal ya klingt wie deutsch *j*, v im Halbvokal va wie deutsch *w*.

Das *h* der aspirierten Konsonanten ist, obgleich mit dem vorangehenden Laut verschmolzen, deutlich zu hören; bei den Palatalen klingen ca wie *tscha*, ja wie *dscha*, ña wie *nja*, und śa wie *scha*, jeweils mit herabgebogener Zungenspitze; die Cerebrale einschließlich ṣa werden wie die Dentale gesprochen, nur liegt die Zunge nicht waagerecht mit der Spitze an den Zähnen, wie bei den Dentalen, vielmehr ist sie hinauf zum Gaumen gebogen, so daß ṣa wie eine Variante von *scha* klingt, während sa den Lautwert von *sa* hat, jedoch mit stimmlosem *s*; bei den übrigen Konsonanten ist die Aussprache wie im Deutschen.

Der Anusvāra, in Umschrift ṃ, ist Nasalersatz für nachfolgende Zischlaute und Hauchlaut; im Auslaut hat er den Lautwert *m*, und vor Verschlußlauten kann er den jeweiligen Nasal vertreten: z.B. Śaṃkara = Śaṅkara, gesprochen: *schankara*, oder: saṃnyāsin = sannyāsin. Der Visarga, in Umschrift ḥ, ist ein stimmloser Hauchlaut.

Der Ton geht, außer bei Komposita, bis auf die viertletzte Silbe zurück, wenn alle nachfolgenden Silben kurz sind, d.h. wenn dort der Vokal kurz ist und ihm auch keine Konsonantengruppe folgt.

I. Einleitung
Das Eigene und das Fremde im Vergleich

Es ist noch nicht lange her, da war das Interesse an außereuropäischen Denktraditionen im wesentlichen eine Sache von Spezialisten, und auch bei ihnen war der Zweifel verbreitet, ob es in Kulturen, die nicht von der griechischen Antike abhängen, von Religion unterschiedene Philosophie überhaupt geben könne.

Mit dem Ende der politischen Hegemonie Europas rücken auch außereuropäische Denktraditionen immer häufiger in den Brennpunkt öffentlicher Aufmerksamkeit. Das liegt daran, daß sich trotz gleichzeitig zunehmendem politischen Widerstand die neuzeitlichen europäischen Lebensweisen und Weltansichten weiter weltweit durchsetzen. Deren Kraft beruht vor allem darauf, daß sie von moderner Technik und Ökonomie getragen sind und diese ihrerseits von den verschiedenen neuzeitlichen Wissenschaften gestützt werden.

Indien, mit seinen bis ins 17. Jahrhundert weitgehend unabhängig von Europa ausgebildeten Denktraditionen, gehört zum neuerdings immer häufiger markierten Bereich öffentlichen Interesses. Aus diesem Grunde sollen die folgenden Kapitel in die geistige Welt einiger seiner bedeutendsten Denker einführen.

Es geht um einen Versuch, in einem Rahmen grundsätzlich vertrauter Gedankengänge Unvertrautes sichtbar zu machen. Dabei soll die häufig für zwingend gehaltene Alternative vermieden werden, Fremdes unter einer geeigneten Lesart einfach mit Eigenem gleichzusetzen oder aber, falls sich eine solche nicht finden läßt, es als unzugänglich beiseite zu schieben. Man wird vielmehr damit zu rechnen haben, daß schon die Feststellung von etwas Unvertrautem als fremd und nicht bloß neuartig die Anstrengung, es sich vertraut zu machen, auf eine besondere Weise färbt. Anstrengungen, etwas Fremdes kennzulernen, erschöpfen sich nicht darin, Erwartungen bestätigt oder enttäuscht zu sehen, sondern führen zu Entdeckungen. Die Entdeckung von etwas Fremdem schließt nun aber immer auch die Entdeckung von etwas Eigenem ein, also einen besonderen Fall der Unterscheidung von Eigenem und Fremdem selbst. Aus diesem Grunde sind einige Vorüberlegungen zum Hintergrund und zum Kontext nötig, in dem das Folgende steht.

Dazu ist es hilfreich, sich von den unterschiedlichen Mustern Rechenschaft zu geben, die im kleinen beim Zusammentreffen von verschiedenen Menschen und ebenso im großen beim Zusammentreffen von verschiedenen Kulturen immer wieder auftreten und von Emotionen wie Neugier und Furcht, Faszination und Abscheu in jeder Art Kombination begleitet sind (Weber 1997, 34–42).

Zum einen gibt es die Abgrenzung. Mindestens eine Seite will nach einer ersten Konfrontation oder auch nach längeren erfolglosen Versuchen der Annäherung so wenig wie möglich mit der anderen zu tun haben. Man versucht, sich aus dem Wege zu gehen, vorausgesetzt, es gibt den Spielraum dafür: eine gegenwärtig höchstens noch für Individuen oder sehr kleine Gruppen mögliche Reaktion.

Ein weiteres Muster ist die Assimilation durch Einbeziehung des Fremden in das Eigene, die bis zu einer völligen Preisgabe des Eigenen gehen kann. Sie ist in der Regel verbunden mit der Anwesenheit auf dem Territorium des Fremden und kann vom Fremden erzwungen sein oder aus Furcht vor ihm in vorauseilendem Gehorsam geschehen; sie kann aber auch von einer Begeisterung für das Fremde, unter Umständen gestützt von einer Unzufriedenheit über das Eigene, ausgelöst werden. Im Grenzfall physischer Vernichtung durch den Fremden hat allerdings auch Assimilation keine Chance mehr.

Das zur Assimilation spiegelbildliche Muster ist die Akkommodation des Fremden an das Eigene in Gestalt einer Integration des Eigenen durch den Fremden, also vom Standpunkt des Fremden her seiner Assimilation an mein Eigenes. Dieser Fall tritt auf, wenn etwa bei einer Eroberung durch den

Fremden in einem normalerweise langandauernden Prozeß die Kultur der Besiegten durch den Sieger übernommen wird, aber auch wenn bei eigener Herrschaft über den Fremden das Fremde im Eigenen untergeht, wie im Fall des weltweiten Siegeszuges abendländischer Lebensweisen und Weltansichten der Neuzeit.

Die bisher genannten Muster zeichnen sich dadurch aus, daß entweder gar keine Auseinandersetzung (mehr) stattfindet oder daß eine der beiden Seiten, das Fremde oder das Eigene, weitgehend verschwindet. Im Verhalten von Individuen wirken sich die Muster von Assimilation und Akkommodation so aus, daß man entweder im Fremden nur wieder das Eigene erkennt, das Fremde mit etwas Eigenem gleichsetzt und es dann ‚Verstehen' nennt, oder aber eigene Überzeugungen und Vorlieben durch fremde ersetzt und dies dann für ‚Selbstfindung' hält: Im ersten Fall läßt sich eine subtile Form der Herrschaft über das Fremde, im zweiten Fall eine weniger subtile Form der Unterwerfung unter das Fremde erkennen. In beiden Fällen kann es – wenn schließlich durchschaut wird, was dabei geschehen ist – zu besonders heftigen Versuchen erneuter Abgrenzung kommen.

Ein viertes, in der Auseinandersetzung zwischen Eigenem und Fremdem die Alternative von Herrschaft oder Unterwerfung sprengendes Muster schließlich wird zugänglich, wenn man bemerkt, daß es darum geht, Möglichkeiten des Umgehens mit dem Fremden *und* mit dem Eigenen zu entwickeln, für die es noch gar keine Muster gibt. Solche Versuche, Unvertrautes höherer Stufe kennenzulernen – was es erlaubt, die Unterscheidung des Eigenen vom Fremden nicht nur schlicht hinzunehmen, sondern darüber hinaus auch verfügbar zu machen – schließen daher Finden ebenso wie Erfinden ein. Das aber läßt sich begrifflich erst artikulieren, wenn man im Agieren und Reagieren ebenso wie im Reden und Antworten auf die beiden Rollen achtet, die sich an jeder dieser vier Tätigkeiten unterscheiden lassen: die Ich-Rolle und die Du-Rolle. Reaktion auf eine Aktion wäre nicht möglich, würde nicht zuvor das, was der Agierende tut, in irgendeiner Weise verstanden, genauso wenig wie eine Antwort als Antwort gelten kann, geht nicht irgendein Verständnis der vorangegangenen Rede voraus. Bei jedem Handeln erscheint die Ich-Rolle in einer (singularen) Aktualisierung der Handlung, ihrem pragmatischen Anteil, während die Du-Rolle in der zugehörigen (universalen) Schematisierung derselben Handlung erscheint, ihrem semiotischen Anteil.

Aktualisieren und Schematisieren sind nicht Gegenstände, sondern Verfahren, mit deren Hilfe eine Handlung zugänglich wird. Das geschieht entweder unmittelbar, wenn das Verfahren als ein Hilfsmittel auftritt: Die individuellen Handlungsvollzüge haben dann eine interaktive Funktion, man „will" etwas. Oder aber es geschieht mittelbar, wenn das Verfahren seinerseits wie ein Gegenstand behandelt wird. In diesem Fall markieren die individuellen Vorstellungen, um was für eine Handlung es sich handelt, den kognitiven Gehalt, man „weiß" etwas.

Handlungen werden real in (individuellen) Vollzügen angeeignet und in (individuellen) Vorstellungen vergegenständlicht, und das läßt sich jetzt seinerseits begreifen als Realisierung der beiden idealen Rollen, der Ich-Rolle in der (singularen) Aktualisierung und der Du-Rolle in der (universalen) Schematisierung. Aktualisierungen sind nur im Blick auf ihr Schema „verstanden", und ein Schema ist nur in seinen Aktualisierungen „vorhanden".

Erst, wenn in Aktion und Reaktion ebenso wie in Rede und Antwort jeder der Beteiligten in seinen beiden Rollen als jemand beachtet wird, der etwas tut und als jemand, der in einem ganz schlichten Sinn auch weiß, was er tut, läßt sich erkennen, daß es neben den drei skizzierten Mustern eine vierte Möglichkeit der Auseinandersetzung zwischen Eigenem und Fremdem gibt. Sie wird realisiert im Entdecken von Umgangsweisen *mit* dem Eigenen und dem Fremden durch das in Geschichte und Gegenwart immer wieder behandelte Modell des Voneinander-Lernens. An die Stelle der Alternative von Herrschen oder Sich-Unterwerfen tritt ein Umgehen-lernen mit Herrschaft (des Eigenen) *und* mit Knechtschaft (durch das

Fremde). Das darf jedoch nicht damit verwechselt werden, „aus der Not eine Tugend" oder „das Beste aus der Situation" zu machen, weil in solchen Fällen lediglich die bereits vertrauten Handlungsmöglichkeiten eingesetzt werden.

Der Verwandlungsprozeß, dem sowohl das Eigene als auch das Fremde im Verlauf des Lehrens und Lernens unterworfen wird – und dazu gehört auch, das Eigene und das Fremde jeweils als Mittel zur Neubestimmung des Eigenen und Fremden zu lehren und zu lernen –, bedarf zu seiner angemessenen Bestimmung der Einsicht, daß ein Handelnder beim Handeln stets auch über ein „Bild" seiner Handlung verfügt und daß er beim Reden auch darüber verfügt, was er damit „gemeint" hat. Dann nämlich ist die Konfrontation mit dem regelmäßig davon verschiedenen Verstehen dieses Handelns und Redens seitens des handelnd oder antwortend darauf Reagierenden überhaupt erst artikulierbar, und der daraufhin mögliche Lehr-Lern-Prozeß läßt sich als schrittweise Auflösung einer solchen Konfrontation durch Überführung in eine Folge immer wieder neuer „Auseinandersetzungen" oder „Dialoge" begreifen.

Bei einer bloß verhaltenstheoretischen Analyse von Interaktionen wird die Rollendifferenz allein als Differenz zwischen Beobachter (Du-Rolle) und Beobachtetem (Ich-Rolle) beachtet, die Handlungsbilder der Interagierenden selbst sind ausgeblendet. In den zeichentheoretischen Analysen von Interaktionen wiederum werden alle Handlungen, um als Handlungen zu gelten, gleich als Zeichenhandlungen wie explizite Redehandlungen angesehen, haben also einen „Sinn", der zu ermitteln ist, unabhängig davon, ob er den Interagierenden bewußt ist oder nicht. Die Rollendifferenz tritt bei zeichentheoretischen Analysen einerseits, um der Objektivität einer wissenschaftlichen Behandlung willen, wie in verhaltenstheoretischen Analysen in der Differenz zwischen Beobachter und Beobachtetem zutage, andererseits wird sie aber auch auf der Ebene des Beobachteten berücksichtigt, allerdings gleich als Differenz zwischen Handlungsebene und Ebene der Zeichenhandlungen: Ich tue etwas, und du, indem du meine Handlung als Zeichenhandlung auffaßt, verstehst, was ich damit meine.

Was regelmäßig unterbleibt ist, beides, sowohl das Handeln als auch das Zeichenhandeln, insbesondere das Reden, unter der Rollendifferenz zu betrachten. Denn nicht nur ist jedes Handeln als ein Zeichenhandeln analysierbar, auch jedes Zeichenhandeln, insbesondere Reden, ist natürlich außerdem ein Handeln. Und nur so werden die Übergänge zwischen Handeln und Reden behandelbar, wie es erstmals im symbolischen Interaktionismus von George Herbert Mead (1934) unter ausdrücklichem Bezug auf eine Übernahme der Du-Rolle durch das Ich geschehen ist.

Es war Johann Gottfried Herder, der den Prozeß des Voneinander-Lernens erstmals als einen Verwandlungsprozeß des Eigenen und Fremden auseinandergesetzt hat. Er schildert diese von ihm ‚Bildungsprozeß' genannte Verwandlung in seinen beiden Abhandlungen ‚Über den Ursprung der Sprache' (1772) und ‚Ideen zur Geschichte der Menschheit' (Erster Teil 1784, Zweiter Teil 1785) sowie in der Überleitung ‚Auch eine Philosophie der Geschichte zur Bildung der Menschheit' (1774). Sie muß als ein dialogisches Modell der Erziehung durch Lehren und Lernen verstanden werden. Deshalb nämlich, weil auf der Seite des Lehrens ausdrücklich auch die Konstruktion von Darstellungen eingeschlossen ist, die im Regelfall sprachlich ausfallen, und weil auf der Seite des Lernens ebenso ausdrücklich die Dekonstruktion von Darstellungen mit Hilfe von Interpretationen bis hin zu konkreter Tätigkeit auftritt. Dabei übernimmt jeder Mensch stets beide Rollen, sowohl im Handeln als auch im Zeichenhandeln. Herder benutzt die Termini ‚Freiheit' und ‚Vernunft', um auf die jeweils in den beiden Rollen des Selbsttätigseins, d.s. „organische Kräfte", und Geprägtwerdens, d.i. „Tradition", sich äußernden Handlungs- und Zeichenhandlungsmöglichkeiten hinzuweisen, allerdings mit der zusätzlichen, der klassischen Tradition widerstreitenden Pointe, daß auch im Handeln Vernunft (d.i. die Du-Rolle, neben der im Handeln stets auftretenden Ich-Rolle) und im Zeichenhandeln Freiheit (d.i. die Ich-Rolle, neben der für die Zeichenfunktion stets in Anspruch genommenen Du-Rolle) am Werke sind.

Der Bereich der Kultur als das von Menschen im Handeln und Zeichenhandeln Hervorgebrachte tritt aufgrund der beiden Rollen bei jedem Menschen in Gestalt von praktischen und theoretischen Kenntnissen auf, die stets von einem Traditionszusammenhang abhängig bleiben. Vernunft und Freiheit schließen daher sowohl Fähigkeiten als auch Mängel ein, weil auch Falsches geglaubt und Böses gewählt werden kann.

Als eine wichtige Konsequenz dieser Überlegungen ergibt sich, daß Sozialität, Herders „Freiheit", sich nicht mehr auf den Kampf zwischen individuellen Interessen bezieht, weder direkt in Gestalt eines „Kampfes um Macht" noch indirekt in Gestalt seiner kausalen Erklärbarkeit durch einen „Kampf ums Überleben". Vielmehr bezieht sich Sozialität im Herderschen Rahmen auf den sozialen Zusammenhang kleiner oder größerer Gruppen im Handeln und Zeichenhandeln, wie er durch Kooperation mit Hilfe individueller Beiträge hergestellt wird. Nur dadurch, daß man seine eigene Weltansicht und Lebensweise ausbildet, ist auch eine Entwicklung von Sozialität möglich. Ganz entsprechend bezieht sich Rationalität, Herders „Vernunft", nicht mehr auf den Willen, allein allgemeinen Interessen zu folgen, unabhängig davon, welcher Grad von Allgemeinheit dabei zugrundegelegt ist. Vielmehr markiert Rationalität im Sinne Herders die jeweils ein Individuum auszeichnenden Kräfte, die im Wettbewerb auf der Grundlage geteilter Lebensweisen und Weltansichten ein spezifisches Können ausbilden. Ein Rest dieses Verständnisses von Rationalität hat sich bis heute erhalten, wenn als Paradigma rationalen Verhaltens auf den Wettbewerb mit Argumenten für und gegen eine These verwiesen wird. Nur wer der Verankerung seiner Lebensweisen und Weltansichten in einer ein Stück weit gemeinsamen Grundlage gewahr wird, verwirklicht auch einen Schritt zur Individualität.

Nach einer einflußreichen Tradition, die als mehrfach erneuerte Aufklärung von der Antike bis heute reicht, sind wir es in diesem Zusammenhang gewohnt, von Selbstbestimmung als Aufgabe der Vernunft zu sprechen. Da aber zugleich Vernunft das Allgemeine und nicht das Besondere betreffen soll, wird

Selbstbestimmung dabei irreführend als aus Einsicht freiwillig vollzogene Unterordnung unter allgemeine Gesetze verstanden, statt sie als eine allgemeine Aufgabe zu verstehen, die jeder individuell zu lösen hat.

Herder hat auf dieser Korrektur gegenüber Immanuel Kant bestanden und dies besonders im ersten Kapitel seiner Schrift ‚Verstand und Erfahrung, Vernunft und Sprache. Eine Metakritik zur Kritik der reinen Vernunft' (1799) auseinandergesetzt. Er fordert am Ende dieses Kapitels dazu auf, zum Ursprung des Besitzes der Vernunft zu gehen, und macht so darauf aufmerksam, daß Individualität und Sozialität nur als Stadien eines einzigen Prozesses, des Bildungsprozesses für die dialogische „Dyade" Ich-Du, begriffen werden können. Jeder Versuch, den sowohl kompetitiven als auch kooperativen Zusammenhang zwischen Menschen auf der Basis schon mit Präferenzen und Überzeugungen „fertig" ausgestatteter Individuen zu bestimmen, ist dazu verurteilt, von Selbstbestimmung nur noch in Bezug auf die Gattung Mensch und nicht mehr in Bezug auf einzelne Menschen und ihrer Vergesellschaftung in Gruppen sprechen zu können. Zwischen einzelnen und zwischen Gruppen gibt es dann nur noch externe Beziehungen der gegenseitigen Einflußnahme, weil es sich um Beziehungen zwischen bereits vorab wohlbestimmten Gegenständen handelt. Die interne Beziehung des Voneinander-Lernens, in der jeweils die Art eines Gegenstandes durch die Art seines Gegenübers erst bestimmt wird, läßt sich nicht mehr aufbauen. Der Prozeß einer sukzessiven Bestimmung beider Seiten im Voneinander-Lernen dadurch, daß das Gegenüber eines Menschen als ein Zeichen für ihn auftritt – es zeigt mir etwas, das ich bin – ist übersprungen worden. Damit unterbleibt auch das Begreifen, daß mit der Verfremdung des Eigenen und der Aneignung des Fremden, die die Verwandlung im Prozeß des Voneinander-Lernens ausmachen, die Differenz von Eigenem und Fremdem überhaupt erst aufgespannt wird, und zwar als eine fortwährendem Wandel unterworfene Unterscheidung, unabhängig davon, wie ‚eigen' und ‚fremd' jeweils konkret realisiert sind.

Allerdings ist es dabei wichtig, sich klar zu machen, daß auch der Erziehungsprozeß gegenwärtig verbreitet im Sinne zeitabhängiger externer Relationen verstanden wird, deren Dynamik man „von außen“ entweder intentional durch vorgegebene Erziehungsziele oder kausal durch spezielles „social engineering“ steuert. Voneinander-Lernen im Sinne des Herderschen Bildungsprozesses ist jedoch eine Entwicklung interner Relationen und daher gegenseitige *Selbst*erziehung, also ein Prozeß, in dem beide Seiten der dialogischen Dyade im Zuge der Ausbildung einer weiteren Stufe von Individuation und Sozialisation ihre Lebensweisen und Weltansichten neu bestimmen. Dabei erwerben beide Seiten zugleich ein „Selbstverhältnis“, lernen also mit der Ich-Du-Dyade selbst umzugehen. Dies geschieht aus der Ich-Perspektive aneignend: sich selbst aneignend als „Subjekt“, und Subjektsein bedeutet, über beide Rollen als Hilfsmittel verfügen zu können; aus der Du-Perspektive hingegen geschieht es vergegenständlichend: das Gegenüber zur „dritten Person“ vergegenständlichend, einem aus beiden Rollen als Gegenständen bestehenden „Objekt“. In der Selbsterziehung werden Lebensweisen und Weltansichten nicht bloß schlicht gebildet, sondern in einer reflexiven Wendung zugleich einem Prozeß ständiger Verwandlung unterworfen. Die Beurteilung der Folgen dieses Verwandlungsprozesses für die Identität der Gruppen, der die Subjekte angehören, macht einen entscheidenden Anteil an der Auseinandersetzung um das Eigene und das Fremde aus.

Die Unterscheidung von Ich-Rolle und Du-Rolle sowohl in den Handlungs- als auch in den Redezusammenhängen hat es im Kontext der Selbsterziehung möglich gemacht, den Übergang von einer Betrachtung des Zusammenhangs der Menschen als interne Beziehung zu ihrer Betrachtung als externe Beziehung durch „Objektivierung“ und den Übergang in umgekehrter Richtung durch „Subjektivierung“ zu artikulieren. Mit diesen Übergängen läßt sich zugleich auch der die Objektivierung ausmachende Übergang vom Handeln zum Reden gewinnen. Beide Rollen nämlich, Ich-Rolle und Du-Rolle, lassen sich in der Darstellung und damit aus der Perspektive eines die Du-Rolle einnehmenden Dritten, als eigenständige Handlungen erkennen, bei der die Ich-Rolle in eine Binnengliederung der Ausgangshandlung in Phasen – z.B. zeitlich in Anfangsphase und Endphase – und die Du-Rolle in eine Außengliederung der Ausgangshandlung in Aspekte – z.B. sinnlich in visuellen und akustischen Aspekt – verwandelt wird. Die symbolische Artikulation im Reden, wie sie sich in Kommunikation und Signifikation kraft Zeichenkompetenz der sozialen Subjekte äußert, ist dann selbst ein Aspekt, und zwar ein solcher, der beliebige andere Aspekte, die in Wahrnehmungen erfahren werden, vertreten soll. Ganz entsprechend ist die komprehensive Vermittlung des Handelns, wie sie im Lehren und Lernen kraft Handlungskompetenz der individuellen Subjekte erscheint, selbst eine Phase, und zwar eine solche, die beliebige andere Phasen, die beim Hervorbringen einer Handlung zustandegebracht werden, sukzessive zu integrieren beansprucht.

Kraft dieser Besonderheit des Aspekts symbolischer Artikulation und der Phase komprehensiver Vermittlung ist eine Handlung sowohl auf der Handlungsebene als „Können" (knowing-how) als auch auf der Zeichenebene als „Wissen" (knowing-that) gerade so weit objektiviert, als die grundsätzlich offene Aspekt- und Phasenvielfalt einbezogen worden ist. Dabei sind hier Handlungen in dem umfassenden Sinn zu verstehen, der sowohl die Handlungssubjekte als auch die Handlungsobjekte und die übrigen Handlungsumstände einschließt.

Es muß daher bei jeder durch Subjektivierung vorgenommenen Aneignung des Könnens und Wissens im Handeln und Reden mit Verfeinerungen des Könnens und Erweiterungen des Wissens gerechnet werden, die keineswegs nur linear erfolgen, sondern Verzweigungen und dabei sogar den Verlust von Phasen beim Können und von Aspekten beim Wissen einschließen werden. Besonders deutlich wird dies, wenn man sich klarmacht, daß Aneignung in der Einnahme der Ich-Perspektive *gegenüber* Ich-Rolle *und* Du-Rolle besteht. Das aufgrund der Objektivierung mögliche Studium des Könnens und Wissens wird sich in historisch-genetischer Hinsicht auf Traditionszusammenhänge richten, die vielfach aufgespalten auftreten. Aber das ist noch nicht alles. Auch dieses Studium selbst ist nur durch subjektive Aneignung realisierbar. Die Objektivierung der Aneignung wiederum, wie sie in den Natur- und Kulturwissenschaften samt den zugehörigen praktischen Feldern vorliegt, führt theoretisch zu einer reflektierten, nämlich die historisch-genetischen Zusammenhänge rekonstruierenden, systematischen Darstellung; praktisch hat sie entsprechend reflektierte Fertigkeiten, etwa in den Feldern Technik, Kunst, Ökonomie, Politik, Medizin und anderen, zur Folge. Dieser reflexive Status von Theorie und Praxis wird natürlich nur in dem Maße ausgebildet und erkennbar sein, als der Durchgang eines Studiums von Können und Wissen durch subjektive Aneignung, also einen Prozeß der Selbsterziehung durch Voneinander-Lernen auch auf dieser Stufe, nicht unterschlagen wird.

Voneinander-Lernen läßt sich bloß „objektiv" beobachtend nicht von gegenseitiger Assimilation oder Akkommodation unterscheiden. Dazu bedarf es der Aufmerksamkeit auf den auch schon in der Beobachtung und nicht erst in der Teilnahme wirksamen Durchgang durch subjektive Aneignung auf seiten des Beobachters und damit seines Eingeständnisses, ebenfalls in ein Voneinander-Lernen eingetreten zu sein.

Die Entdeckung von etwas Fremdem im anderen ist nur im Finden von etwas Fremdem in sich selbst immun gegen voreiliges „Verstehen" oder eilfertiges Sich-ihm-Hingeben. Die lernend vollzogene Aneignung von etwas Fremdem hat ihr Gegenbild in der dabei durch Distanzierung vollzogenen Verfremdung von etwas Eigenem. Die Auseinandersetzung mit fremden Kulturzeugnissen läßt sich als Erwerb von praktischen und theoretischen Kenntnissen über fremde Traditionszusammenhänge nur bestimmen, wenn sie als Erwerb von zuvor unverfügbaren Kenntnissen über sich selbst begriffen wird.

Versucht man, diese Überlegungen auf den besonderen Fall einer Auseinandersetzung mit dem grundsätzlich nur in schriftlichen Zeugnissen zugänglichen Wirken von Denkern im alten Indien anzuwenden, so wird es unerläßlich, auf einige weitere Probleme einzugehen. Dazu gehören allgemeine Probleme der

Methode, unter denen hier nur auf die beiden wichtigsten aufmerksam gemacht werden soll, das Problem des Zugangs zu einer fremden Sprache und das Problem der Identifizierung von Sachverhalten, die aus einer fremden Perspektive vorgestellt werden. Das erste zwingt zur Erörterung der Übersetzung als wesentlichem Bestandteil im Prozeß des Voneinander-Lernens, das zweite soll sich vor allem durch das Verfahren des Vergleichs im allgemeinen lösen lassen. Auf diese Weise wird nämlich die Perspektive eines toten Autors, die nur noch als Spur eines nach seinem Tod einseitig fortgesetzten Prozesses des Voneinander-Lernens erhalten ist, in der Du-Rolle des Ich fingierbar.

Es treten aber auch noch besondere inhaltliche Probleme auf, die den Prozeß und auch den gegenwärtigen Stand der Auseinandersetzung europäischen Denkens mit indischem Denken betreffen. Auf sie kann in diesem Buch, das selbst zu dieser Auseinandersetzung gehört und in den folgenden Kapiteln darauf auch wiederholt Bezug nimmt, nur im Rahmen des knappen wirkungsgeschichtlichen Ausblicks im letzten Kapitel eingegangen werden. Eine ausführlichere Behandlung ist auch deshalb nicht so dringlich, weil sich in den letzten Jahren zahlreiche gründliche Publikationen mit Fragen dieses Problemkreises befassen: Besonders umfassend und differenziert informieren Wilhelm Halbfass (1981) und Ronald Inden (1990).

Die Unterstellung einer gemeinsamen Sprache im Prozeß des Voneinander-Lernens gehört zu den wichtigsten Ursachen für die regelmäßig zu beobachtende Unaufmerksamkeit gegenüber der diesen Prozeß charakterisierenden Umwandlung des Eigenen und des Fremden. So kommt es zu der irreführenden Gleichsetzung der Umwandlung mit ihrer als Assimilation oder Akkommodation auftretenden Objektivierung. Bei unterstellter gemeinsamer Sprache behandelt man die in einer Auseinandersetzung verwendeten, unter Umständen unterschiedlichen natürlichen Sprachen zwangsläufig als bloß verschiedene Kodierungen für die gemeinsam verfügbaren Weltansichten und Lebensweisen. Sie bilden zusammen, in der Sprache Nelson Goodmans (1978), eine „Weltversion". Unterschlagen ist dabei, daß im Voneinander-Lernen stets teilweise verschiedene Weltversionen, eben das Eigene und das Fremde, unter Verschiebung der Grenzen zwischen Übereinstimmung und Verschiedenheit in wiederum teilweise verschiedene Weltversionen überführt werden. Beide Seiten treten einen Schritt aus ihrem Eigenen heraus, indem sie Teile der jeweils fremden Version ihrer eigenen hinzufügen, was wiederum allein in der nicht auf sprachliche Mittel im engeren Sinn beschränkten Darstellung zugänglich wird. Die Entdeckung von etwas Fremdem in seiner mit Verfremdung des Eigenen einhergehenden Aneignung wird nicht mehr entweder als bloße Selbstbestätigung oder aber als Selbstaufgabe mißverstanden.

Es gibt eindringliche Beispiele im Bereich der Sprachen der Kunst: Die poietisch organisierte Eingliederung der europäischen Musiktradition in die seines Herkunftslandes Korea bei Ysang Yun oder die gleichermaßen als Aneignung wie als Verfremdung auftretende Einarbeitung von Elementen der indischen Musiktradition in die Weiterführung einer europäischen Traditionskette bei Olivier Messiaen, aber auch die kompositorisch vermittelte Überführung der Zen-Erfahrung in eine Erfahrung des Hörens mit europäisch geschultem Hörsinn bei Hans Zender. Das gelungene Voneinander-Lernen im gemeinsamen Spiel von Yehudi Menuhin (Geige) und Ravi Shankar (Sitar) wiederum ist sogar weltweit bewundert worden.

Für die Auseinandersetzung mit nur schriftlich zugänglichen Weltversionen ist ein fremdes Idiom der hilfreiche Störfaktor, der das Einschießen bereitliegender vertrauter Vorstellungen blockiert und einer Kontrolle unterwirft, die zur Aufmerksamkeit auf den ablaufenden Prozeß der Bildung einer neuen Weltversion zwingt. Es ist der reale oder im Text fingierte Partner eines Dialogs, der diese Kontrollfunktion durch Verweigerung der Zustimmung ausübt. Im Falle der in Sanskrit, seinen historischen Vorstufen und Weiterentwicklungen verfaßten Texte der indischen Tradition erstreckt sich dieser Bildungsprozeß, soweit an ihm Sprecher europäischer Sprachen beteiligt sind, mittlerweile über eine Zeit von mehr als zweihundert Jahren. Er hat zu einer Folge hauptsächlich von Indologen besorgter Übersetzungen und auf diesen aufbauender Neuübersetzungen geführt, in denen die Verwandlungsprozesse des Eigenen und Fremden im Kern immer sorgfältiger reflektiert erscheinen, auch wenn es für den nur europäischer Sprachen Mächtigen dadurch immer schwieriger wird, seinerseits diesen Bildungsprozeß einzuholen.

Die auch der Darstellung in diesem Buch zugrundeliegenden Primär-Übersetzungen erleichtern auf der einen Seite die Auseinandersetzung, weil auf ausdrücklich vollzogenen Vermittlungsprozessen des Übersetzers bereits aufgebaut werden kann, auf der anderen Seite jedoch wirken sie zugleich auch als eine Barriere, wird doch der Spielraum für das Verständnis eines Textes durch die vom Übersetzer notwendig bereits mitvollzogene Interpretation des Ausgangstextes eingeschränkt, so daß eine Konsultation auch des Originaltextes unter Umständen unentbehrlich wird. Jede Übersetzung stellt schließlich nicht nur einen unter der Voraussetzung des Verstehens „bedeutungsgleichen" Text in der Zielsprache her, vielmehr benutzt sie die Zielsprache zugleich als Metasprache zu einer ein Verstehen erst erzeugenden Interpretation des Ausgangstextes.

Es gehört zu den das Übersetzen leitenden Annahmen, daß jede natürliche Sprache und auch jede ihrer Spezialisierungen bis hin zum Grenzfall der Idiolekte, gegebenenfalls nach geeigneten Erweiterungen, wie sie auch Traditionsbildung begleiten, zu einer logisch universalen Interpretationssprache taugt. Es ist lediglich eine Frage der Wahl der jeweils „Bedeutungsgleichheit" definierenden Äquivalenzbedingungen und ihrer Erfüllbarkeit, für wie vergleichbar oder unvergleichbar zwei (natürliche) Sprachen gehalten werden. Das linguistische Relativitätsprinzip, demzufolge die zugrundeliegende „Weltversion" wesentlich von grammatischen und lexikalischen Strukturen der verwendeten natürlichen Sprache abhängt (vgl. z. B. Pinxten 1976), wird erst dann zu einem Einwand gegen die Eignung jeder Sprache als Universalsprache und damit gegen die Möglichkeit einer Umwandlung des Eigenen und Fremden, wenn die Wandlung auch von Sprachen entgegen jedem empirischen Befund für unmöglich gehalten wird (vgl. Wandruszka 1969).

Daher schließt bereits schriftliche Überlieferung, die „translatio studii“, Übersetzungsleistungen ein und wäre als Prozeß innerhalb nur einer Sprache grundsätzlich mißverstanden. Im Voneinander-Lernen umfaßt der Verwandlungsprozeß des Eigenen und Fremden stets auch eine Verwandlung der eigenen und fremden Sprache, gleichgültig, ob es sich dabei um „dieselbe“ oder um „verschiedene“ natürliche Sprachen handelt.

Natürlich sind faktisch zu bestimmten Zeiten und in bestimmten Regionen nur einige natürliche Sprachen als Verkehrssprachen oder „linguae francae“ bestimmter Bevölkerungsgruppen aufgetreten, etwa die Koinē, ein nachklassisches Griechisch, im Mittelmeerraum zur Zeit des Hellenismus, oder das mittelalterliche Latein für die Gelehrten der europäischen Scholastik. In der Gegenwart ist das Englische nahezu weltweit die lingua franca der Reisenden. Es sind vor allem diese Verkehrssprachen, die als Träger von auch durch Übersetzung gespeister Traditionsbildung auftreten und daher einer starken Spannung zwischen Beibehaltung der Sprachstruktur und Veränderung der Sprachverwendung unterworfen sind, wie jeder es am Beispiel des Lateinischen für die Vermittlung der Texte der griechischen Antike in die europäischen Volkssprachen vor Augen hat. So ist es auch nicht überraschend, wenn gegenwärtig insbesondere die Übersetzung (philosophischer) Texte nicht-europäischer Traditionen ins Englische eine der wichtigsten Grundlagen und zugleich Anwendungen der das Voneinander-Lernen eigens thematisierenden und auch ausübenden komparativen Philosophie geworden ist (vgl. Larson/Deutsch 1988; Nakamura 1975). Schließlich ist Übersetzen ein herausragender Fall des Vergleichens: *dieselbe* Sache in *verschiedenen* Sprachen.

Zunächst allerdings war komparative Philosophie nach Analogie anderer empirisch vergleichender Wissenschaften, z.B. vergleichender Anatomie oder vergleichender Sprachwissenschaft, als eine ihrerseits empirische Disziplin konzipiert worden, die sich der Methode des Vergleichs zur Bestimmung genetischer oder struktureller Verwandtschaft ihrer Gegenstände bedient, in diesem Falle der raumzeitlich in Gestalt von Texten und anderen Kulturzeugnissen verkörperten Gedanken und Argumentationen. In eine ihrerseits philosophische und nicht nur historisch-kulturwissenschaftliche Disziplin sollte sie dadurch überführt werden, daß auf der Basis beschreibend ermittelter Einheiten, etwa kulturspezifischer Denkweisen, allgemeine und insofern erklärende Zusammenhänge zwischen ihnen aufgesucht werden. Das setzt natürlich voraus, daß geeignete Klassifikationen solcher Einheiten gefunden werden. Die universale Rolle der dabei eingesetzten „eigenen" Wissenschaftssprache wurde jedoch fraglos vorausgesetzt, statt auch sie als Ergebnis einer Auseinandersetzung mit den untersuchten „fremden" Gegenständen erst schrittweise zu gewinnen. So zum Beispiel bei dem Sinologen Paul Masson-Oursel (1923), der für die Durchsetzung der komparativen Philosophie als Disziplin schließlich verantwortlich geworden ist.

Die Stufe subjektiver Aneignung im Voneinander-Lernen, auf der sowohl die Ich-Rolle als auch die Du-Rolle gegenüber den Gedanken und Argumentationen und ebenso auch gegenüber ihrer (sprachlichen) Darstellung eingenommen wird, darf nicht übersprungen werden. Auf ihr werden, komplementär zu jeder Objektivierung im vergleichenden Beschreiben und Erklären, diese philosophischen Gegenstände, die Gedanken und Argumentationen, als selbstvollzogene (Ich-Rolle *und* Du-Rolle!) noch einmal erzeugt und damit beurteilbar gemacht: die Gedanken auf ihre Treffsicherheit und die Argumentationen auf ihre Schlüssigkeit in Bezug auf die jeweils behandelten Probleme.

Erst auf der reflexiven Stufe systematisch-genetischer Rekonstruktion der vergleichend ermittelten Gedanken und Argumentationen wird komparative Philosophie zu einer wirklich philosophischen Disziplin. Und die philosophischen Auseinandersetzungen selbst, also Dialoge, bei denen zugleich auch auf sie selbst kritisch Bezug genommen wird – sie heißen dann Dispute –, sind in Hinsicht auf das Bestimmen von „Verwandtschaft", nämlich die Zusammengehörigkeit von Verschiedenem, eben das Vergleichen, Musterbeispiele angewandter komparativer Philosophie.

Im Kern besteht die ganze Kunst darin, Vergleichbarkeit *herzustellen*, und das kann nicht anders geschehen, als geeignete Vergleichs*maßstäbe* zu finden. Es ist dabei im Wortsinne „gleich-gültig", ob sie, wie zu Beginn unserer eigenen Tradition bei Heraklit, als Proportionen auftreten, oder, wie in der philosophischen Gegenwart bei Ludwig Wittgenstein, als Sprachspiele, „die durch Ähnlichkeit und Unähnlichkeit ein Licht in die Verhältnisse unserer Sprache werfen sollen" (1953, § 130). Proportionen, wie zum Beispiel die Gleichsetzung des Mensch-Kind-Verhältnisses mit dem Gott-Mensch-Verhältnis in Hinsicht auf die Vergleichsskala ‚verständiger-als' (Fragment B 79, in: Diels 1951/52, I.22), wurden insbesondere zum Ursprung der antiken Definitionenlehre mit Hilfe von Gattung und spezifischer Differenz. Das erklärt auch, warum ‚Proportion', ‚Vernunft' und ‚Sprache' zur Bedeutung desselben Terminus ‚logos' gehören: Ausüben von Vernunft ist Herstellen von Vergleichbarkeit und damit das Fixieren von Übereinstimmung inmitten von Verschiedenheit. Immer sind Vergleichsmaßstäbe das Mittel, das Voneinander-Lernen seinerseits durchsichtig zu machen, in der Terminologie unserer eigenen Tradition daher ein Zeugnis frei ausgeübter Vernunft.

Auf der Stufe subjektiver Aneignung sind es kulturinvariante Mittel, nämlich das in Aktualisierung und Schematisierung vollzogene Tun und Leiden sowie Reden und Hören, mit deren Hilfe wir der spezifischen kulturellen Gestalt der Lebensweisen und Weltansichten ansichtig werden. Auf der Stufe objektiver Vergegenständlichung hingegen sind es die zu Gegenständen gewordenen und deshalb in kulturspezifischer Gestalt als Wünsche und Überzeugungen auftretenden Mittel, derer wir uns bedienen, um möglichst kulturinvariant übereinstimmende „gute" Lebensweisen und ebenso möglichst kulturinvariant übereinstimmende „wahre" Weltansichten zu erzeugen.

In beiden Fällen sind es Handeln *und* Reden, die derart differenziert aufzufassen sind. Unterläßt man dies, so wird im dialogischen Spielraum der Handlungs- und Redezusammenhänge nur der Handlungsanteil als verbindend, der Redeanteil aber als trennend erfahren. Es bleibt bei einer Gegenüberstellung von „objektiver Außenansicht" und „subjektiver Innenansicht", so daß der Handlungsanteil auf Verhalten (behavior) und der Redeanteil auf Ausdruck (expression) eingeschränkt erscheint. Es bedarf des weiteren, aktives Tun und passives Erleiden einschließenden Schritts, jedes Handeln als verständlich oder „beredt" und jedes Reden als von Absichten geleitetes und mit Wirkungen ausgestattetes Handeln aufzufassen, um auch im Redeanteil die verbindenden und im Handlungsanteil die trennenden Momente zu bemerken. Unter Berücksichtigung auch der „objektiven Bedeutung" einer Rede zusammen mit dem „subjektiven Sinn" einer Handlung wird dann deutlich, daß es Abgrenzung und Verbundenheit zwischen den Subjekten einer Ich-Du-Dyade nur jeweils auf der Folie von Übereinstimmung und Unterschiedenheit zwischen ihnen geben kann.

Auf der Stufe der Objektivierung ist es der Zeichencharakter der Phasen einer Handlung („was man tut") zusammen mit dem Zeichencharakter der Aspekte einer Handlung („wie man spricht"), in dem die Lebensweisen der Subjekte im Umgang mit Objekten, ihr Stil und ihre nicht nur verbale Sprache, erscheinen, während im Zeichencharakter der Aspekte („was man sagt") zusammen mit dem Handlungscharakter der Phasen („wie man handelt") ihre Weltansichten in Gestalt des Bezeichnens und der Teilhabe bezüglich der Objekte vorliegen (ausführlicher in Lorenz 1997).

Im Wechselspiel von Aneignung im Vollzug und Objektivierung in der Distanzierung wird das Voneinander-Lernen seinerseits begreifbar und damit die Verwandlung des Eigenen und Fremden zu einem „selbstbewußten", seinerseits lehr- und lernbaren Prozeß.

II. Die indischen philosophischen Traditionen. Eine einführende Orientierung

1. Der Veda mit den Upaniṣaden

Indische Philosophie umfaßt die auf dem indischen Subkontinent ausgebildeten religiös-philosophischen Lehren, soweit sie seit der Einwanderung der Arier in der Mitte des zweiten Jahrtausends vor unserer Zeitrechnung ausgebildet und neben einer zunächst ausschließlich mündlichen Tradition schließlich auch schriftlich festgehalten worden sind.

Im Unterschied zu Europa mit seiner Verankerung in der griechischen Antike sind in Indien mythosbezogene Überlegungen grundsätzlich weniger streng von logosbezogenen Überlegungen abgespalten worden. Mythosbezogene Überlegungen sind an überlieferten und sozial verbindlichen Geschichten orientiert, logosbezogene hingegen beruhen auf Erfahrungen, deren Verbindlichkeit durch gegenwärtige Begründungen verbürgt ist. Auf diese Weise bleibt in Indien auch nach den gegen Ende des ersten Jahrtausends beginnenden Auseinandersetzungen mit Lehren des Islam und den im achtzehnten Jahrhundert hinzukommenden Bemühungen um eine Vermittlung mit der europäisch-christlichen Tradition der Zusammenhang theoretischer Reflexionen mit praktischen Lebensvollzügen stets erkennbar; er muß nicht wie in Europa häufig erst ideologiekritisch wieder aufgesucht werden.

An die Stelle der von Aristoteles im Bereich des Denkens durchgesetzten Trennung in eine theoretische Philosophie, die von der Neugier an Wissen gespeist ist, und eine praktische Philosophie, der es um Einsicht in die Möglichkeiten eines guten Lebens geht, tritt in der klassischen indischen Philosophie die von der Unterscheidung zwischen Denken und Handeln regierte Aufspaltung in „philosophische“ Ansichten (darśana) und „religiöse“ Regelungen (dharma). Beide dienen grundsätzlich dem obersten Ziel einer Befreiung oder „Erlösung“ (mokṣa) von den Schranken individueller Existenz. Der „allgemeinen“, auf kein besonderes Individuum bezogenen Vernunft hat ein ebenso „allgemeines“, keinem Individuum mehr eigentümliches Leben zu entsprechen.

Es ist daher nur konsequent, wenn in Indien dort, wo weder islamische noch christliche Überzeugungen dominieren, Religion als eine Lebensweise weitgehend keiner „Theologie“ als einer spezifisch „religiösen Philosophie“ bedarf, ebenso wie Philosophie als eine Weltansicht in der Regel keine „Werte“ in Gestalt einer spezifisch „philosophischen Religion“ oder Moral nach sich zieht.

Eine weitere Folge dieses anders bestimmten Zusammenhangs von Theorie und Praxis ist die Ersetzung des für die europäische Tradition charakteristischen, weil theoretisch motivierten Streits um den Primat von Vernunft oder Willen und damit um Lebensführungen, die entweder von theoretischer Betrachtung oder von praktischer Tätigkeit geprägt sind, durch einen in der indischen Tradition herrschenden praktisch motivierten Streit darüber, ob Wissen allein oder nur Wissen zusammen mit Tun als Weg zur Befreiung taugt. Dies hat nichts mit einer oft vermuteten Tendenz zur Weltflucht im Denken Indiens zu tun, wird doch die Befreiung in dieser Welt und nicht in einer jenseitigen gesucht, auch wenn nach der fast durchweg in der klassischen indischen Tradition anerkannten Lehre vom Kreislauf der Wiedergeburten (saṃsāra) ein einziges Leben dazu nicht ausreichend sein mag, es aus diesem Grunde um die Aufhebung des saṃsāra geht.

Zu den „Ansichten“ oder darśana gehören daher nicht nur die philosophischen Systeme im engeren Sinne, sondern auch andere Disziplinen wie etwa die Grammatik (vyākaraṇa). Solche Disziplinen allerdings, die unmittelbar den anderen drei, vom Brahmanismus, der Religion der Arier, artikulierten Zielen des Menschen dienen – Verfügung über die materiell-leiblichen Voraussetzungen guten Lebens (artha, Wohlstand), Ausbildung der geistig-sinnlichen Fähigkeiten guten Lebens (kāma, Lust), Verwirklichung sozialer Verbindlichkeiten in der Lebensführung (dharma, [eine gerechte Ordnung im Sinne des antiken Nomos verbürgende] Sitte) – und nur mittelbar dem obersten Ziel des mokṣa, werden nicht zu den darśana gezählt, sondern mit dem generelleren Terminus für lehr- und lernbare Disziplinen ‚śāstra' belegt. Dazu gehören dann z.B. Ökonomie und Verwaltung (arthaśāstra), Poetik und Ästhetik (alaṃkāraśāstra), Liebeskunst (kāmaśāstra), die Lehre von den Verhaltenspflichten (dharmaśāstra), aber auch die für den Opferkalender unentbehrliche Astronomie (jyotiḥśāstra). Viele dieser Disziplinen haben ihre Wurzeln in den alten Hilfswissenschaften des Veda, dem Vedāṅga. Es sind das die in traditionell sechs Bereiche gegliederten, aber nur teilweise erhaltenen erklärenden Lehrschriften (sūtra) zu dem das Wissen um die einwandfreie Ausübung religiöser Handlungen verkörpernden Schrifttum des Veda.

In einer für die jeweilige vedische Priesterschule (śākhā) charakteristischen Fassung gehören zu den Hilfswissenschaften: Ritual (kalpa), Phonetik (śikṣa), Grammatik (vyākaraṇa), Etymologie (nirukta), Metrik (chandas) und Astronomie (jyotiṣa). Eine Sonderstellung nimmt die Medizin (āyurveda, wörtl.: Wissen vom Leben) ein, insofern sie zum Veda und nicht zum Vedāṅga gezählt wird. Sie hat damit wie der Veda den Status einer autorlosen (apauruṣeya) Offenbarung (śruti, wörtl.: das Gehörte), die von Sehern (ṛṣi) empfangen und weitergegeben wurde – im Mythos gilt der āyurveda als Offenbarung des Gottes Indra an die leidenden Menschen – und ist nicht bloß tradiertes (smṛti, wörtl.: das Erinnerte) Wissen wie der Vedāṅga. Allerdings ist in diesem Zusammenhang bedeutsam, daß der Medizin eine Rolle in einer die indische Philosophie seit ihren Anfängen im Veda bestimmenden Auseinandersetzung zwischen der brāhmaṇa-Tradition und der śramaṇa-Tradition zukommt: In der brāhmaṇa-Tradition ist sie ein zur Heilung eingesetztes Instrument des Arztes, während sie in der śramaṇ a-Tradition als ein Instrument der seelisch-körperlichen Selbstdisziplinierung fungiert.

Die brāhmaṇa-Tradition stützt sich auf den hierarchischen Aufbau der Gesellschaft mit der Priesterkaste der Brahmanen an der Spitze, wobei brahmanische Ansichten rechtfertigend und erklärend die sozial verbindliche rituelle Praxis begleiten. Hingegen entwickelt die grundsätzlich von Asketen getragene śramaṇa-Tradition ausschließlich auf Einzelpersonen bezogene Vorstellungen, indem asketische Praktiken zu individuellen mystischen, wenngleich rational gestützten Einsichten führen. Es wird sich kaum noch zweifelsfrei ermitteln lassen, inwieweit diese Auseinandersetzung einerseits den Kampf der Lebensweisen und Weltansichten der arischen Eroberer mit denjenigen der nicht-arischen Eroberten und andererseits die Konkurrenz der Priesterkaste mit der Kriegerkaste innerhalb der Arier spiegelt.

Während seiner um 500 vor unserer Zeitrechnung endenden tausendjährigen Entstehungszeit und auch noch in der Zeit danach war Ausbildung und Weitergabe des Veda an die durch einen Gründer bezeichneten Priesterschulen und deren spezifische Aufgaben gebunden. Das hatte zur Folge, daß es für die drei wichtigsten Funktionen – die des hotar für die Rezitation z.B. von Gebeten, Lobpreisungen oder Beschwörungen (ṛc, wörtl.: heiliges Lied, Hymnus), die des adhvaryu für die Ausführung der eigentlichen Opferhandlungen einschließlich zusätzlicher Opferformeln (yajus) und die des udgātar für die begleitenden Gesänge mit feststehenden Melodien (sāman), wobei es die Aufgabe des Oberpriesters (brāhmaṇ) war, grundsätzlich schweigend über die Erfüllung dieser Funktionen zu wachen – jeweils einen eigenen, in meist mehreren schulspezifischen Rezensionen überlieferten Veda gibt: Ṛgveda, Yajurveda und Sāmaveda. Auf die Kenntnis dieser drei Veden wird später in den sich auf den Veda berufenden Systemen der indischen Philosophie mit dem Ausdruck ‚trayī-vidyā' (wörtl.: Wissen von den dreien) verwiesen.

Daneben aber gab es seit alters einen vierten Veda, den Atharvaveda, dem mit seinem Akzent auf Zaubersprüchen und der damit verbundenen allein der Opferpraxis und nicht ihrer theoretischen Durchdringung dienenden Rolle keine eigenständige Priesterfunktion zugeordnet war. Man vermutet, daß er inhaltlich eher zu der schon vorgefundenen Volksreligion als zur Religion der arischen Eroberer gehört, zumal er lange für niederrangig gehalten und erst spät als zur śruti gehörig anerkannt worden ist. Ihm auch ist als Anhang der āyurveda angegliedert.

Die sich daraus ergebenden Spannungen mögen mitbestimmend dafür gewesen sein, daß in den am Ende des jeweiligen Veda stehenden älteren Upaniṣaden – also Textteilen, deren Sonderstellung innerhalb des Veda an der Tatsache ablesbar ist, daß sie als „Geheimlehre" (rahasya) ursprünglich nur im privaten Kontext von Meister und Schüler, nie aber öffentlich für jedermann zugänglich tradiert wurden – zwei verschiedene Argumentationsstränge miteinander verschmolzen sind. Sie lassen sich der von den Opferpriestern getragenen brāhmaṇa-Tradition und der nunmehr von Angehörigen der Kriegerkaste getragenen śramaṇa-Tradition zuordnen. So jedenfalls lautet das Ergebnis von genauen Textanalysen in der Absicht, zahlreiche formale und inhaltliche Unstimmigkeiten zu verstehen (Hanefeld 1976).

Es erscheint keineswegs abwegig, in diesem Gegensatz, der sich systematisch gesehen aus der Spannung zwischen zwei Weisen, sich selbst zu verstehen, ergibt – als Gemeinschaftswesen oder als individuelles Wesen – die Antriebskraft jeder Art von Auseinandersetzung unter Menschen zu sehen, insbesondere auch die um den Mythos unter Berufung auf den Logos. Das wird besser verständlich, wenn man sich klarmacht, daß der mythische Kontext sich dadurch auszeichnet, daß die Rolle des Individuums eine passive ist, es nur als Glied einer Gemeinschaft auch aktiv auftritt. Im Kontext des Logos hingegen übernimmt auch das Individuum eine aktive Rolle und erfährt seine Sozialität als ein Widerfahrnis, das aktiv zu gestalten zu einer dabei auch seine Individualität neu bestimmenden, individuellen *und* sozialen Aufgabe wird.

Daher ist es auch kein Wunder, wenn die philosophische Bedeutung des Veda vor allem darin gesehen wird, daß seine mit dem Kultus auf noch nicht klar verstandene Weise verbundenen Mythen den Gegenstand argumentativer Auseinandersetzung schon innerhalb des Veda, erst recht aber in späterer Zeit, bilden.

Das gilt für die sogenannten orthodoxen, die Autorität des Veda anerkennenden (āstika, wörtl.: das ‚es ist' anerkennend) Systeme der indischen Philosophie ebenso wie für die heterodoxen, die Autorität des Veda verwerfenden (nāstika, wörtl.: das ‚es ist nicht' anerkennend), zumal sich über die Abgrenzung zwischen āstika und nāstika ohnehin keine in der indischen Philosophie einheitliche Auffassung herausgebildet hat.

Die vedischen Mythen lassen sich als Darstellungen sozialer Erfahrungen verstehen, deren Gestalt durch Projektion auf personifizierte Naturphänomene gewonnen wurde. Es sind Erfahrungen in den Bereichen Herrschaft, Krieg und Fruchtbarkeit, die zugleich in Entsprechung zur sozialen Schichtung der Arier in die oberen drei Kastengruppen (varṇa, wörtl.: Farbe) der „Zweimalgeborenen" – Priester (brāhmaṇ, wörtl.: Besitzer der den Zugang zu den Göttern öffnenden heiligen Formel, des brahman), Krieger (kṣatriya) und Händler/Bauer (vaiśya) – gegenüber der vierten Kastengruppe der Arbeiter/Diener (śūdra) und der nicht-arischen Kastenlosen gesehen wurden. Es ist gegenwärtig umstritten, ob und in welchem Ausmaß und in welcher Zeit die einzelnen Kasten (jāti) nur als Untergliederung der Kastengruppen (varṇa) zu gelten haben oder ob sie eine mit der Gliederung in varṇa konkurrierende gesellschaftliche Gliederung darstellen. Dabei finden sich die ersten Auseinandersetzungen um das richtige Verständnis des Veda bereits in den jüngeren Textteilen der Saṃhitās, vor allem des Ṛgveda, z.B. im Buch X der Ṛksaṃhitā, und des Atharvaveda sowie in den Brāhmaṇas, z.B. im yajurvedischen Śatapathabrāhmaṇa.

Jeder Veda ist in einen grundsätzlich in Versen verfaßten Teil, die Saṃhitā (wörtl.: Sammlung), und einen als umfangreicher Kommentar zu diesem Teil geltenden Prosateil, das als ein Handbuch der Opferwissenschaft aufzufassende Brāhmaṇa, gegliedert, wobei in den Brāhmaṇas in der Regel sogenannte „Waldbücher" (āraṇyaka), deren letzten Teil die älteren Upaniṣaden einnehmen, z.B. die bedeutende Bṛhadāraṇyaka als Teil des Śatapathabrāhmaṇa, ausgezeichnet sind. Die Waldbücher tragen ihren Namen, weil sie Anweisungen für die nicht mehr in den sozialen Zusammenhang, insbesondere die Tätigkeit der Opferpriester, eingebundenen Opferhandlungen der allein lebenden Einsiedler enthalten.

Die Auseinandersetzungen entzünden sich vor allem an den Spekulationen um eine kosmische Ordnung (ṛta, wörtl.: Fügung). Das ṛta, das später zum Begriff des dharma, des Natur und Gesellschaft bestimmenden Gesetzes, weiterentwickelt wurde, war an der Wiederkehr der Jahreszeiten, der Gestirne und anderer natürlicher Zyklen abgelesen worden, dem Handeln, Sprechen und Denken der Menschen zu entsprechen hatten, um Störungen dieser Ordnung zu vermeiden oder zu korrigieren.

Das Instrument, das diese Entsprechung garantiert, ist das Opferritual, welches im häuslich-privaten ebenso wie im öffentlichen Rahmen die (profanen) Gegenstände in (heilige) Zeichen überführt. Seither ist ein zyklisches Zeitverständnis für die gesamte indische Tradition charakteristisch, und das gilt unbeschadet der zahlreichen kosmogonischen Mythen – wie z.B. im berühmten Weltschöpfungslied (Ṛgveda X, 129), wo der Urzustand als Weder-Sein-noch-Nichtsein beschrieben wird, der sich aus „nur Denken" (manas) durch den „Willen zum Sein" (tapas, wörtl.: Glühen) zum ātman, dem Selbst, oder auch zu Prajāpati, dem „Herrn der Geschöpfe" und obersten Gott im Brahmanismus bildet – ist doch auch die periodische Abfolge von Weltentstehen (sarga) und Weltvergehen (pralaya) ein fester Topos indischer Mythen.

Insofern es zunehmend darauf ankommt, der Wirksamkeit der rituellen Handlungen Glauben (śraddhā) zu schenken, statt sie nur fehlerfrei auszuführen, wird ein Schritt von der Praxis zur Theorie gegangen, und Wahrheit (satya) als Wissen um die Fehlerfreiheit einer Handlung löst bloße Kompetenz bei der Ausführung der Handlungen (karman) ab. Darüber hinaus aber wird im Opferritual ein Mittel menschlicher Selbständigkeit angesichts des Ausgeliefertseins gegenüber den für die kosmische Ordnung verantwortlich gemachten göttlichen Mächten entdeckt. Mit der in den Brāhmaṇas beschworenen magischen Kraft der Riten (yajña) im Kontext der Opferhandlung (medha) lassen sich die Götter sogar zwingen und in diesem Sinne entmachten.

Der in den vermutlich zwischen 700 und 500 v.u.Z. verfaßten fünf älteren Upaniṣaden – es sind die Aitareya, Kauṣītaki, Taittirīya, Bṛhadāraṇyaka und Chāndogya – schließlich vollzogene dritte Schritt ist im Anschluß daran fast zwangsläufig. Es kommt zur Entdeckung der eigenständigen Rolle des Wissens (jñāna) gegenüber dem rituellen Tun (karman). Wer die hergebrachten religiösen Handlungen, wie sie im Zusammenhang des Opfers geboten sind, verrichtet und dabei um ihre eigentliche Bedeutung weiß, hat die Wirksamkeit der Handlungen vervielfacht. Schließlich können mentale Handlungen gewöhnliche Handlungen überhaupt überflüssig machen, weil sie an deren Stelle zu treten vermögen. Die magische Kraft der Wörter beginnt mit der magischen Kraft der Riten zu konkurrieren.

Ganz allmählich bildet sich ein Verständnis vom Unterschied zwischen Tätigsein und Wissen um das Tätigsein als Ergebnis und Vollzug eines Aktes der Symbolisierung aus. Es sind die mit dergleichen Überlegungen befaßten Textstücke vor allem der beiden großen Upaniṣaden Bṛhadāraṇyaka und Chāndogya, die zu Recht als erster Höhepunkt philosophischer Reflexion und damit als Beginn der indischen Philosophie im engeren Sinne angesehen werden.

Hier treten auch erstmals Namen von Denkern auf, deren Charakterisierung den Nebel mythischer Zusammenhänge immer wieder einmal zerreißt und einen zeitgeschichtlichen Hintergrund sichtbar werden läßt, der zu historischer Forschung einlädt. Auch wenn der kühne Versuch des Indologen Walter Ruben, die fünf älteren Upaniṣaden in Fragmente von 109 meist namenlos bleibenden Denkern aufzulösen und diese Personen auf 5 Generationen zwischen 700 und 550 v.u.Z. zu verteilen (Ruben 1947), von der späteren Forschung überwiegend sehr skeptisch beurteilt worden war, so hat er doch gelehrt, daß es dem Verständnis sehr hilft, auf die zeitgeschichtliche Verankerung der Personen zu achten, die als Träger der wichtigsten argumentativen Auseinandersetzungen in diesen Texten auftreten.

Als bedeutendste Denker, von Ruben der dritten Generation „der Genies des Idealismus und Realismus“ (Ruben 1947, 8) zugeordnet, treten auf: Uddālaka, der Verfechter einer naturalistischen Position im Kontext rationaler Modellbildungen vom Aufbau und der Funktionsweise der Natur und des Menschen, und Yājñavalkya, der Verfechter einer spiritualistischen Position im selben Kontext. Uddālaka begegnen wir insbesondere in den Unterweisungen seines Sohnes Śvetaketu, Yājñavalkya hingegen insbesondere in den Belehrungen seiner Frau Maitreyī sowie des Königs Janaka, dem er seinerseits Belehrung über die Ersetzbarkeit von Tun, und zwar der Opferhandlung, durch Wissen, nämlich der eigentlichen Bedeutung der Opferhandlung, verdankt (vgl. Ruben 1947, 145f.).

Als Hintergrund für die Auseinandersetzungen zwischen dem naturalistischen und dem spiritualistischen Modell lassen sich drei untereinander verknüpfte naturphilosophische Lehren identifizieren, die alle eine erste Antwort auf die leitende Frage nach der Herkunft des Lebendigen und seinem Verbleib nach dem Tod suchen (Frauwallner 1926).

Erstens findet sich eine mondorientierte Wasserkreislauflehre (Schneider 1961), die in ihrer für die Tradition verbindlich gewordenen Fassung in den Mythos eines fünfstufigen Opferrituals der Götter gekleidet ist, aus dem Mond, Regen, Nahrung, Same und Mensch in dieser Reihenfolge hervorgehen. Diesem auch als „Fünf-Feuer-Wissen“ (pañcāgnividyā) bezeichneten Opferritual entspricht mikrokosmisch das Entstehen von Mensch, Herz, Denken, Sprechen und Tun. Das erklärt das Verständnis des Fünf-Feuer-Wissens als ein auf individueller und auf sozialer Stufe stattfindender Austausch zwischen zwei Mächten, den Menschen und den Göttern. Wer dieses weiß, wird den „Weg der Götter“ (devayāna) gehen und dem Kreislauf der Wiedergeburten (saṃsāra) entkommen sein; wer hingegen nur die rituellen Handlungen vollzieht, wird den „Weg der Väter“ (pitṛyāna) gehen, er wird in der jenseitigen Väterwelt den Wiedertod (punarmṛtyu) erleiden und in dieser Welt wiedergeboren werden.

Zweitens gibt es eine Atemlehre, in der im Rangstreit der fünf Lebenskräfte (prāṇa), die eigentlich ebenfalls ursprünglich als Atemfunktionen in einem weiteren Sinne verstanden wurden, nämlich Sehen, Hören, Sprechen, Denken und Atmen, der letzte, der Atem im engeren Sinne, den Sieg davonträgt. Makrokosmisch entspricht diesem Rangstreit der Kampf der fünf Naturkräfte Sonne, Mond, Feuer, Regen und Wind mit dem Sieg des Windes.

Drittens schließlich tritt eine sonnenorientierte Feuerlehre auf, die den Bausteinen von Natur und Mensch den Aspekt des Darum-Wissens hinzufügt. Sehen und Erkennen werden als gleichwertig betrachtet, daher entsprechen sich Licht und Erkennen, und das hat zur Folge, daß die Führungsrolle des Atems unter den Lebenskräften auf das Denken (manas) übergeht. Die übrigen Lebenskräfte werden als Sinnesorgane (indriya) in die Funktionsträger des manas verwandelt, während das Denken selbst zu einer dem Wandel unterworfenen Verkörperung des wandellosen Selbst (ātman) wird, das ausdrücklich als Erkennen (ātman = prajñāna [= vijñāna], in der Aitareya-Upaniṣad) im Sinne einer Einheit von Sein und Wissen im Lebensvollzug zu verstehen ist und seine Fähigkeit der „Weltseele“ brahman verdankt.

In Verbindung mit einer besonderen Fassung der Entsprechung von Mikrokosmos und Makrokosmos, nämlich dem „Raum im Herzen“ und dem Weltraum, wird die Feuerlehre sowohl zur Grundlage der sich allmählich ausbildenden Vorstellung von den drei, später sogar vier, Zuständen eines Menschen (puruṣa) – im Wachen, im Traumschlaf, im traumlosen Tiefschlaf und schließlich im „Vierten“ (turīya), dem den ersten drei Zuständen zugrundeliegenden Zustand der in der höchsten Stufe der Meditation vollzogenen Enstase – als auch zur Grundlage der Lehre von der Tatvergeltung (karman): Das Karma wird zur Ursache für den Kreislauf der Wiedergeburten (saṃsāra) erklärt, indem Tun (karman) durch Planen (kratu) und dieses wiederum durch Begehren (kāma) bedingt ist.

2. Der Beginn der Entmythisierung

In dieser Darstellung der Feuerlehre sind die Ansätze zur Entmythisierung bereits deutlich erkennbar: Die Entsprechung von Mikrokosmos und Makrokosmus wird in die epistemologische Beziehung von erkennendem Subjekt und erkanntem Objekt des spiritualistischen Modells verwandelt. Das Erkennen selbst ist nicht mehr erkennbar: Es wird als nicht objektivierbar und damit eigenschaftslos begriffen, der ātman ist „nicht dies, nicht dies" (neti neti, Bṛhadāraṇyaka VI, 5.15).

Etwas anders verhält es sich im Fall der Wasserkreislauflehre. Hier treten beim Versuch der Entmythisierung Umbildungen auf, deren eine eine Erklärung für die Entsprechung von Mikrokosmos und Makrokosmos mit Hilfe einer einheitlichen Behandlung beider Bereiche, des Menschen und der Natur, anbietet.

Die ontologische Setzung des naturalistischen Modells läßt das überall gegenwärtige Ganze (bhūman) aus einem alles durchdringenden „feinen Körper" (sūkṣma śarīra) zusammengesetzt sein, und das ist hier der ātman als Einheit von Sein und Leben. Seine makrokosmischen Erscheinungen sind die drei Elemente Feuer (tejas), Wasser (ap) und Nahrung (annam), aus denen alle Gegenstände der Natur zusammengesetzt sind. Seine mikrokosmischen Erscheinungen sind die drei Vermögen der Menschen: verbales Tun oder Reden (vāc), körperliches Tun oder Atmen (prāṇa) und mentales Tun oder Denken (manas) mit ihren Wirkungen in Gestalt von Name (nāma), Tat (kriyā) und Form (rūpa). So wie das Feuer der Sonne den Kreislauf des Wassers mit Regen und dieser den Kreislauf der zur Nahrung dienenden Pflanzenwelt in Gang hält, so folgen die durch Essen und Trinken der Elemente zustandegekommenen drei Vermögen der Menschen in der angegebenen Reihenfolge auseinander.

Im spiritualistischen Kontext gehört der ātman als Wissen auf die eine Seite des epistemologischen Dualismus: Sein wird als Erkennen verstanden. Im naturalistischen Kontext hingegen ist der ātman als Leben die einheitliche Grundsubstanz eines ontologischen Monismus: Sein wird als Lebendigsein verstanden.

Eine andere Gestalt der Entmythisierung der naturphilosophischen Spekulationen insgesamt und nicht nur der Wasserkreislauflehre wird im naturphilosophischen System des Vaiśeṣika erzeugt. Mit Hilfe einer vor allem in Auseinandersetzung mit den Grammatikern gewonnenen Kategorienlehre – die berühmte Sanskritgrammatik des Pāṇini hat schon um 400 v. u. Z. die ursprünglichen Sūtras auf dem Gebiet der Grammatik im Vedāṅga abgelöst und eine eigenständige philosophische Schule begründet – soll eine Übersicht über die möglichen Arten von Gegenständen gefunden werden, ohne dabei zu Annahmen über nur eine Art von Grundbausteinen greifen zu müssen. Das Ergebnis ist ein ontologischer Pluralismus, der alle Einzeldinge oder Partikularia (vyakti) aus Atomen (aṇu, paramāṇu) dreier Kategorien – Substanz (dravya), Eigenschaft (guṇa) und Bewegung (karman) im Sinne der aristotelischen kinesis – zusammengesetzt sein läßt. Dabei dienen drei weitere Kategorien der Metastufe –Allgemeines (sāmānya), Besonderes (viśeṣa) und Inhärenz (samavāya) –, die nur durch Vernunft (buddhi) erschließbare ideale Gegenstände zweiter Art klassifizieren, der Modifikation der realen Gegenstände erster Art.

Das Vaiśeṣika hält sich in einem konsequent realistischen, an den Phänomenen der Alltagserfahrung orientierten Rahmen. In seiner Konzentration auf die Hilfsmittel von Erkenntnis statt auf deren Gegenstand wird es zu einem Bezugspunkt der in der indischen Tradition später geführten erkenntnistheoretischen Auseinandersetzungen. Der Realismus des Vaiśeṣika ist daher kein ontologischer Realismus, wie er sich in der These zusammenfassen läßt, daß die Gegenstände unabhängig von unserer Erkenntnis existieren; es handelt sich vielmehr um einen erkenntnistheoretischen Realismus, was man auch so ausdrücken kann, daß im Bezeichnen das Bezeichnete unabhängig vom Bezeichnenden ist.

Die entmythisierte Form der Atemlehre schließlich, wie sie sich im psychosomatischen Verfahren der Atembeherrschung (prāṇāyāma) des ebenfalls der śramaṇa-Tradition entstammenden Yoga wiederfindet, gehört aus diesem Grunde von Haus aus in den naturalistischen Kontext. Dies ist auch daran ablesbar, daß unter den jüngeren Upaniṣaden, die erst nach dem Aufkommen von Buddhismus und Jainismus um 500 v.u.Z. entstanden sind, yogische Upaniṣaden von mönchischen (saṃnyāsa) ausdrücklich unterschieden werden. Der Yoga tritt, wie es sich insbesondere der Bhagavadgītā entnehmen läßt, in drei Zweigen auf: (1) als bhakti-yoga gläubiger Hingabe an einen Gott, einer individuell als Widerfahrnis verstandenen Erfahrung im Kontext des vedischen Mythos, (2) als karma-yoga rituellen Tuns, einer auf der Autonomiestufe der Brāhmaṇas angesiedelten Erfahrung, und (3) als jñāna-yoga, einer die Autonomiestufe der Upaniṣaden realisierenden Erfahrung durch Wissen um die eigentliche Bedeutung aller Lebensweisen, die deshalb als Zeichen gelesen werden müssen.

In allen drei Zweigen hat der Yoga als Weg der Befreiung zur Integration der śramaṇa-Tradition mit der brāhmaṇa-Tradition und damit auch zur Möglichkeit einer einheitlichen Sicht sowohl der orthodoxen als auch der heterodoxen Systeme der indischen Philosophie beigetragen.

Das naturalistische Modell, wie es Uddālaka insbesondere in der Chāndogya VI vertritt, wird zu einer Quelle des seinerseits als Theorie der Yoga-Praxis entstehenden Systems des Sāṃkhya sowie der heterodoxen Systeme der buddhistischen Philosophie, der jainistischen Philosophie und des Lokāyata, des indischen „Materialismus".

Das spiritualistische Modell hingegen, von Yājñavalkya insbesondere in der Bṛhadāraṇyaka III, sowie IV, 3–4 und II, 4, vertreten, wird zum Kern des auf Wissen (jñāna) konzentrierten Systems des Vedānta und seiner Schulen. Das ihnen in der Konzentration auf Tun (karman) systematisch vorausgehende System der Mīmāṃsā schließt eher an die Brāhmaṇas als an die Upaniṣaden an. Gleichwohl werden Mīmāṃsā und Vedānta oft auch als ein einziges orthodoxes System der Pūrva-Mīmāṃsā (wörtl.: vorhergehende Erörterung) und Uttara-Mīmāṃsā (wörtl.: nachfolgende Erörterung) zusammen angesehen.

Es geht auf die oben schon erwähnte Verschmelzung zweier der śramaṇa-Tradition und der brāhmaṇa-Tradition zuzuordnenden Argumentationsstränge in den Upaniṣaden zurück, daß bei den historischen Nachfolgern, dem Sāṃkhya und dem Vedānta, eine merkwürdige Vertauschung der jeweils mit dem naturalistischen und dem spiritualistischen Modell verbundenen Positionen eines ontologischen Monismus und eines epistemologischen Dualismus stattgefunden hat. Die monistische Konsequenz des naturalistischen Modells nämlich wird in der Alleinheitslehre der Advaita-Schule des Vedānta gezogen, während sich der strenge Dualismus des spiritualistischen Modells im Aufbau des Sāṃkhya aus passivem Geist (puruṣa) und aktiver Materie (prakṛti, wörtl.: erzeugend) wiederfindet. Die katalytisch, also weder kausal noch intentional, vielmehr aufgrund bloßer Präsenz vom puruṣa ausgelöste Evolution der prakṛti wird von ihren durch den puruṣa um ihr Gleichgewicht gebrachten drei gestaltenden Kräften (guṇa, wörtl.: Faden [eines Gewebes], soviel wie Bestandteil oder Eigenschaft) bewirkt: sattva, rajas und tamas. Diese drei Potenzen sind sowohl psychologisch-anthropologisch als auch physikalisch-kosmologisch chrakterisiert, was ein Hinweis darauf ist, daß die Evolutionskonstruktion dazu dient, mit Hilfe einer mit dem gänzlich Unbestimmten, der „Urmaterie" (mūlaprakṛti) beginnenden universellen Ursachenkette – Aufbau der Differenzierungen – die Erklärung für einen in der Gegenrichtung verlaufenden, durch die Yogapraxis vollzogenen individuellen Erlösungsprozeß – Abbau der Differenzierungen – zu finden.

Psychologisch sind Klarheit/Bewußtheit (sattva) durch Lust und Glück, Antrieb/Tätigkeit (rajas) durch Schmerz und Leid, und Dunkelheit/Widerstand (tamas) durch Indifferenz und Trägheit charakterisiert, hingegen wird physikalisch das Leuchtende (sattva) durch weiß – dominant in der Welt oberhalb der Menschen, z.B. Sonne –, das Anregende (rajas) durch rot – dominant in der Menschenwelt, z.B. Vulkan –, und das Verhüllende (tamas) durch schwarz – dominant in der Welt unterhalb der Menschen, z.B. Stein – symbolisiert. Diese drei Farben sind aber genau den drei Elementen Wasser, Feuer und

Nahrung des naturalistischen Modells zugeordnet. Im übrigen besteht eine begründete Vermutung, daß die Lehre von den guṇa für die dharma-Lehre der buddhistischen Philosophie bestimmend gewesen war (Wayman 1962).

Es war die śramaṇa-Tradition, wie sie von Angehörigen der Kriegerkaste getragen wurde, die zu der Lehre des ‚alles ist letztlich ātman' im naturalistischen Modell geführt hat. Diese Lehre aber stand im Widerspruch zu der Lehre vom brahman als der Weltseele, von der die Potenzen eines individuellen ātman abhängig bleiben, wie sie durch die von Opferpriestern getragene brāhmaṇa-Tradition in das spiritualistische Modell zunächst Eingang fanden.

Dieser Widerspruch wurde durch einen kühnen und folgenreichen Kunstgriff aufgelöst, nämlich durch die die Alleinheitslehre im Advaita-Vedānta begründende Gleichsetzung von brahman und ātman. Deren vermutlich ältestes Zeugnis liegt in der berühmten „Lehre des Śāṇḍilya" (śāṇḍilya-vidya) vor: Der winzige ātman im Herzraum ist zugleich das den Weltraum erfüllende brahman (Śatapathabrāhmaṇa X, 6.3; Chāndogya III, 14).

Unter dieser Gleichsetzung läßt sich das naturalistische Modell nur aufrechterhalten, wenn das nicht in ein Erkenntnisobjekt verwandelbare Reflexionsvermögen (vijñāna) aus der als ständiger Prozeß begriffenen Welt völlig ausgegliedert wird. Der ātman oder das Selbst, in der Rolle als epistemologisches Ich identisch mit dem „eigenschaftslosen" (nirguṇa) brahman und verschieden vom objektivierten Ich, verliert seine Bausteinrolle als „Feinstoff". Er wird sie im Sāṃkhya an die Urmaterie abtreten, um selbst als passiv schauender Geist (puruṣa) der aktiv sich entwickelnden Materie (prakṛti) gegenüberzustehen.

Umgekehrt läßt sich das spiritualistische Modell ohne Widerspruch nur dann vertreten, wenn die Gleichsetzung von ātman und brahman zu einer Identität von Mikrokosmos und Makrokosmos radikalisiert wird, die sich nicht mehr sagen, sondern nur noch zeigen läßt und in diesem Sinne „mystisch" ausfällt.

Dem Aufbau immer feinerer Unterscheidungen im naturalistischen Modell, das als Weg vom Gegenstand zum Zeichen einem primär theoretischen Interesse an Erklärung dient, steht ein stufenweiser Abbau der vorgefundenen Unterscheidungen im spiritualistischen Modell gegenüber, das als Weg vom Zeichen zum Gegenstand an einem primär praktischen Interesse an Erlösung orientiert ist.

Soteriologisch konkurrieren daher das Sāṃkhya und der Advaita-Vedānta: Das erlösende Wissen des Sāṃkhya besteht in der Realisierung der völligen Unterschiedenheit von puruṣa und prakṛti, insbesondere ihrer ersten Evolutionsphase der buddhi, dem Erkennen im Sinne des aktiven Erbringens von Unterscheidungsleistungen; genau umgekehrt besteht das erlösende Wissen im Advaita-Vedānta in der Realisierung der völligen Übereinstimmung von ātman und brahman.

Historisch hat diese soteriologische Konkurrenz mit dem Advaita, vor allem auf Grund des überragenden Einflusses des Advaitin Śaṃkara, zu einem Niedergang des Sāṃkhya in der zweiten Hälfte des ersten Jahrtausends geführt. Das wurde noch verstärkt durch die gnoseologische Konkurrenz zwischen dem Sāṃkhya und dem Vaiśeṣika, die schon um 500 zu einer von Mādhava, dem „Totengräber des Sāṃkhya", betriebenen weitgehenden Übernahme sowohl des Atomismus als auch der Kategorienlehre, z. B. der Unterscheidung von Substanz und Eigenschaft, vom Vaiśeṣika ins Sāṃkhya führte. An dem Niedergang hat auch die Renaissance des Sāṃkhya zwischen 1300 und 1600 nichts ändern können, die eine Versöhnung mit dem Advaita und den anderen Vedānta-Schulen mit dem Argument betrieben hat, daß das Sāṃkhya empirische Erfahrung, der Vedānta hingegen transzendente Erfahrung beschreibe.

Gleichwohl sind die Grundzüge des Sāṃkhya, insbesondere die Verknüpfung einer kosmologisch-universell konzipierten Evolution mit einem anthropologisch-individuell konzipierten Erlösungsweg, im Hintergrund des übermächtigen Einflusses des Vedānta auf das gesamte Geistesleben Indiens während mittlerweile mehr als tausend Jahren stets präsent geblieben.

3. Die philosophischen Systeme

In der indischen Tradition werden in der Regel sechs orthodoxe (āstika) philosophische Systeme (darśana), das Sāṃkhya und der Yoga, der Nyāya und das Vaiśeṣika, die Mīmāṃsā und der Vedānta, drei heterodoxen (nāstika) philosophischen Systemen, dem Lokāyata, Bauddha und Jaina gegenübergestellt, obgleich je nach dem zugrundeliegenden Verständnis des Veda durchaus auch andere ungewöhnliche Zuordnungen auftreten, zum Beispiel das Sāṃkhya und der Advaita-Vedānta als nāstika, das Lokāyata und die buddhistischen Schulen hingegen als āstika. Auch gibt es andere Zählungen, je nachdem ob gröbere oder feinere Einteilungen zugrundegelegt werden, etwa bei der Unterscheidung der beiden großen Schulen Madhyamaka und Yogācāra im Mahāyāna-Buddhismus oder der Aufspaltung des Vedānta in seine zahlreichen Schulen, darunter der des Advaita von Śāṃkara, aber auch der gesonderten Berücksichtigung etwa der an Pāṇini sich anschließenden Schule der Grammatiker (pāṇinīya darśana).

Alle diese Systeme sind als Versuche einer systematischen Auseinandersetzung mit der Tradition des Veda in der Zeit ab 500 v.u.Z. zu begreifen. Die heterodoxen Systeme werden als aufgeklärte Alternativen ausgebildet oder verstehen sich zumindest so, die orthodoxen Systeme hingegen als verteidigende rationale Rekonstruktionen des Mythos, zumindest der Teile, die sich dafür eignen, und mit verschiedenen Schwerpunkten, alle miteinander aber in ständigem Disput untereinander. Die radikalste Alternative findet sich bei den als Lokāyatika (Anhänger der unter den Leuten vorherrschenden [Auffassungen]) oder Cārvāka (nach dem Namen eines historisch nicht greifbaren Vertreters) zusammengefaßten Gruppen von Aufklärern, die reine Empirie gegen den vedischen Mythos setzen und sich lieber auf begründende Argumentationen verlassen.

Es sind dies vor allem die Materialisten (deha-vādin), die Skeptiker (ajñāna-vādin) und die Fatalisten (niyati-vādin). Ihre Auffassungen lassen sich bis auf eine einzige bisher bekannte

Quelle, den Tattvopaplavasiṃha (= der Löwe, der alle Realitäten verschlingt) des Skeptikers Jayarāśi Bhaṭṭa aus dem achten Jahrhundert, leider nur aus Berichten und Anführungen in gegnerischen Schriften erschließen. Wohl aber ist ihre auf argumentierende Verfahren setzende Haltung durch eine Bemerkung im Arthaśāstra bezeugt, dem Lehrbuch der Politik des als ein indischer Machiavelli bekannt gewordenen Kauṭilya, Ratgeber des ersten Maurya-Herrschers Candragupta um 300 v.u.Z. In Kauṭilyas Lehrbuch wird das Lokāyata neben dem Sāṃkhya und dem Yoga zu denjenigen Disziplinen gezählt, die sich durch ānvīkṣikī (= Wissenschaft, die mit anvīkṣā, wörtl.: Nachsehen, arbeitet) auszeichnen. Mit diesem Ausdruck wird auf Verfahren einer argumentierenden Bestimmung von Recht und Unrecht im Bereich sozial-religiöser Lebensführung, von materiellem Vorteil und Nachteil in der Ökonomie, von richtigem und falschem Handeln in der Politik und ebenso in anderen Bereichen verwiesen. Man verfährt also anders als in der trayī-vidyā, dem „Wissen von den drei [Veden]". Dort nämlich werden solche Bestimmungen der Tradition entnommen, auch wenn über deren Auslegung unter Umständen noch Streit entstehen mag.

Aus der Zeit Buddhas ist als Materialist der Despot Pāyāsi bezeugt, der die Nichtexistenz der Seele und damit auch die Ungültigkeit sowohl der Lehre vom Kreislauf der Wiedergeburten (saṃsāra) als auch der Lehre von der Tatvergeltung (karman) mit Hilfe grausamer Experimente nachzuweisen suchte, etwa durch Wägen eines Menschen vor und nach seiner ihn körperlich unversehrt lassenden Tötung.

Von einem Skeptiker, dem abtrünnigen Brahmanen Sañjaya Belaṭṭhiputta, wird berichtet, daß er sich einer im Madhyamaka zum buddhistischen Tetralemma (catuṣkoṭi) weiterentwikkelten Argumentationsform bedient: etwas ist weder (1) so, noch (2) nicht so, noch (3) zugleich so und nicht so, noch (4) weder so noch nicht so, während der schon genannte Skeptiker Jayarāśi Bhaṭṭa für eine das Lokāyata insgesamt charakterisierende These argumentiert: Erkenntnis durch Schlußfolgerung ist unmöglich, weil dazu ein allgemeiner Wenn-dann-Zusammenhang verfügbar sein muß, was mit sinnlicher Wahrnehmung nicht gelingen kann.

Schließlich tritt als Fatalist ein vermutlich abtrünniger Jainist Makkhali Gośāla auf, dessen Anhänger, die Ājīvikas, einen strengen Determinismus lehren, bei dem zwar die Lehre vom saṃsāra nicht angetastet wird, diese aber, weil das Fatum (niyati) handelnd nicht beeinflußt werden kann, ihrer Funktion als Mittel zur Erlösung (mokṣa) beraubt. Nicht mokṣa und auch nicht rituelle Pflichterfüllung (dharma), sondern nur noch Wohlstand (artha) und Lust (kāma) gehören im Lokāyata zu den Zielen menschlicher Lebensführung.

Eine andere, ihrer zunächst nur praktischen Orientierung wegen weniger radikale, Alternative gegenüber dem Veda liegt in den Auffassungen des frühen Buddhismus und Jainismus vor. Sie stehen insofern zueinander im Gegensatz, als Buddha – es ist dies der Titel von Siddhārtha Gautama (ca. 560–480 v.u.Z.) nach seiner Erleuchtung – die Verwerfung aller Standpunkte und damit Standpunktlosigkeit, sein Zeitgenosse Mahāvīra oder Jina hingegen die Anerkennung aller Standpunkte, nämlich je nach eingenommener Perspektive, lehrte. Dabei sind auch ‚Mahāvīra' und ‚Jina' zwei Titel, die Vardhamāna Kāśyapa (ca. 550–477 v.u.Z.), dem Begründer des Jainismus, nach seiner Erleuchtung verliehen wurden: ‚Großer Held' und ‚Sieger'. Im übrigen verstand der Jina seine Lehre als Wiederherstellung einer ewig bestehenden, historisch jedoch immer wieder verderbten Lehre.

Insofern die übrigen sechs Systeme, zumindest in den Augen der Jainisten, sich auf eine den Veda, insbesondere die ātman-Lehre, verteidigende rationale Rekonstruktion desselben konzentrieren, ist es einsichtig, daß gerade der Jainismus einen Versuch gemacht hat, die Anerkennung oder Verwerfung der ātman-Lehre als Unterscheidungskriterium zwischen den orthodoxen Systemen und den heterodoxen Systemen der buddhistischen Schulen (und des Lokāyata) zu verwenden. Dabei soll die jainistische Philosophie in der Lage sein, zwischen dem ātmavāda (= Lehre vom Selbst [als Beharrendem]) und dem anātmavāda (= Lehre vom Nicht-Selbst) mit Hilfe ihres eigenen syādvāda (= Lehre vom Es-kann-[so oder so]-sein [je nach Gesichtspunkt]) zu vermitteln.

Zu den wichtigsten Gesichtspunkten, die als Erkenntnis einer Relation zwischen Erkennendem und Erkanntem naya heißen, gehören die beiden Unterscheidungen ‚unter Substanzaspekt – unter Modusaspekt' (dravyārthika-naya – paryāyārthika-naya) und ‚unter Sachaspekt – unter Sprachaspekt' (artha-naya – śabda-naya). Der Streit zwischen dem brahmanischen ātmavāda und dem buddhistischen anātmavāda wird dann mit Hilfe der ersten Unterscheidung so behoben, daß etwas Seiendes und deshalb zugleich Lebendiges (sattva=jīva) unter dem Substanzaspekt beharrend (nitya), hingegen unter dem Modusaspekt vergänglich (anitya) ist.

Anders als im Vaiśeṣika, dem die jainistische Philosophie unter Bezug auf ihre naturphilosophischen Interessen im begrifflichen Aufbau sehr nahesteht – sie teilt mit ihm unter anderem den erkenntnistheoretischen Realismus und den ontologischen Pluralismus –, spielen Substanz (dravya) und Modus (paryāya) als eine Gliederung der von den (Sprach-)Zeichen bedeuteten Gegenstände (artha) in der jainistischen Philosophie keine voneinander unabhängige Rolle: Sie dürfen nur korrelativ zueinander verwendet werden.

Im ātmavāda wie auch im anātmavāda gehen die philosophischen Fragestellungen im wesentlichen von der schon geoffenbarten oder selbsterlebten Erfahrung aus, daß die Menschen in Leid (duḥkha) verstrickt sind und einen Weg suchen, sich daraus zu befreien, also Erlösung (mokṣa) erstreben. Der Rahmen für die Antworten aber ist in beiden Fällen genau entgegengesetzt: Im ātmavāda wird er grundsätzlich in der Universalisierung des ātman gesehen, im anātmavāda in der Negierung des ātman.

Als Ursache und Wirkung der Verstrickung in Leid waren in den Upaniṣaden zwei von allen Schulen der indischen Philosophie mit Ausnahme des Lokāyata übernommene und explizierte Lehrstücke entwickelt worden, die Lehre von der Tatvergeltung (karman), nach der es einen auf die Verstrickung bezogenen Ursache-Wirkungs-Zusammenhang für die Handlungen eines Menschen gibt, und die von ihr später für impliziert gehaltene Lehre vom Kreislauf der Wiedergeburten (saṃsāra), dem das Einzelwesen (ātman, auch: jīva oder jivātman) unterliegt. Alle weiteren philosophischen Erörterungen dienen direkt oder indirekt der Klärung des Weges aus der Verstrickung oder sind, im Ganzen oder teilweise, dieser Weg selbst. Das gilt sogar noch für das Lokāyata, wenn man berücksichtigt, daß dort schon die Voraussetzung einer generell leidvollen Existenz bestritten wird, könne ihr doch durch eine wissenschaftlich aufgeklärte Lebensführung begegnet werden.

Die verschiedenen bereits genannten orthodoxen Systeme der indischen Philosophie lassen sich in erster Näherung durch ihr Hauptinteresse charakterisieren, wie es sich in den das jeweilige System begründenden Leitsätzen (sūtra) artikuliert findet, die zusammengestellt ebenfalls Sūtra heißen und auf die sich alle späteren systeminternen wie systemübergreifenden philosophischen Auseinandersetzungen grundsätzlich zurückbeziehen. Dabei stützt sich allein das System des Sāṃkhya nicht auf ein anfängliches Sūtra, sondern auf eine vermutlich ein verlorengegangenes Sūtra ersetzende Kārikā, die sich von einem Sūtra dadurch unterscheidet, daß die einzelnen Leitsätze in metrisch gebundene Form gebracht sind.

Das Vorbild für die ursprünglich wohl als Stütze für eine mündliche Weitergabe der heiligen Überlieferung gedachten Sūtras ist die an Knappheit der Formulierung für unüberbietbar geltende Sanskritgrammatik Aṣṭādhyāyī des Pāṇini. Ein Sūtra ist deshalb auf Kommentare, z.B. ein grundsätzlich als Argumentation um Einwände und Gegeneinwände zwischen Meister und Schüler abgefaßtes Bhāṣya, diese wiederum kommentierende Subkommentare, etwa eine Ṭīkā, eine Vṛtti oder auch ein Vārttika oder ein Vivaraṇa, und gegebenenfalls weitere Folgekommentare angewiesen. Hinzu kommen formal selbständig auftretende Abhandlungen, etwa ein Prakaraṇa. Eine solche Kommentierung erfolgt in der Regel nicht historisch-erklärend sondern systematisch-begründend, so daß ohne weiteres ein zeitlich späterer Kommentar bei der Deutung eines zeitlich früheren Kommentars herangezogen werden kann.

Etwas anders liegen die Verhältnisse im Buddhismus und Jainismus, weil dort die kanonischen Schriften weniger theoretische Auseinandersetzungen mit dem Veda als primär praktische Anleitungen zur Lebensführung enthalten, wobei im Falle des Buddhismus die unter Umständen durchaus umfangreichen, Buddha zugeschriebenen Lehrreden unter dem Pāli-Titel ‚Sutta' gesammelt wurden. Allerdings wird die Identifizierung von Pāli ‚sutta' mit Sanskrit ‚sūtra' mittlerweile in Frage gestellt. Es gilt als wahrscheinlicher, daß ‚sutta' aus Sanskrit ‚su-ukta [= sūkta]' mit der Bedeutung ‚das Wohlgesprochene' herzuleiten ist (vgl. Schumann 1993, 60). Erst mit den internen Schulbildungen im Buddhismus und Jainismus beginnen, unter Umständen später selbst kanonisierte, philosophische Systematisierungen der kanonischen Schriften, die dann durchaus wieder Sūtra- oder Kārikā-Form im ursprünglichen Sinne kurzer Leitfäden annehmen können, in der jainistischen Philosophie etwa das kanonisierte klassische Tattvārthādigama-Sūtra von Umāsvāti (um 400) oder die in der buddhistischen Philosophie die Madhyamaka-Schule faktisch begründende Madhyamaka-Kārikā von Nāgārjuna (um 150).

Die Sūtras einschließlich der Sāṃkhya-Kārikā zusammen mit ihren Folgekommentaren erlauben es, das Hauptinteresse der orthodoxen Systeme wie folgt zu charakterisieren: Die Mīmāṃsā konzentriert sich auf die Auslegung der zur Erfüllung der praktisch-religiösen Pflichten (dharma) vorgeschriebenen rituellen Handlungen (karman) und stellt insofern eine mit den Mitteln der Hermeneutik aufgebaute Handlungsphilosophie dar. Der häufig als auf ihr fußend verstandene Vedānta wiederum konzentriert sich auf das Erkennen des Selbst (ātman) durch Aufhebung der subjektiv als Unwissenheit (avidyā) auftretenden Täuschung (māyā) und bildet so eine mit den Mitteln der Reflexion verfahrende Bewußtseinsphilosophie. Demgegenüber konzentriert sich das Sāṃkhya auf die begriffliche Rekonstruktion der Weltentstehungsmythen durch eine auf dem Zusammensein von inaktivem Geist (puruṣa) und aktiver Materie (prakṛti) beruhenden Evolution aller elementaren Wirklichkeitsbestandteile (tattva), was auf eine logische

Genese philosophischer Kosmologie im Verbund mit philosophischer Anthropologie im Sinne einer Bio-logie, einer Lehre vom Lebendigsein, hinausläuft; die ihm zugrundeliegende yogische Erfahrung wird im zum (theoretisch-wissenschaftlichen) Sāṃkhya alternativen System des (praktisch-technischen) Yoga zu einer Technik im ursprünglichen Sinne von „Kunstlehre" der Entwicklung und Beherrschung aller körperlichen, seelischen und geistigen Fähigkeiten bis hin zu Meditation (dhyāna) und ihrer höchsten Stufe der Sammlung oder Enstase (samādhi) ausgebaut – wir haben es mit einer sich des Mittels praktischer Übung bedienenden Psychosomatik zu tun. Der Nyāya schließlich ist logisch höherstufig auf die Argumentationsregeln (nyāya) und die Erkenntnismittel (pramāṇa) selbst konzentriert, so daß hier ein Verbund der Disziplinen Logik und Erkenntnistheorie vorliegt; das ihm zur Seite stehende und in der Spätphase des Neuen Nyāya (Navya Nyāya) am Ende des ersten Jahrtausends unserer Zeitrechnung sogar mit ihm verschmolzene Vaiśeṣika ist auf die Klärung der Grundelemente und ihres Zusammenwirkens im Aufbau der Erscheinungen mit Hilfe begrifflicher Gliederung durch Kategorien (padārtha) gerichtet, was zu einer grundstufig orientierten Ontologie mit den Mitteln begrifflicher Analyse und Synthese führt.

Alle diese orthodoxen Systeme unter Einschluß der Schulen der heterodoxen Systeme entwickeln sich in ständiger interner und externer Auseinandersetzung über einen Zeitraum von ungefähr zweitausend Jahren zwischen 500 v. u. Z. und 1500. Dabei führen die internen Auseinandersetzungen unter Umständen zu weiteren Differenzierungen, während die externen durchaus auch den Verlust von Eigenständigkeit einer Seite nach sich ziehen können.

Es ist diese Zeit durch Auseinandersetzungen herausgeforderter Entwicklungen, die in der auf Indien bezogenen Philosophiegeschichtsschreibung als Folge zweier Epochen bezeichnet wird: einer von zahlreichen gedanklichen Innovationen geprägten klassischen bis ins 11. Jahrhundert und einer eher die Überlieferung bewahrenden scholastischen in den sich anschließenden Jahrhunderten. Dabei ist es üblich, die klassische Epoche in eine bis ins 2. Jahrhundert reichende epische Periode – die Zeit der Entstehung der verschiedenen Systeme – und in eine systematische Periode ihrer mit Differenzierung einhergehenden Konsolidierung in der zweiten Hälfte der klassischen Epoche zu gliedern.

Erst in dieser systematischen Periode lassen sich hinter einigermaßen sicher datierbaren Werken auch Personen historisch fassen, über deren Leben und Wirken wir trotz oder gerade angesichts der Fülle überlieferter Legenden noch immer nur sehr wenig wissen. Gleichwohl macht es die mittlerweile weit fortgeschrittene indologische Forschung möglich, einen Autor zumindest über seinen Ort in den Auseinandersetzungen seiner Zeit als individuellen Denker sichtbar zu machen.

Von besonderer Bedeutung in der Geschichte der indischen Philosophie sind zwei Denker, die beide um die Mitte des ersten Jahrtausends lebten und eine Zäsur dieser Geschichte markieren. Waren in der vorangehenden Zeit logisch-sprachphilosophische ebenso wie erkenntnistheoretische Überlegungen grundsätzlich eingebunden in die verschiedenen praktisch motivierten Lehren von der Erlösung, so wird durch den zur grammatischen Schule des Hinduismus gehörenden Bhartṛhari und durch den zur logischen Schule des Buddhismus gehörenden Dignāga eine relative Selbständigkeit theoretischer Philosophie durchgesetzt, die in allen Systemen und ihren Schulen von da an zu einem neuen Reflexionsniveau führt. Das macht sich besonders bemerkbar in der Logik des Nyāya und in der Hermeneutik der Mīmāṃsā.

Angesichts dieser Entwicklung erneut auf der Relevanz des Denkens für die praktisch-religiöse Lebensführung zu bestehen und diese auch historisch folgenreich durchzusetzen, bedurfte es der intellektuellen Kraft des größten indischen Denkers außerhalb des Buddhismus. Es war der im 8. Jahrhundert lebende Śaṃkara, der dadurch, daß er den Tätigkeitsaspekt auch aller theoretischen Überlegungen in einen Bestandteil der Theoriebildung selbst zu verwandeln verstand und so die Vernunft als in der vedischen Offenbarung bereits enthalten entwickelte, seine Version des Advaita-Vedānta zur philosophisch anspruchsvollsten Schule der indischen Philosophie gemacht hat. Gelingen konnte ihm dies nur dadurch, daß er eine eigentümliche, gleichsam spiegelbildliche Entsprechung zur konsequent theoriekritischen, sich selbst nicht als Position verstehenden buddhistischen Schule des Madhyamaka entwarf, wie sie ein halbes Jahrtausend zuvor vom bedeutendsten buddhistischen Denker Nāgārjuna begründet worden war.

Es gehört zu den Folgen der Radikalität Śaṃkaras, daß im Zuge einer im 9. Jahrhundert einsetzenden brahmanischen Erneuerungsbewegung, die sich sowohl gegen den Buddhismus als auch gegen die in weiten Teilen Indiens betriebene gewaltsame Durchsetzung des Islam richtete, zahlreiche philosophisch zunächst bedeutungslose religiöse Sekten, insbesondere des Viṣṇu-Kultes und des Śiva-Kultes, sich vor allem des Vedānta bemächtigten und ihn zu vielfältigen und einflußreichen theistischen Systemen des Vaiṣṇavismus, Śaivismus und Sāktismus umbildeten. Diese bekämpften den Advaita Śaṃkaras und seiner Nachfolger vor allem mit dem Argument, Śaṃkara vertrete einen Kryptobuddhismus.

Da auch die übrigen Systeme aufgrund der religiösen Erneuerung entweder ihren theistischen Hintergrund betonten oder theistisch wurden, und der Buddhismus als Folge vor allem der Zerstörungen buddhistischer Zentren durch die islamischen Eroberer zwischen dem 12. und 15. Jahrhundert vom indischen Subkontinent verschwand, erscheinen die einst vielfältigen Auseinandersetzungen zwischen den Systemen nur noch im Spiegel von Auseinandersetzungen zwischen den Schulen des Vedānta oder werden – wie der noch bis ins 17. Jahrhundert selbständig existierende, von Gaṅgeśa Upādhyāya (ca. 1300–1360) und Raghunātha Śiromaṇi (ca. 1475–1550) zur Blüte geführte Navya-Nyāya – zur logisch-erkenntnistheoretischen Vorschule des Vedānta.

Der historische Sieg des Vedānta ist auch der Grund dafür, daß die von der Auseinandersetzung mit westlicher Philosophie ausgelöste philosophische Renaissance, die Indien seit mehr als 200 Jahren erlebt und die von Denkern getragen wird, die nicht mehr in diesem Buch behandelt werden, grundsätzlich an einer der Schulen des Vedānta orientiert bleibt, während die übrigen orthodoxen und heterodoxen Systeme zu einer weitgehend erloschenen Tradition gehören. Deshalb ist es auch in einem erheblichen Maße erst der indologischen Forschung der letzten hundert Jahre zu verdanken, daß sich die historische und systematische Eigenständigkeit dieser anderen Systeme gegenüber ihrer vedāntistischen Darstellung herausarbeiten ließ, ein Forschungsprozeß, der noch längst nicht abgeschlossen ist. Diese vom Vedānta verschiedenen Systeme wieder zum Leben zu erwecken, hat sicher nur im Zusammenhang gegenwärtiger Bemühungen um eine vergleichende Philosophie Aussicht auf Erfolg.

III. Nāgārjuna (ca. 120–200) und das Madhyamaka. Der akzidentelle Charakter der Welt in ihren Bildern

1. Zur Überlieferung von Nāgārjunas Leben und Werk

Das heterodoxe System der buddhistischen Philosophie (bauddha darśana) mit seinen Schulen gehört allerdings nur in Indien zu einer erloschenen Tradition. Es wurde außerhalb des indischen Subkontinents in vielen Ländern Asiens bewahrt und darüber hinaus bis heute vielfältig weiter ausgebildet. Insbesondere in seiner systematisch zum äußersten getriebenen Form des japanischen Zen-Buddhismus hat es seinerseits in den letzten Jahrzehnten begonnen, erneut deutlichen Einfluß auf westliches Philosophieren auszuüben, etwa in der Nachfolge Wittgensteins (vgl. Gudmundsen 1977; Abe 1984; Kalansuriya 1987), aber auch im Zusammenhang der sich intensivierenden Bemühungen um vergleichende Philosophie. Eine historisch schon sehr frühe Feststellung der gedanklichen Nähe gerade zwischen Wittgenstein und Nāgārjuna findet sich bei Karl Jaspers (1957, 934–956).

Der bestimmende Einfluß der buddhistischen Philosophie auf die anderen Systeme der klassischen indischen Philosophie jedoch läßt sich personbezogen historisch erstmals an den Auseinandersetzungen sichtbar machen, die Nāgārjuna sowohl mit der buddhistischen Orthodoxie als auch mit nicht-buddhistischen Positionen seiner Zeit führte.

Nāgārjuna geht es darum, den anātmavāda wieder konsequent im Sinne des Mittleren Weges (madhyamā pratipad) auszulegen, wie er in der ersten Lehrrede des Buddha nach seiner Erleuchtung im Wildpark von Sārnāth bei Benares als „Andrehen des Rads der Lehre“ (dharma-cakra-pravartana) auseinandergesetzt worden war. Er konzentriert sich dabei auf die Lehre vom „abhängigen Entstehen“ (pratītyasamutpāda), die er in seinem philosophischen Hauptwerk, der Madhyamaka-Kārikā, den „Merkversen der Mittleren [Lehre]", als ein Mittleres zwischen der „‚Es-ist-[immer]'-Position" (śāśvata-vāda, Lehre von der ewigen Dauer) im ātmavāda und der „‚Es-ist-nicht'-Position" (uccheda-vāda, Lehre vom Vernichten [der Dinge]) im Lokāyata bestimmt: „Sagt man, ‚es ist', hält man an ewiger Dauer fest. Sagt man, ‚es ist nicht', hat man die Auffassung von der Vernichtung. Deshalb legt sich der Verständige nicht auf die beiden [Positionen], ‚es ist' und ‚es ist nicht', fest" (Kārikā XV.10; nach: Weber-Brosamer/Back 1997). Dieses Mittlere zwischen Substanzialismus und Nihilismus betrifft den theoretischen Bereich; ihm tritt in der ursprünglichen Lehre Buddhas eine entsprechende Bestimmung des Mittleren im praktischen Bereich zur Seite, nämlich eine Lebensführung zwischen Asketentum und Hedonismus.

Schon mit dieser Beschränkung auf das allein theoretisch Mittlere wird deutlich, daß bei Nāgārjuna eine neue, erst im Mahāyāna-Buddhismus in zwei Versionen entwickelte Vorstellung über den Zusammenhang von Theorie und Praxis vertreten wird. In der von Nāgārjuna begründeten Madhyamaka-Schule des Mahāyāna wird der praktische Aspekt auch theoretischer Erkenntnisprozesse derart ernst genommen, daß es einer eigenständigen Erörterung von Fragen der Lebensführung neben der argumentierenden Praxis sowohl als Weg zur Erkenntnis als auch als Gestalt von Erkenntnis grundsätzlich nicht mehr bedarf. Genau umgekehrt wird in der mit dem Madhyamaka konkurrierenden Yogācāra-Schule des Mahāyāna der theoretische Aspekt auch praktischer Übungen, insbesondere der Meditation, in einer Weise betont, daß jenseits einer Artikulation dieser den Erkenntnisprozeß verkörpernden Praxis erkenntnistheoretische Fragen grundsätzlich nicht mehr behandelt zu werden brauchen. Bei aller Konkurrenz beider Schulen, die im sechsten Jahrhundert sogar zu einem Schisma zwischen ihnen geführt hatte, begannen zur gleichen Zeit bereits Versuche, Synthesen von Madhyamaka und Yogācāra zu bilden.

Im Madhyamaka dominiert die soteriologische Rolle der Erkenntnis, während im Yogācāra die gnoseologische Behandlung des Heilsweges im Vordergrund steht, und zwar im Meditationszweig des Yogācāra in einem primär psychologischen, im Argumentationszweig des Yogācāra in einem primär logischen Rahmen. Davon wird im nächsten Kapitel die Rede sein.

In der Forschung zur Person Nāgārjunas haben sich bis heute nur wenige Sachverhalte und auch diese nur mit einem erheblichen Spielraum in Bezug auf ihre Zuverlässigkeit einigermaßen einvernehmlich bestimmen lassen. Nāgārjuna entstammt einer mittel- oder südindischen Brahmanenfamilie – die Überlieferung nennt als Gegend u.a. Vidarbha, das heutige Berār in Māhārāṣṭra – und hat wohl den größten Teil seines Lebens zunächst in oder bei Amarāvatī am Unterlauf des Flusses Kṛṣṇā (= Kistna) verbracht. Später lebte er weiter westlich in einem Kloster auf dem Berg Śrīparvata, zu Nāgārjunakoṇḍa gehörig, dessen Ruinen 1926 entdeckt worden waren, mittlerweile jedoch durch Stau der Kṛṣṇā unzugänglich geworden sind. Nur der Berg mit den Ruinen des Klosters, in dem Nāgārjuna gestorben sein soll, ragt heute als Insel aus dem Stausee heraus.

Unter den zahlreichen Quellen mit Angaben zu Leben und Werk Nāgārjunas sind die von Kumārajīva (ca. 350–410), dem ersten Übersetzer von Werken Nāgārjunas ins Chinesische und Begründer der chinesischen Madhyamaka-Schule, und die von Hsüan-tsang (ca. 602–664), einem ebenso einflußreichen Übersetzer vor allem von Werken der Yogācāra-Schule, überlieferten Berichte die brauchbarsten (Walleser 1923). Sie und die meisten anderen stimmen darin überein, daß Nāgārjuna eine lebenslange Freundschaft mit einem Herrscher der Śātavāhana-Dynastie im Reich der Andhrabhṛtya verband. Die Andhrabhṛtya heißen so, weil sie die dem Land und den Leuten von Andhra, d.i. das Gebiet zwischen den Unterläufen von Godāvarī und Kṛṣṇā, Dienenden sind. Die Śātavāhanas beherrschten zwischen dem 1. Jahrhundert vor und dem frühen 3. Jahrhundert nach unserer Zeitrechnung in einmal größerem, dann wieder kleinerem Umfang den zentralindischen Dekkan, also nicht nur Andhra, sondern ein Gebiet bis fast an die Westküste, und hatten so den Weg intensiven wirtschaftlichen und kulturellen Einflusses von (Nord-)West nach (Süd-)Ost geöffnet; zum Beispiel hinterließ die griechisch-buddhistische Kunst aus Gandhāra deutliche Spuren in Amāravatī (Subramanian 1932). Leider läßt sich nicht einwandfrei ermitteln, mit welchem der Śātavāhanas Nāgārjuna die freundschaftlichen Beziehungen unterhielt. Keiner der beiden überlieferten Texte, die Nāgārjuna an seinen königlichen Freund gerichtet hat, der Suhṛllekha (= Brief an einen Freund) und die Ratnāvalī (= Juwelenkette), gibt einen Hinweis. Der mit über 500 Versen in fünf Kapiteln recht umfangreichen Ratnāvalī, einem Mahnschreiben, dessen Empfehlungen ausdrücklich nicht nur dem König sondern allen Wesen nützen sollen, läßt sich allein entnehmen, daß er einer der bedeutenderen und auch rechtmäßig an die Macht gekommenen Könige gewesen sein muß. Deshalb und aufgrund weiterer einschlägiger Randbedingungen – z.B. können nach gegenwärtiger Kenntnis einige der von Nāgārjuna in seinem Sūtrasamuccaya (= Sūtra-Sammlung) zitierten Mahāyāna-Sūtras frühestens in der ersten Hälfte des 2. Jahrhunderts entstanden sein – kommen nur Puḷumāyi Vāsiṣṭhīputra (130–154) oder sein Nachfolger, ein als ‚Herr des ganzen Südens' (dakṣiṇāpatha-pati) bezeichneter Śātakarṇin Vāsiṣṭhīputra, als Freund und Gönner Nāgārjunas infrage. Gleichwohl ist die daraus abgeleitete ungefähre Lebenszeit Nāgārjunas zwischen 120 und 200 weiterhin höchst unsicher. Das trifft auch für die Überlieferung zu, er habe die großartigen in Marmor gehauenen Reliefs auf der Balustrade eines Umgangs um den als Mahācaitya (Großer Schrein) gerühmten Stūpa von Amāravatī angeregt, selbst wenn die Gründung des Klosters auf dem Śrīparvata tatsächlich ein Ergebnis der in der Ratnāvalī enthaltenen Aufforderung zu einer religiösen Stiftung gewesen sein sollte. Die Nāgārjuna vor seiner Rückkehr ins Reich der Andhrabhṛtya zugeschriebene Lehrzeit an der buddhistischen Klosteruniversität Nālandā in Magadha, dem heutigen Bihār, unter einem gewissen Rāhulabhadra und erst recht seine später ausgeübte Tätigkeit als Abt von Nālandā ist mit größter Wahrscheinlichkeit ein Anachronismus. Nālandā wurde nämlich nach allem, was bisher bekannt ist, erst im

3. Jahrhundert gegründet, und Rāhulabhadra kann nach anderen Quellen und dem eher auf die eigenständige Mahāyāna-Schule Sāramatis (um 250) vorausweisenden inhaltlichen Charakter seiner das höchste Wissen, die Weisheit (prajñā), positiv preisenden Hymne Prajñāpāramitā-stotra, der ‚Hymne an die vollkommene Weisheit' (Conze 1957, Text Nr. 137), nur zum weiteren Umkreis Nāgārjunas gehört haben (Ruegg 1981, 54ff.).

Unter den zahlreichen Werken, die Nāgārjuna von der Tradition zugeschrieben werden und nur teilweise in ihrer Originalsprache Sanskrit – in vielen Fällen nur in tibetischer bzw. chinesischer Übersetzung – überliefert sind, werden von der Forschung gegenwärtig neben seinem Hauptwerk, der in Candrakīrtis (ca. 600–650) Kommentar Prasannapadā (= Klare Worte) in Sanskrit überlieferten Madhyamaka-Kārikā, und den beiden schon genannten Mahnschreiben sowie der Sūtra-Sammlung weitere neun mehrheitlich als echt anerkannt (Lindtner 1982). Darunter sind für die Philosophie Nāgārjunas vor allem die theoretischen Traktate Śūnyatāsaptati (= Siebzig [Strophen] über die Leerheit) und Vigrahavyāvartanī (= Die Streitabwehrerin) von Bedeutung. Sie sind beide von Nāgārjuna nach der Madhyamaka-Kārikā ebenfalls in Versen (kārikā) zusammen mit je einem ausführlichen Prosakommentar (vṛtti) verfaßt worden, wobei nur von der Vigrahavyāvartanī auch die Sanskritfassung überliefert ist. Sie müssen in dieser Reihenfolge als zusätzliche Erläuterungen seines Hauptwerks angesehen werden. Offenbar bedurfte es solcher Erläuterungen wegen verbreiteten Unverständnisses und vielleicht sogar Ablehnung aufgrund der Radikalität der Verfahrensweise in der Kārikā.

Die vorgetragenen Gedankengänge setzen wegen ihrer Absicht, die ursprüngliche Lehre Buddhas gegen inzwischen verbreitete Mißverständnisse unter Buddhisten, aber auch gegen Angriffe nichtbuddhistischer Schulen wiederherzustellen, für ein Verständnis des Lesers einige Kenntnisse voraus. Dazu gehören insbesondere eine Kenntnis der beiden auch von Nāgārjuna ins Zentrum gerückten Hauptstücke der frühbuddhistischen Lehre vor den etwa ein Jahrhundert nach Buddhas Tod einsetzenden Schulbildungen: Von den vier edlen Wahrheiten (Kārikā XXIV) und Von den zwölf Gliedern des abhängigen Entstehens (Kārikā XXVI); desgleichen auch Grundkenntnisse über die verschiedenen in den Schulen des Hīnayāna ausgebildeten Systematisierungen im jeweiligen „Korb der Untersuchung der Lehre“ (abhidharma-piṭaka). Die folgende Skizze stellt diese Voraussetzungen bereit.

2. Wissen und Üben im frühen Buddhismus

Die älteste zusammenhängende Quelle für den frühen Buddhismus ist der vermutlich im ersten Jahrhundert vor unserer Zeitrechnung in Śrī Laṅkā (= Ceylon) niedergeschriebene sogenannte „Pāli-Kanon“. Es handelt sich dabei um zur Schule des Theravāda (sanskr.: Sthaviravāda [Die Lehre der Alten]) innerhalb des Hīnayāna gehörige Textsammlungen, die in „drei Körbe“, das Tipiṭaka (sanskr.: Tripiṭaka), gegliedert sind und auf mehreren Mönchskonzilen zusammengestellt und kanonisiert worden waren. Dabei enthalten allerdings nur die ersten beiden Körbe, der „Korb der Disziplin“ (vinayapiṭaka) und der „Korb der Lehrreden“ (suttapiṭaka) altes Material, da der dritte „Korb der Untersuchung der Lehre“ (abhidhammapiṭaka) erst in den 200 Jahren nach dem dritten buddhistischen Konzil (um 255 v.u.Z. in Pāṭaliputra, dem heutigen Paṭnā) unter Kaiser Aśoka schrittweise entstanden und dem Theravāda-Kanon angegliedert worden war. Das geschah also lange nach der Spaltung des Mönchsordens, die sich im Verlaufe des zweiten Konzils (um 380 v.u.Z. in Vaiśālī, dem heutigen Besarh, nördlich von Paṭnā) oder im Anschluß daran ereignet hatte.

Es sind insbesondere die ersten vier Sammlungen (nikāya) des Suttapiṭaka und einige der Texte der das Suttapiṭaka abschließenden fünften Sammlung, des Khuddakanikāya (= Sammlung der kurzen [15 Werke, nicht nur Sūtras]) – zum Beispiel das berühmte in vierfüßigen Versen komponierte Dhammapada (= Pfad der Lehre) –, die für die frühbuddhistische Lehre entscheidend sind. Bei den ersten vier Sammlungen handelt es sich um (1) den Dīghanikāya (Sammlung der [34] langen [Suttas]), (2) den Majjhimanikāya (Sammlung der [152] mittellangen [Suttas]), (3) den Saṃyuttanikāya (Sammlung der [thematisch zu 56] Gruppen [zusammengestellten Suttas]) und (4) den Aṅguttaranikāya (Sammlung der nach wachsender Anzahl [der behandelten Gegenstände: 1 bis 11 nipāta, in thematischen Gruppen gegliedert] angeordneten [Suttas]), die auch unter dem im entsprechenden chinesischen Kanon üblichen Titel ‚Āgamas' ([Sūtras der] heiligen Überlieferung) zusammengefaßt sind.

Das erste Hauptstück des Mittleren Weges ist von Buddha in der schon erwähnten ersten Lehrrede in Sārnāth (um 525 v.u.Z.) in der Lehre von den ‚vier edlen Wahrheiten' (catvari āryasatyāni) zusammengefaßt worden:

> Das Leiden (duḥkha), diese edle Wahrheit, muß erkannt werden; die Entstehung (samudaya) des Leidens, diese edle Wahrheit, muß vermieden werden; die Aufhebung (nirodha) des Leidens, diese edle Wahrheit, muß verwirklicht werden; der zur Aufhebung des Leidens führende Weg (mārga), diese edle Wahrheit, muß geübt werden (Saṃyuttanikāya 56,11; dazu die Parallelstelle im Vinayapiṭaka: Mahāvagga I,6; vgl. Frauwallner 1956, 12).

Schon dieser knappen Zusammenfassung läßt sich entnehmen, daß die Methode der frühbuddhistischen Philosophie durch einen eigentümlichen Zusammenhang von Wissen (jñāna) – erste Wahrheit – und Üben (abhyāsa) – vierte Wahrheit – charakterisiert ist, wie er durch die Verben in der Formulierung der beiden anderen Wahrheiten, ‚vermeiden' und ‚verwirklichen', ausgedrückt wird. Es ist dieser Zusammenhang des theoretischen Anteils der Methode, das Vermeiden des Leidens auf dem Wege richtiger Argumentation (nyāya), mit ihrem praktischen Anteil, dem Verwirklichen der Leidensaufhebung im Verlauf richtiger Meditation (dhyāna), der von Nāgārjuna in der schon erwähnten, für das Madhyamaka charakteristischen Weise wiederaufgegriffen und methodisch pointiert ausgearbeitet wird: Der Vollzug von Wissen „bedeutet" selbst schon einen Vollzug von Üben und ist insofern, nämlich wenn man dies realisiert, ein Vollzug höchsten Wissens oder von Weisheit; die dann im Madhyamaka – oder Mādhyamika, nach der intern nur für die Anhänger des Madhyamaka verwendeten Bezeichnung – übliche Ersetzung von ‚jñāna' durch ‚prajñā' wird allerdings von Nāgārjuna nicht vorgenommen. Das gehört bei einigen Forschern zu den Gründen dafür, Nāgārjuna aus buddhistischen Schulzusammenhängen ganz herauszunehmen und ihn als einen Mann vorzustellen, der Buddhas ursprüngliche Lehre jenseits aller Schulbildungen wiederherstellen, nicht aber sie in einer neuen Schule weiter entfalten will. Doch selbst wenn sich dies weiter erhärten ließe, bliebe die wirkungsgeschichtliche Tatsache, daß Nāgārjunas Madhyamaka-Kārikā zur Gründungsurkunde des Śūnyavāda, der Lehre vom Leeren nach dem Schlüsselbegriff seiner Philosophie, geworden ist, weiterhin bestehen.

Für ein Verständnis des in der Lehre von den vier Wahrheiten auftretenden Grundbegriffs ‚Leiden' (duḥkha, pāli: dukkha) ist es notwendig, noch einmal zur ersten Lehrrede Buddhas zurückzukehren. Ihm werden dort die folgenden Worte in den Mund gelegt:

> Dies, Mönche, ist die edle Wahrheit vom Leiden: Geburt ist leidhaft, Alter ist leidhaft, Krankheit ist leidhaft, Tod ist leidhaft; Trauer, Jammer, Schmerz, Gram und Verzweiflung sind leidhaft; mit Unliebem vereint, von Liebem getrennt sein ist leidhaft; Begehrtes nicht erlangen ist leidhaft; kurz: Die fünf Aneignungsgruppen (upādāna-skandha) sind leidhaft.

Liest man diesen Satz zusammen mit der Ermahnung, die Buddha kurz vor seinem Tod an seine Jünger gerichtet hat:

> Nun denn, Mönche, ich beschwöre euch: die Persönlichkeitsbestandteile [saṃskāra, pāli: saṅkhāra, d.s. pars pro toto die fünf Aneignungsgruppen, aus denen ein Mensch besteht] unterliegen dem Gesetz des Vergehens; bemüht euch angestrengt! (Dīghanikāya 16,6; vgl. Schumann 1973, 19)

so wird klar, daß Leiden hier so viel besagt wie Dem-Entstehen-und-Vergehen-unterworfen. Mit ‚leidvoll' wird die Situation des Menschen und seiner Welt unter dem Gesichtspunkt der durchgehenden Unbeständigkeit jedes Zustands und nicht nur der Beeinträchtigung des Wohlbefindens charakterisiert. Es handelt sich um eine summarische Bestandsaufnahme und zugleich Verallgemeinerung der condition humaine, die eine ähnliche Rolle spielt wie die von Albert Camus in seinem ‚Le Mythe de Sisyphe' entfaltete Beschreibung der Erfahrung des Absurden: Keiner menschlichen Situation kann ein ihr innewohnender „beständiger" Sinn zugesprochen werden. Auch ein beständiger Personkern, ein den wechselnden Zuständen eines einzelnen Menschen zugrundeliegendes Ich, ein Träger der fünf Aneignungsgruppen, läßt sich nicht finden. Individuation selbst ist leidhaft, nämlich ein durch Entstehen und Vergehen bestimmter Prozeß. David Hume war in seiner theoretischen Philosophie zu ganz ähnlichen, von modernen Interpreten häufig in den Hintergrund gedrängten Schlußfolgerungen gelangt, als er ein Ich in theoretischer, wenn auch nicht in praktischer Hinsicht, zu einem bloßen Bündel von Perzeptionen erklärte, die in unvorstellbarer Geschwindigkeit aufeinander folgen und sich in beständigem Fluß befinden (A Treatise of Human Nature, bk I, pt IV, ch VI [On personal identity]). Einen glänzenden Vergleich unter Berücksichtigung der Humeschen Inkonsequenz, die Bündeltheorie in der Moralphilosophie nicht angewendet zu haben, hat Yoel Hoffmann (1980) durchgeführt.

Die „drei Kennzeichen" (trilakṣaṇa) – zunächst für Menschen und sehr bald auch für jeden Gegenstand – die man zur Charakterisierung des Buddhismus durchgehend verwendete, sind aus diesem Grunde einander gleichwertig, drei Ausdrucksweisen für die elementare Tatsache des Unterworfenseins unter den Kreislauf des Entstehens und Vergehens (saṃsāra): Unbeständig (anitya, pāli: anicca), [also] Leiden, [also] Nicht-Selbst (anātman, pāli: anatta). In der Zuspitzung ‚nairātmya' (Ohne-Selbst-Sein), was in den Systematisierungen der Lehre in den späteren Hīnayāna-Schulen auch durch ‚śūnya' (leer) wiedergegeben wird (vgl. Majjhimanikāya 64; erläutert z.B. in: Schmidt 1961, 196), ist der Bruch des Buddhismus mit den Überzeugungen der nichtbuddhistischen Systeme und seine Differenz zu den Überzeugungen unserer eigenen jüdisch-griechisch-christlichen Tradition am deutlichsten artikuliert. Daher ist auch das Lehrstück von der Zusammensetzung jedes Menschen aus den fünf Aneignungsgruppen zentral für das Verständnis der Lehre von den vier Wahrheiten.

Die fünf Aneignungsgruppen – sie heißen so, weil die Vorstellung herrscht, daß ein unerlöstes Wesen sich diese Gruppen bei der Wiedergeburt als neue Persönlichkeit aneignet – sind die folgenden: Körper (rūpa), Empfinden (vedanā), Mit-Hilfe-der-sechs-Sinne-gliedern-können (saṃjñā), Begehren (saṃskāra) und Bewußtsein (vijñāna). Zur Erläuterung:

1. ‚Rūpa' bedeutet eigentlich ‚Gestalt' und bezieht sich auf den von Knochen, Muskeln, Fleisch und Haut ausgefüllten Raum; diese sind aufgebaut aus den vier Elementen (mahābhūta) Erde, Wasser, Feuer und Luft, und den 24 von ihnen abhängigen Bestimmungen (zu denen auch manchmal der als eigenes Element gezählte „Raum" [ākāśa] gehört), die sich insgesamt den sechs Sinnesorganen und den sechs Arten Sinnesobjekten (siehe 3. Gruppe) zuordnen lassen;

2. ‚Vedanā' dient zur Bezeichnung des Resultats der Berührung der sechs Sinnesorgane mit den entsprechenden Sinnesobjekten, und zwar sowohl für unmittelbares Empfinden als auch für die sich daraufhin einstellenden Gefühle;

3. ‚Saṃjñā' wird meistens mit ‚Wahrnehmung' übersetzt, meint aber das Gliederungsvermögen mithilfe eines der *sechs* Sinne: Sehen, Hören, Riechen, Schmecken, Tasten und Denken (insofern in diesem Artikulationszusammenhang die Sinne nicht schlicht ausgeübt sondern zum Gegenstand einer Erörterung gemacht werden, liegen bereits die entsprechenden Sinnesbewußtseine (5. Gruppe!) vor, also: [um sich] wissendes Sehen, usw. bis: [um sich] wissendes Denken; die sechs Sinnesbewußtseine bilden zusammen mit den sechs Sinnesorganen (Auge, Ohr, Nase, Zunge, Körper und Denkorgan [manas]) und den sechs Arten Sinnesobjekten (Formen/Farben, Töne, Gerüche/Düfte, Geschmäcke/Säfte, Tastobjekte und Denkobjekte [dharma]) die Welt);

4. ‚Saṃskāra' steht für Geistesregungen, die als Vorstellungen, Begehrungen oder Wunschbilder auf Realisierung dringen, schließt daher auch bewußte und unbewußte Tatabsichten ein;

5. ‚Vijñāna' bezeichnet Bewußtsein im Sinne von Reflexionsvermögen, wird also beim Sprechen *über* etwas, dem Erkennen, aktiviert, nicht hingegen beim etwas begleitenden Sprechen, dem Kennen, wie im Falle des sechsten Sinnes Denken, der natürlich dann, wenn er mit ‚Denken' artikuliert ist, bereits einen Fall von Denkbewußtsein bildet, weil man dann weiß, daß man denkt; die bloße Ausübung eines der sechs Sinne kann nicht unter Zuhilfenahme von Ausdrücken der Wahrnehmung artikuliert werden, weil dann auch das zugehörige Bewußtsein beteiligt ist – ein solcher Artikulationsversuch würde irreführend Praxis in Theorie aufheben wollen.

In einem wichtigen Sutta des Pāli-Kanons findet sich darüber hinaus bereits eine detaillierte Konstitutionstheorie der Gegenstände der Wahrnehmung, deren Grundzüge auch in den späteren philosophischen Schulen nie aufgegeben worden ist. Man sieht das zum Beispiel auch an den Erläuterungen Nāgārjunas, die er zum pratītyasamutpāda gibt (Kārikā XXVI). Diese Konstitutionstheorie zeichnet sich dadurch aus, daß sie, anders als bei den damit verwandten Überlegungen des älteren Sāṃkhya, in eine Beschreibung der Einübung in die Aufhebung der mit den Individuationsprozessen verbundenen Subjekt-Objekt-Spaltung eingebettet ist. Im Honigkuchen-Sutta heißt es:

Wenn Auge und Formen da sind, entsteht Sehbewußtsein. Das Zusammentreffen dieser drei Faktoren [d.h. Auge, Formen und Sehbewußtsein] ist visuelle Berührung [im Falle der entsprechenden Berührung von Denkbewußtsein, Denkorgan und Denkobjekt wird z.B. ‚benennen' ausdrücklich als eine solche Berührung aufgefaßt]; aus der Berührung entsteht visuelles Empfinden; was man empfindet, führt zu einer visuellen Gliederung; was visuell gegliedert ist, wird geistig verarbeitet; was geistig verarbeitet ist, das projiziert man als Außenwelt [...] was man als Außenwelt projiziert hat, sind die Gliederungen der Außenwelt, die als Sehgegenstände an das Sehorgan herantreten [woraufhin sich derselbe Prozeß wiederholt] (Majjhimanikāya 18, nach: Schmidt 1961, 61–64, und: Schumann 1973, 33).

Und zu Beginn desselben Sutta war die Rolle dieser Theorie mit den folgenden Worten erklärt worden:

Wenn aus irgendeinem Grunde mannigfache Wahrnehmungen der Außenwelt an den Menschen herantreten und er sich nicht auf sie einläßt, nicht an ihnen haftet, so ist dies das Ende leidenschaftlichen Begehrens, Spekulierens, Irrens, Streit und Zank [...] dann schwinden alle diese Dinge dahin.

Die theoretischen Erkenntnisse über die Erfahrung des Leidens spielen nur im Zusammenhang von praktischen Einsichten über den Weg zur Aufhebung des Leidens eine Rolle. Der in der Theorie auftretende Zirkel wird praktisch aufgebrochen, damit er sich theoretisch behandeln läßt. Dazu muß man von der Praxis der Aufhebung theoretisch Gebrauch machen, man muß also geübt haben, bei allen sechs Sinnen nicht nach Sinnesorgan-Sinnesgegenstand-Sinnesbewußtsein gegliedert zu erfahren, um diese Erfahrung theoretisch adäquat artikulieren zu können. Das geschieht später explizit am genauesten in der Lehre von der „Umwandlung des Bewußtseins“ (vijñānapariṇāma) in der Schule des Yogācāra bei Vasubandhu dem Jüngeren, wie sie im nächsten Kapitel behandelt wird.

Aber schon in den Suttas wird eine wichtige Konsequenz dieser Art gezogen: In kritisch gereinigter Redeweise sind alle in der Beschreibung auftretenden Verben ausschließlich nominal, mithin ohne Subjekt, zu verwenden. Es heißt also nicht ‚jemand berührt‘ oder ‚jemand denkt‘, vielmehr ‚Berühren findet statt‘ oder ‚Denken findet statt‘. Buddha antwortet auf eine entsprechende Frage ‚wer berührt?‘:

Diese Frage ist nicht zulässig [...] Ich sage nicht ‚er berührt‘. Würde ich so sprechen, so wäre die Frage ‚wer berührt?‘ angebracht. So aber spreche ich nicht. Würde man mich, der ich das nicht sage, hingegen fragen ‚aus welcher Voraussetzung entsteht Berührung?‘, so ist die Frage zulässig. Die richtige Antwort ist ‚aus den sechs Sinnesgebieten als Voraussetzung entsteht Berührung‘ (Saṃyuttanikāya 12,12, nach: Schumann 1973, 30).

Es ist eine weitere Folge dieser Konsequenz, daß für die Entstehung des Leidens, die nach der zweiten Wahrheit zu vermeiden ist, zum einen das Handeln mit Absichten und zum anderen das Um-diesen-Sachverhalt-nicht-Wissen verantwortlich gemacht werden. Handeln mit Absichten nämlich unterstellt getrennt vom Handlungsganzen ein Handlungssubjekt oder Ich, das als Handlungsträger mit der Handlung ein Ziel verwirklichen will. Und diese Unterstellung ist dadurch, daß sie – vermöge des Kontrasts eines beständigen Ich gegenüber den wechselnden Situationen, in denen es sich befindet – die mit Leiden gleichwertige Unbeständigkeit aller Erscheinungen buchstäblich erst hervorbringt, eine Folge des Dieses-nicht-Wissens.

Terminologisch wird die Entstehung des Leidens auf der praktisch-tätigen Seite im Daseinsdurst (tṛṣṇā) und auf der theoretisch-wissenden Seite in der Unwissenheit (avidyā) verankert, wobei der Daseinsdurst in der Regel gegliedert ist in Durst nach Lust (kāmatṛṣṇā), Durst nach Werden (bhava-tṛṣṇ ā) und Durst nach Vernichtung (vibhavatṛṣṇā). Der sachliche Zusammenhang mit Einsichten der Psychoanalyse im Sinne Sigmund Freuds, nämlich der Fundierung menschlichen Verhaltens in Libido/Eros und Todestrieb/Thanatos ist unverkennbar, zumal ausdrücklich nicht nur vitales Genußbegehren, sondern auch intellektuelles gemeint sind. Wird es nicht erfüllt, so entsteht Leiden, wird es erfüllt, so ist es von nur beschränkter Dauer und daher ebenfalls leidhaft. Durst nach Werden bezieht sich auf das Weiterleben-Wollen, über den Tod hinaus, ist also leidhaft, weil kein Leben frei von Leiden ist. Unter dem Durst nach Vernichtung verstehen die kanonischen Schriften den Wunsch, Unangenehmes möge nicht eintreten, was auch der Wunsch nach Selbsttötung einschließt. Eine Selbsttötung führt aber nur zur Auflösung des Zusammenhangs der fünf Aneignungsgruppen, verhindert jedoch nicht ihr erneutes Zusammentreten nach dem durch die Art der Lebensführung in Abhängigkeit von den gegebenen Bedingungen stets neu erzeugten Gesetz (karman), das den Kreislauf des Entstehens und Vergehens (saṃsāra) regiert. Die Aufhebung des Karma und damit die Unterbrechung des saṃsāra sind nur durch die Vernichtung des Durstes, nicht aber durch den Durst nach Vernichtung möglich.

Mit der Unwissenheit als Quelle des Leidens, deren Gewicht – verglichen mit dem Gewicht des Daseinsdurstes in der historischen Entwicklung – immer mehr zunimmt, bis sie bei Nāgārjuna zur letztlich allein entscheidenden Leidensquelle wird, hat es dabei noch folgende wichtige Bewandtnis. Es handelt sich nicht schlechthin um Unwissenheit, sondern, wie schon angedeutet, um das Nichtwissen der vier Wahrheiten. Dadurch, daß insbesondere die Unwissenheit über die Quelle des Leidens selbst eine Quelle des Leidens ist, wird ein die Darstellung der buddhistischen Philosophie durchgehend begleitender methodischer Zirkel bei der Bestimmung des Zusammenhangs von Üben und Wissen, also der Handlungsebene und der Zeichenebene, erzeugt.

Es wird mit Wissen oder Nichtwissen und verwandten Phänomenen des mentalen Bereichs ein Element der (theoretischen) Zeichenebene in die (praktische) Handlungsebene, von der geredet wird, eingefügt, um *auch* von den Repräsentationen der Handlungsebene, etwa den Sätzen oder Vorstellungen, sprechen zu können, ohne das Hilfsmittel einer Metasprache einzusetzen. Würde man Repräsentationen sprechend nur verwenden, ohne sie auch erwähnen zu können, wäre Vermittlung, also Lehre, unmöglich. Andererseits geht es aber darum, daß Lehre wiederum praktischen Vollzug „durch eigene Einsicht" nach sich zieht, damit sie allein aus dem Vollzug heraus als eine diesem Handlungszusammenhang adäquate Darstellung wiedergewonnen werden kann. Ein explizit metasprachlicher Bezug auf diese Darstellung würde den für diesen Zweck erforderlichen Rückgang von der sprachlichen Darstellung auf die dargestellten Handlungen jedoch behindern, weil sich die Darstellung dieses Rückgangs als Äquivalent für den Rückgang selbst anböte. Eine Theoretisierung der Praxis wäre die Folge. Aber Lehre kann nur gelingen im Zugleich praktischen Vollzugs und dessen theoretischer Darstellung.

Es bereitet keine Mühe, sich klarzumachen, daß es auf der Zeichenebene, werden Zeichen tatsächlich verwendet, stets auch Handlungsaspekte gibt: Reden als Handeln; aber auch „Erkennen, daß ...", zum Beispiel, ist dann wie Atmen eine Tätigkeit. Und ganz entsprechend treten auf der Handlungsebene dann, wenn der Handlungsvollzug vom Wissen um ihn begleitet ist, auch Zeichen auf, zum Beispiel beim Vorführen statt bloßem Ausführen: Handeln als Zeigen. Mit dieser Beachtung der Handlungsebene in der Zeichenebene und zugleich der Zeichenebene in der Handlungsebene läßt sich auf systematische Weise die Theoretisierung der Praxis durch metasprachliche Darstellung und damit die Einführung von Hierarchien abstrakter Gegenstände vermeiden. Der in der Darstellung in einem solchen Fall auftretende und für sie charakteristische methodische Zirkel ist durch Rückgang auf die Handlungsebene pragmatisch aufgebrochen. Ganz ähnlich war schon in der Philosophie Platons die Darstellung des Zusammenhangs von Mäeutik und Elenktik durch einen methodischen Zirkel – lehren läßt sich nur, was man eigentlich schon weiß, im Bild von der Anamnesis, der Wiedererinnerung, eingefangen – charakterisiert, so daß der für die gegenwärtigen Theorien der Wissensvermittlung verwendete Topos vom „Wissenstransfer", der „mein Wissen" in „dein Wissen" überführt, sich mit dem in der Praxis verankerten Begriff von Wissen als unvereinbar erkennen läßt.

3. Grundzüge des buddhistischen Weges

Es ist daher nur konsequent, wenn der Kreis in Gestalt eines Rades als Symbol der Lehre (dharma) – es heißt dann ‚Rad der Lehre' – im Buddhismus deshalb auch als Symbol für den Kreislauf des Entstehens und Vergehens (saṃsāra) – es heißt dann ‚Rad des Lebens' – auftritt, und ebenso bezeichnet ‚Mittlerer Weg' sowohl die Übungspraxis als auch die Lehre der buddhistischen Philosophie. Auch die von Christian Lindtner auseinandergesetzte grundsätzliche Doppelrolle vieler sanskritischer Termini vor allem der buddhistischen Philosophie läßt sich im Lichte dieser Überlegung, durch die die methodologische Differenz zwischen den Vorgehensweisen buddhistischer und neuzeitlicher westlicher Philosophie besonders deutlich hervorgehoben wird, auf ganz natürliche Weise aufklären. Aber natürlich muß jeder Einzelfall dabei gesondert untersucht werden. Lindtner kennzeichnet in seiner Darstellung der Philosophie Nāgārjunas diese Doppelrolle mißverständlich als Zweideutigkeit zwischen „subjektiver Bewertung"

Das „Andrehen des Rads des Lehre“ in Sārnāth.
Relief aus Amarāvatī, 2.–3. Jh. n. Chr. British Museum, London.

und „objektiver Denotation“ (Lindtner 1997, 352, z.B. ‚artha‘ für ‚Bedeutung‘ und für ‚Gegenstand‘, ‚vyavahāra‘ für ‚Sprachgebrauch‘ und für ‚Lebenspraxis‘); dabei ist die in der Übersetzung mit ‚Begriff‘ und ‚Ding‘ sogar entstellt wiedergegebene Doppelrolle von ‚dharma‘ – ‚dharma‘ steht als ‚Denkgegenstand‘ sowohl für ‚[Handlungs-]Schema‘ als auch für ‚[Handlungs-]Aktualisierung‘ – für das Verständnis buddhistischer Philosophie aller Stadien, wie wir noch sehen werden, grundlegend.

Wenn Buddha kurz vor seinem Tode erklärt, er habe bei aller Anknüpfung an den Erfahrungshintergrund seiner Zuhörer nicht in eine Lehre für Eingeweihte und eine Lehre für Außenstehende unterschieden, vielmehr habe er Ānanda, seinen langjährigen persönlichen Betreuer, ermahnt: „Seid selbst eure Insel, selbst eure Zuflucht; habt die Lehre als Insel, die Lehre als Zuflucht, habt keine andere Zuflucht“ (Dīghanikāya 16,2, nach: Schumann 1973, 18), so ist auch dieser zweifache Verweis

– auf den Wissensgewinn aufgrund eigener Lebenserfahrung und auf das lehrend vermittelte Einüben solcher Erfahrung – ein Beleg für den methodisch zuverlässig bestimmten Zusammenhang von Handlungsebene und Zeichenebene.

Im ersten Fall wird argumentierend der Inhalt der Meditation (formal) artikuliert, was zum Kern des philosophischen Interesses im Yogācāra von Vasubandhu dem Jüngeren wird, im zweiten Fall hingegen geht es darum, meditierend die Form der Argumentation (inhaltlich) zu erproben, was den Kern des philosophischen Interesses im Madhyamaka von Nāgārjuna ausmacht. Praxis ohne Einsicht in das, was man tut, und leerlaufende, sich selbst genügende Theorie sind im Buddhismus prominente Zeugnisse für die beiden Quellen des Leidens, für Daseinsdurst und Unwissenheit. Deshalb sollten Erörterungen über Gegenstände, die trotz sprachanalytischer Behandlung der Fragestellung keiner Überprüfung zugänglich gemacht werden können, unterbleiben. Buddhas Methode des vibhajya (In-Teile-zerlegen) erinnert auch in ihrer therapeutischen Funktion, philosophische Probleme in philosophische Verfahren zu überführen und so zum Verschwinden zu bringen, an die Rolle der sprachanalytischen Methode beim späten Wittgenstein.

Berühmt ist eine Liste mit zehn unbeantwortbaren (avyākṛta) Fragen im Sutta von Vatsagotra und dem Feuer:

Zur Seite sitzend sprach der Wandermönch Vatsagotra zum Erhabenen folgendes: Herr Gautama, seid ihr der Ansicht (dṛṣṭi), daß die Welt ewig ist? – Nein, dieser Ansicht bin ich nicht. – Seid ihr der Ansicht, daß die Welt vergänglich ist? – Nein, dieser Ansicht bin ich nicht. – [...] Seid ihr der Ansicht, daß Leib und Leben (jīva) dasselbe sind? – Nein. – Seid ihr der Ansicht, daß der Leib etwas anderes ist als das Leben? – Nein. – [...] Herr Gautama, was seht ihr für einen Mangel in diesen Ansichten, daß ihr sie sämtlich ablehnt? – ‚Die Welt ist ewig', diese Ansicht ist ein Dickicht von einer Ansicht, eine Wildnis von einer Ansicht, ein Krampf von einer Ansicht, ein Schüttelfrost von einer Ansicht, eine Fessel von einer Ansicht; sie ist leidvoll, voll Beschwernis, voll Verzweiflung, voll Qual und führt nicht zur Abkehr, zur Leidenschaftslosigkeit, zur Aufhebung, zur Beruhigung, zur Erkenntnis, zur Erleuchtung (bodhi), zum Verlöschen (nirvāṇa) [...] Diesen Mangel sehe ich in diesen Ansichten, daß ich sie insgesamt nicht anerkenne. – Herr Gautama, seid ihr irgendeiner Ansicht? – Ansichten zu haben liegt dem Vollendeten fern. Denn der Vollendete hat folgendes erkannt: das ist die Körperlichkeit (rūpa), wie sie entsteht und wie sie vergeht; das ist die Empfindung (vedanā), wie sie entsteht und wie sie vergeht; das ist die Wahrnehmung (saṃjñā), wie sie entsteht und wie sie vergeht; das ist die Begehrung (saṃskāra), wie sie entsteht und wie sie vergeht; das ist das Bewußtsein (vijñāna), wie es entsteht und wie es vergeht. Darum ist der Vollendete durch das Schwinden, die Ablehnung, die Aufhebung, das Aufgeben und das Zurückweisen aller Meinungen, aller Beunruhigung und aller Belastungen durch die Vorstellung von ‚ich' und ‚mein' vollkommen erlöst (Majjhimanikāya 72).

Diese Zurückweisung aller Ansichten wird von Nāgārjuna in aller Strenge wieder aufgegriffen und gegen Versuche, eine eigene Ansicht als den Inhalt buddhistischer Lehre zu vertreten, verteidigt. Es macht gerade den Mittleren Weg aus, weder zu einer positiven Ansicht, daß etwas so oder so sei, noch zu einer negativen Ansicht, daß etwas so oder so nicht sei, zu kommen, vielmehr im Verfahren der Zurückweisung den Erkenntnisgewinn (theoretisch-argumentierend) zu sehen und (praktisch-übend) zu vollziehen. Dies führt in letzter Konsequenz dazu, auch Buddhas Lehre, insbesondere die beiden Hauptstücke von den vier Wahrheiten und vom abhängigen Entstehen, nicht als Positionen zu verstehen, sondern als Darstellung eines Verfahrens, „richtig" in der Welt zu sein, was in buddhistischer Terminologie mit der Wendung ‚als heilsam erprobt' wiedergegeben wird. Nāgārjuna wird dies unter Benutzung einer Rede von zwei Ebenen der Wahrheit so ausdrücken, daß bei dem als praktische Übung zu verstehenden Sagen der gewöhnlichen „verhüllten Wahrheit" (saṃvṛti satya), z.B. der buddhistischen Lehrstücke, sich „die höchste Wahrheit" (paramārtha satya) zeigt (vgl. Kārikā XXIV).

Die Darstellung des Verfahrens, richtig in der Welt zu leben, geschieht im engeren Sinne durch eine Beschreibung des „edlen achtgliedrigen Weges" (ārya-aṣṭāṅgika-mārga), der dadurch, daß Daseinsdurst und Nichtwissen zum Verschwinden gebracht werden, zur Aufhebung des Leidens führt. Dieser Weg ist zunächst eine schlichte Aufzählung von acht Geboten, die sehr früh schon in drei Gruppen (2+3+3) eingeteilt wurden, um übersichtlicher mit ihnen umgehen zu können, niemals aber, um eine Rangfolge unter ihnen zu begründen. Mit dem Befolgen aller acht Gebote sollen „Tugenden“ ganz ähnlich den antiken aretai oder virtutes, also ein Gut-leben-Können, eingeübt und ausgebildet werden: Mit den beiden auf Weisheit (prajñā) zielenden Geboten dienen sie der Beseitigung von Unwissenheit, mit den drei an dieser Stelle vom allgemeinen Daseinsdurst getrennt behandelten Geboten zur charakterlichen Disziplinierung (śīla) dienen sie der Beseitigung des „Ergreifens“ (upādāna), also des Wünsche-befriedigen-wollens, und mit den drei auf Meditation im Sinne geistiger Disziplinierung (samādhi) zielenden Geboten schließlich dienen sie der Beseitigung des Daseinsdurstes im allgemeinen.

Die prajñā-Gebote lauten: *rechte Ansicht* (samyak dṛṣṭi: erkenne die vier Wahrheiten und gib die vier verkehrten Ansichten auf: im Unbeständigen Dauer suchen, im Leidhaften Glück suchen, im Nicht-Selbsthaften das Selbst suchen und im Häßlichen das Schöne suchen) und *rechter Entschluß* (samyak saṃkalpa: vermeide Situationen, die Daseinsdurst erzeugen, und übe Wohlwollen); die śīla-Gebote lauten: *rechte Rede* (samyak vāc: lüge nicht, klatsche nicht, schwatze nicht), *rechtes Verhalten* (samyak kārmānta: töte nicht, stiehl nicht, hure nicht) und *rechte Lebensführung* (samyak ājīva: gehe keinem Broterwerb nach, der anderen Lebewesen schadet, z.B. als Waffenhändler oder als Metzger); die samādhi-Gebote lauten: *rechte Anstrengung* (samyak vyāyāma: erzeuge heilsame Geistesregungen und wehre unheilsame ab), *rechte Aufmerksamkeit* (samyak smṛti: begleite alle somatischen und mentalen Zustände und Ereignisse bewußt) und *rechte Sammlung* (samyak samādhi: konzentriere dich derart, daß schrittweise sinnliche Wahrnehmung mit allen sechs Sinnen, begriffliche Erkenntnis [vijñāna] und die die Erkenntnis leitenden Begehrungen [saṃskāra], also die Interessen, aufhören).

Zur letzten Gruppe ist hinzuzufügen, daß Meditationsübungen aus verschiedenen Meditationstechniken bestehen, die sich das Konzentrationsfeld sowohl einengend und damit beruhigend als auch es erweiternd und damit intensivierend einsetzen lassen. Zu ihnen gehören zum Beispiel das „Bewachen der Sinnestore", ein „gleichmütig Wahrnehmen", um den Selbstbezug abzulegen, der in den das Wahrnehmen begleitenden Affekten liegt, aber auch die in der gesamten buddhistischen Philosophie paradigmatisch Meditation verkörpernde Technik der „Versenkung" (dhyāna). Diese besitzt acht, zuweilen sogar neun Tiefenstufen, von denen die ersten vier, die dem Erkennen der vier Wahrheiten und dem Erlangen der vier Unermeßlichkeiten (Liebe im Sinne von Güte [maitrī], Mitleid [karuṇā], Heiterkeit im Sinne von Mitfreude [muditā] und Gleichmut [upekṣā]) dienen, im Yoga ganz ähnlich wiederkehren. Auf den übrigen vier oder fünf Stufen hingegen werden Zustände jenseits bewußten, also um sich wissenden Wissens ausgebildet.

Die Zustände der acht Stufen werden auf folgende Weise charakterisiert: (1) Loslösung von äußeren und inneren Affekten und so Wohlbehagen, (2) Aufhören des Nachdenkens und so Wohlbehagen, (3) Hervorrufen von Gleichmut, Aufmerksamkeit und Bewußtheit und so Wohlbehagen, (4) Ununterscheidbarwerden von Wohlbehagen [sukha] und Mißbehagen [duḥkha], was als Reinheit von Gleichmut und Aufmerksamkeit bezeichnet wird, (5) Aufhören der Form-Gestalt-Wahrnehmung, was als Unendlichkeit des Raumes bezeichnet wird, (6) Aufhören des Wissens um Unterscheidungen, was als Erfahrung der Unendlichkeit des Bewußtseins bezeichnet wird, (7) Aufhören der Subjekt-Objekt-Unterschiedenheit, was als Erfahrung des Nichts bezeichnet wird, und (8) Aufhören des Unterscheidens und des Unterschiedenseins, also Tieftrance, wiedergegeben mit der Wendung ‚jenseits von saṃjñā und asaṃjñā'.

In späteren Systematisierungen des achtgliedrigen Weges wird dessen ursprünglich der besseren Übersicht dienende Einteilung in drei Gruppen dazu benutzt, sein Durchlaufen auf drei Ebenen zu organisieren: Auf der ersten Ebene dienen die acht Gebote dem theoretischen Wissen, auf der zweiten Ebene dienen sie der praktischen Übung – und haben die sieben Aspekte der Erleuchtung (bodhi) zur Folge: Verständnis der Lehre (dharma-pravicaya), Energie (vīrya), Befriedigung (prīti), Beruhigung (praśrabdhi), Aufmerksamkeit (smṛti),

Sammlung (samādhi), Gleichmut (upekṣā) –, und auf der dritten Ebene schließlich stellt sich das Nicht-mehr-erwerben-müssen ein, die vier Wahrheiten zeigen sich als „höchste Wahrheit“ (vgl. Takakusu 1949, 27f.).

Bis hierhin reicht das erste Hauptstück des frühen Buddhismus. Die Lehre von den vier Wahrheiten setzt auseinander, *daß* die Aufhebung von Daseinsdurst und Nichtwissen und damit der Vollzug der Nichtselbstheit die Unterbrechung des saṃsāra und den Eintritt ins nirvāṇa, das auch schon zu Lebzeiten mögliche Verlöschen, herbeiführt. Allerdings ist das nirvāṇa bei Lebzeiten nur der geistige Vollzug der Nichtselbstheit durch das Sich-an-nichts-mehr-Klammern; der auch körperliche Vollzug der Nichtselbstheit geschieht erst durch den Zerfall der die empirische Person ausmachenden fünf Gruppen – sie werden häufig durch ‚nāmarūpa‘ bündig zusammengefaßt – im vollständigen nirvāṇa (an-upādhi-śeṣa-nirvāṇa, wörtl.: nirvāṇa ohne übriggebliebene Bedingungen). Im Mahāyāna spricht man statt vom ‚vollständigen‘ vom „stillstehenden“ (pratiṣṭhita) nirvāṇa und unterscheidet es vom apratiṣṭhita nirvāṇa, in dem mitleidvolle Zuwendung zu noch Unerlösten möglich ist.

Im zweiten Hauptstück des frühen Buddhismus, der Lehre vom abhängigen Entstehen (pratītyasamutpāda), wird auseinandergesetzt, *wie* die Aufhebung von Daseinsdurst und Nichtwissen geschieht. Es fehlt nämlich noch eine Bestimmung des Zusammenhangs der Tätigkeiten einer empirischen Person, ihres Denkens und Argumentierens und ihres Handelns und Meditierens, mit den inneren und äußeren Situationen, in denen dies alles abläuft. Da aber beides – die Tätigkeiten und die Situationen – in den fünf Gruppen, aus denen eine Person besteht, vermöge der Konstitutionstheorie für Gegenstände – den Denk- und Handlungsobjekten – bereits auftreten, muß der Zusammenhang unter den fünf Gruppen angegeben werden. Das geschieht durch einen in der Regel zwölfgliedrigen, als „Rad des Lebens“ dargestellten Bedingungszusammenhang, mit dem der vom Gesetz der Tatvergeltung (karman) ingang-gehaltene Kreislauf des Entstehens und Vergehens (saṃsāra) begrifflich artikuliert wird. Im großen Sutta von der Verursachung und ihrer Feststellung (nidāna) wird Buddha in den Mund gelegt, daß dieses Lehrstück tiefgründig und schwer verständlich, nur dem Erleuchteten zugänglich sei (Dīghanikāya 15, vgl. die deutsche Teilübersetzung in: Seidenstücker 1923). Im übrigen findet sich eine besonders klare Darlegung des pratītyasamutpāda im großen Sutta von der Vernichtung des Durstes (Majjhimanikāya 38). Es geht nämlich insbesondere darum, einsichtig zu machen, wie ohne die Annahme eines Selbst, eines Ich oder einer Seele, gleichwohl eine Kette von Wiedergeburten gedacht werden kann, etwa so, wie – nach einem Bild von Schumann (1973, 41) – in einer Reihe von Kugeln, deren erste gegen die nächste gerollt wird, die erste ihren Bewegungsimpuls an die zweite weitergibt, diesen den ihren an die dritte und so weiter, ohne daß dabei etwas Substantielles übertragen wird. In der folgenden Darstellung in drei konzentrischen Kreisen wird deutlich, daß der zwölfgliedrige Bedingungszusammenhang die fünf Gruppen von drei aufeinanderfolgenden Existenzen umfaßt, wobei Vergangenheit und Zukunft verkürzt sind, die Gegenwart hingegen erweitert erscheint, und zwar so, daß in der Gegenwart der Bereich des Bedingtseins durch die Vergangenheit und der die Zukunft bedingende Bereich unterschieden werden kann. Weiter läßt sich der Darstellung entnehmen, daß der Bedingungszusammenhang, in dem jedes Glied nur notwendige Bedingung des folgenden ist, weder Anfang noch Ende hat. Wenn zum Beispiel Unwissenheit aufgehoben ist, können auch keine Tatabsichten mehr entstehen. Es gibt also keine erste Ursache, würde das doch der Erfahrung von der durchgehenden Unbeständigkeit aller Erscheinungen widersprechen.

Der pratītyasamutpāda gilt ausdrücklich als Artikulation des Mittleren Weges im theoretischen Bereich, weil weder gesagt wird ‚er handelt und genießt selbst die Frucht seines Handelns' (Substantialismus in Bezug auf Personen) noch ‚einer handelt und ein anderer genießt die Frucht dieses Handelns' (Nihilismus in Bezug auf Personen) (vgl. Saṃyuttanikāya 12,17, nach: Schumann 1973, 46).

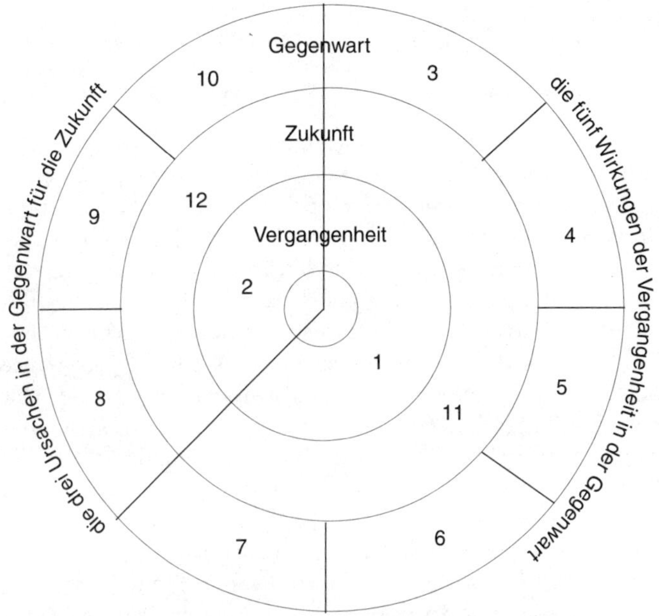

1 Unwissenheit (avidyā; pāli: avijjā)
2 [unbewußte] Tatabsichten (saṃskāra; pāli: saṅkhāra)
3 Bewußtsein [im Sinne von Lebendigsein] (vijñāna; pāli: viñāna)
4 Name und Körper (nāmarūpa)
5 Gebiet der sechs [Sinne, d. s. Sehen, Hören, Riechen, Schmecken, Tasten, Denken] (ṣaḍāyatana; pāli: saḷāyatana)
6 Berührung (sparsa; pāli: phassa)
7 Empfindung [im Sinne von Emotion] (vedanā)
8 [Daseins-]Durst (tṛṣṇā; pāli: taṇhā)
9 Ergreifen [im Sinne von Wünsche-befriedigen-wollen] (upādāna)
10 Werden [für die Zukunft] (bhava)
11 Geburt (jāti)
12 Alter und Tod (jarāmaraṇa)

Auf die Frage eines Mönches, an wem sich dann die im Bedingungszusammenhang genannten Phänomene vollziehen, antwortet Buddha:

Diese Frage ist nicht zulässig [...] Wenn ein Mönch sagen würde ‚was sind die im Bedingungszusammenhang genannten Phänomene [...] und zu wem

> gehören sie?', so wäre zu erwidern ,dieses beides ist eines, nur im Ausdruck verschieden [...] In der Mitte verkündet der Vollendete die wahre Lehre: Aus dem vorausgehenden Glied [...] als [notwendige] Voraussetzung entsteht das jeweils folgende [...] (Saṃyuttanikāya 12,35).

Es ist also weder richtig zu sagen, daß die drei Existenzen zur selben Person gehören, noch daß sie drei verschiedene Personen ausmachen. Sie sind durch das Gesetz der Tatvergeltung (karman) verknüpft, und das ist alles. Der psychophysische, Mentales und Somatisches einschließende Bedingungszusammenhang der Phänomene kommt als ein Gegenstand der Betrachtung durch ihre mit Schematisierung einhergehende Behandlung als Zeichen zustande, nämlich kognitiv als wahre oder falsche Erkenntnis und ebenso moralisch als gute oder schlechte Tat. Selbst die Erinnerung an Vorexistenzen, von denen in der buddhistischen Literatur auf vielfältige Weise die Rede ist, muß als ein Ereignis gelten, das überhaupt erst dann eintritt, wenn die Ichbindung aufgegeben worden ist, es kommt keinem sich durchhaltenden Selbst zu.

Die Unterbrechung des saṃsāra kann nur durch Nichterzeugen neuen Karmas geschehen, also durch Handeln ohne karmische Wirkung. In moderner Terminologie geht es in der buddhistischen Philosophie um intentionsfreies Handeln, dem spiegelbildlich das Interesse der Philosophie des Advaita-Vedānta an perzeptionsfreiem Erkennen entspricht, also einem Erkennen ohne ein Objekt des Erkennens, wie wir im sechsten Kapitel sehen werden. Die Nichtselbstheit vollziehen heißt lernen, intentionslos zu handeln. Auf den ersten Blick scheint damit Handeln, ist es im westlichen Sprachgebrauch doch gerade durch Intentionalität charakterisiert, eliminiert zu werden.

An dieser Stelle hilft es dem Verständnis, sich klar zu machen, daß eine Handlung stets unter zwei Aspekten auftritt, objektiviert zu einem universalen Typ, einem Schema, und angeeignet in einem singularen Vollzug, einer Aktualisierung. Beide Seiten einer Handlung sind in der Darstellung, also zum Beispiel von ihr redend, nicht voneinander zu trennen: Eine Aktualisierung ist nur als Aktualisierung eines Schemas verstanden, ein Schema ist nur in einer Aktualisierung vorhanden. Auf der Handlungsebene selbst hingegen treten beide Seiten zwar getrennt voneinander auf, jedoch nicht als entweder sinnliche oder geistige Gegenstände, vielmehr als zwei Mittel, mit deren Hilfe Menschen sich die Welt sowohl denkend, nämlich schematisierend, gegenüberstellen, d.h. unter Verwendung von Universalia „objektivieren", als auch handelnd, nämlich aktualisierend, aneignen, d.h. unter Verwendung von Singularia „subjektivieren": Die Erfahrung von Partikularia, also von einzelnen Menschen, Einzeldingen und Einzelereignissen, machen wir in Gestalt der Umgangsweisen mit ihnen.

Intentionsloses Handeln ist jetzt nichts anderes als Handlungsaktualisierung *ohne* Schematisierung, was „direkt" in der Handlungsdarstellung und damit auch sprachlich unmöglich ist, andererseits aber nur auf dem Wege einer in der Aneignung sich verwirklichenden Darstellung „indirekt" zugänglich werden kann. Es ist dies der systematische Hintergrund für die Rede von den zwei Ebenen der Wahrheit bei Nāgārjuna, die oben mit dem Wittgensteinschen Begriffspaar von ‚sagen' und ‚sich zeigen' wiedergegeben war.

Eine besondere Konsequenz dieser Überlegung ergibt sich für das mit nirvāṇa gleichwertige intentionslose Handeln selbst. Es kann kein Handlungsziel sein: Das nirvāṇa ist durch Tatabsichten (saṃskāra) nicht erreichbar. Also können auch die Gebote des achtgliedrigen Weges streng genommen keine Aufforderungen sein, vielmehr stellen sie das Einüben in intentionsloses Handeln dar. Daraufhin sind in der Madhyamaka-Schule, zum Beispiel bei dem vierhundert Jahre nach Nāgārjuna lebenden Bhāvaviveka (ca. 500–570), die Erläuterungen zu den acht Geboten so abgeändert worden, daß getreu dem Madhyamaka-Verständnis des Heilsweges als eines Erkenntnisweges jedes Gebot grundsätzlich den Gewinn einer Einsicht betrifft. So wird etwa rechte Aufmerksamkeit so erklärt, daß man das Nachgrübeln über Sein und Nichtsein aufgeben solle, oder rechte Rede dadurch, daß man erkennen solle, die Momente [kṣaṇa, d.s. die Singularia], aus denen alles bestehe, seien sprachlich nicht erfaßbar (vgl. Schumann 1973, 91f.).

4. Probleme des Hīnayāna

Noch eine letzte Verwicklung durch unbedachtsames Reden, besonders im Zuge der Systematisierungen der frühbuddhistischen Lehre in den Schulen des Hīnayāna, gilt es jetzt kurz auseinanderzusetzen, ehe sich Nāgārjunas Leistung gebührend würdigen läßt, *in der Darstellung* die Wiederherstellung von Buddhas ursprünglicher, ganz der „heilsamen" Lebensführung gewidmeten Lehre zustandegebracht zu haben.

Zunächst einmal wurde, und das ist weder überraschend noch problematisch, der anātmavāda von Menschen auf alle Partikularia erweitert. Nicht nur gibt es für die ständigem Wechsel ihres Zusammenhangs unterworfenen fünf Aneignungsgruppen, aus denen ein Mensch besteht, keinen beständigen Träger, ein Selbst, als dessen Eigenschaften Körperlichkeit, Empfinden, Wahrnehmung, Begehrung und Bewußtsein auftreten. Auch für die einzelnen Denk- und Handlungsobjekte, deren Konstitution auf dem Wege über den Kontakt von Sinnesorgan und Sinnesobjekt ohnehin als ständig wechselnd „zusammengesetzt" begriffen wurde, ist das Fehlen einer zugrundeliegenden Substanz selbstverständlich.

Um eine einheitliche Ausdrucksweise für die Zusammengesetztheit aller Partikularia zur Verfügung zu haben, wird als Bezeichnung für die Bausteine, die im Hīnayāna der Verallgemeinerung der fünf Gruppen dienen, der für ‚Denkobjekt', im allgemeinen indischen philosophischen Sprachgebrauch, z.B. im Sāṃkhya, auch für ‚Eigenschaft' übliche Ausdruck ‚dharma' verwendet. Alle Partikularia, nicht nur die einzelnen Menschen, sind aus Dharmas ständig wechselnd zusammengesetzt, ohne daß es für sie einen die Identität und damit Individualität des Partikulare ausmachenden beharrenden Träger gäbe: Sie sind sämtlich „substanzlos" (anātmika bzw. niḥsvabhāva oder asvabhāva) und daher „leer" (śūnya). Worum aber handelt es sich nun bei den Dharmas selbst? Welchen Status haben sie? Gehören sie in einen ontologischen Kontext oder in einen epistemologischen, sind es ihrerseits Gegenstände der Wirklichkeit oder sind es vielmehr der Wahrheitsfindung dienende Hilfsmittel? Oder gar beides, wie z.B. Lindtners Übersetzung sowohl durch ‚Ding' als auch durch ‚Begriff' suggeriert? Bis heute sind die Auseinandersetzungen über das richtige Verständnis von ‚dharma' nicht beendet. Hier soll der, insbesondere durch Helmuth von Glasenapp (1938) im deutschen Sprachraum verbreitete und den Status der Dharmas nicht präjudizierende, Kunstausdruck ‚Daseinsfaktor' verwendet werden.

Nun sind aber, wie Vasubandhu der Jüngere in seinem Abhidharmakośa (= Schatzkammer der Untersuchung der Lehre; wichtige Textauszüge in: Frauwallner 1956, 76-136) auseinandersetzt, die Daseinsfaktoren als Bausteine der sämtlich substanzlosen Partikularia einerseits durch je spezifische Merkmale, das „Tragen ihrer eigenen Eigenschaft" (sva-lakṣaṇa-dhāraṇa), charakterisiert, andererseits dürfen sie ihrerseits keinerlei Beständigkeit aufweisen, wären sie dann doch atomare Substanzen. Sie sind daher bloße Augenblicke oder „Momente" (kṣaṇa) ihres Entstehens und zugleich Vergehens und durch diese Eigenschaft auch charakterisiert, die keinerlei zeitliche Erstreckung (wohl aber eine räumliche Stelle) einschließt. Wie wir ebenfalls aus dem Abhidharmakośa wissen (dem wichtigsten Kommentar zur Philosophie der Hīnayāna-Schule des Sarvāstivāda, geschrieben allerdings vom Standpunkt der mit dem Sarvāstivāda konkurrierenden Schule des Sautrāntika), gilt dies in der ausgearbeiteten Dogmatik der jeweiligen Hīnayāna-Schule jedoch nur für die [von den Tatabsichten (saṃskāra)] „gestalteten" (saṃskṛta), mithin durch den pratītyasamutpāda bedingten Daseinsfaktoren. Daneben werden auch das nirvāṇa und teilweise noch einige wenige andere „Gegenstände", darunter der Raum (ākāśa) im Sarvāstivāda – deshalb der erhalten gebliebene Raumbezug bei den Momenten –, als „unbedingte" (asaṃskṛta) und deshalb nicht durch Entstehen und Vergehen charakterisierte Daseinsfaktoren bezeichnet. Sieht man daher von den unbedingten Daseinsfaktoren ab, die ohnehin eigentlich außerhalb der Konstitutionsanalyse zu stehen hätten, weil sie zu deren Rahmenbedingung gehören, so sind die Dharmas als Momente reine Singularia, bloße Vollzüge mentaler und gewöhnlicher Handlungen. Da die Dharmas allerdings durch spezifische Merkmale charakterisiert sind, so wie die jeweiligen Sinnesobjekte als spezifische Formen/Farben (rūpa), Töne (śabda), Gerüche/Düfte (gandha), Geschmack/Säfte (rasa), Tastobjekte (kāya) und Denkobjekte (dharma) auftreten – wobei die Tastobjekte durch Assimilation der alten Atomlehre noch in Festes, Feuchtes, Heißes und Bewegtes zerfallen (vgl. Frauwallner 1956, 97) –, müssen sie als schematisch bestimmt gelten. Sie sind daher den Qualia unserer eigenen Tradition ähnlich. Mit diesem Ausdruck wurden von Clarence Irving Lewis (1929, ch. II und V) subjektive, nur auf den Wahrnehmenden selbst bezogene Wahrnehmungsschemata artikuliert; sie beziehen sich daher auf subjektive Gegebenheitsweisen von Gegenständen, wobei der Status dieser Gegebenheitsweisen bis heute wegen der Schwierigkeit, ihre intersubjektive Zugänglichkeit zu sichern, heftig umstritten ist (vgl. z.B. Dennett 1987). Genau diese Schematisierungen sind es jedoch, die als „Gestaltung durch Tatabsichten“ den Eindruck des unaufhörlichen Wechsels entstehender und vergehender Momente erst hervorrufen: Die durchgehende gegenseitige Abhängigkeit der (bedingten) Dharmas als Singularia, im pratītyasamutpāda artikuliert, ist ohne die schematisierende Auffassung der Dharmas als Universalia, wie sie in Aussageweisen oder anderen Zeichenhandlungen dargestellt sind, nicht begreifbar. Seit dieser Zeit heißt die buddhistische Philosophie nicht mehr nur anātmavāda sondern genauer auch anātmadharmavāda.

Mit dem gleichzeitig in den Hīnayāna-Schulen einsetzenden Versuch, den anātmavāda auch auf die Dharmas selbst anzuwenden, entsteht allerdings ein Problem wenigstens der Ausdrucksweise. Einerseits nämlich wird der eigenschaftliche Charakter der Daseinsfaktoren festgehalten: Sie sind prädikative Bestimmungen der Wirklichkeit und keine Substanzen. Vasubandhu der Jüngere formuliert das so, daß nicht die Dasheit (tattva), also die Wirklichkeit, Gegenstand von Argumentation und Meditation sei – Singularia sind nicht darstellbar, nur vollziehbar –, sondern das Sosein (tathatā), also die Bestimmungen der Wirklichkeit, was auch als das Dharmasein (dharmatā) der Dharmas, eben ihre eigenschaftliche und nicht substantielle Natur, bezeichnet wird. Andererseits aber sollen die Dharmas die momentanen und doch nur eigenschaftlichen, nicht aber substantiellen Bestandteile aller Partikularia sein. Im Sautrāntika wird daraus die auf dem Höhepunkt der logischen Schule des Buddhismus bei Dharmakīrti (ca. 600–660) systematisch wiederaufgegriffene Konsequenz gezogen, nur die jeweils gegenwärtigen Momente, von denen sich nicht reden läßt, für wirklich, nämlich als Wirkung des vorhergehenden und als Ursache des nachfolgenden, ihre allein verfügbaren Darstellungen hingegen für nicht wirklich zu halten. Statt dessen wird im Sarvāstivāda erklärt, daß es sich bei den Dharmas zwar um universale Schemata handele (svabhāva-dharma), denen im Unterschied zu den Partikularia durchaus auch Substanz-Sein (dravya-sat) zukomme; die Schemata seien jedoch nur in ihren mit Merkmalen versehenen singularen Aktualisierungen (lakṣaṇa-dharma) auch wirksam. Diese Wirksamkeit, die sich in einer jeweils gegenwärtigen Aktualisierung an einem Partikulare (bhāva, wörtl.: Seiendes) äußert und deshalb den Daseinsfaktor als zusammengesetzt, nämlich „gestaltet" (saṃskṛta), erscheinen läßt, z.B. in einem Wahrnehmungsakt gegenüber einer Eigenschaft eines Einzeldings, hängt von vier Bedingungen (pratyaya) ab: einer bewirkenden (hetu-p.), einer das Darum-wissen stützenden (ālambana-p.), einer unmittelbar vorausgehenden (sam-anantara-p.) und einer regierenden (adhipati-p.). Gleichwohl werden die Dharmas in beiden Modi für existent gehalten, so daß „alles existiert" (sarvam asti), daher der Name für den Sarvāstivāda.

5. Nāgārjunas Wiederherstellung von Buddhas Mittlerem Weg in der Lehre vom Leeren (śūnyavāda)

An dieser Stelle setzt die radikale Kritik Nāgārjunas ein. Es sei der grundlegende Fehler insbesondere der Sarvāstivādin gewesen, daß sie die Gleichwertigkeit von gegenseitiger Abhängigkeit der (bedingten) Daseinsfaktoren, also des pratītyasamutpāda, mit ihrer Substanzlosigkeit (asvabhāvatā, wörtl.: Fehlen von Eigennatur) und daher Leerheit (śūnyatā) nicht begriffen hätten. Schon Buddha selbst habe die Gleichwertigkeit (ekārtha, wörtl.: Eine-Sache) von Leerheit, abhängigem Entstehen und mittlerem Weg gelehrt (vgl. Vṛtti zu Vers 70 der Vigrahavyāvartanī, in: Bhattacharya 1978; ähnlich Kārikā XXIV,18). Die Sarvāstivādin sind der ‚Es-ist'-Ansicht verfallen wie umgekehrt die Sautrāntika der ‚Es-ist-nicht'-Ansicht. Es geht nicht an, die eigenschaftliche Natur der Dharmas einerseits durch ihren prädikativen Charakter auf der darstellenden Zeichenebene, und andererseits durch ihren nur in Bezug auf allein gegenwärtige Wirksamkeit eingeschränkten attributiven Charakter auf der dargestellten Gegenstandsebene wiederzugeben. Nicht nur die Partikularia sind substanzlos und daher leer, auch deren momentane Bestandteile, die Daseinsfaktoren, teilen das gleiche Schicksal. Nur indem man von ihnen redet, ein Singulare also in eine mögliche Sequenz „gleichartiger" Singularia, ein Schema, einordnet – und nichts anderes geschieht in der als Namengebung bezeichneten mentalen Tätigkeit (nāma sind die vier, von rūpa verschiedenen Gruppen) – entsteht der Eindruck, als entspräche dem Zeichenschema auch ein Gegenstandsschema. Das Schema gehört allein der Zeichenebene an und ist relativ zur Gegenstandsebene eine Fiktion, eben „leer". Aber natürlich sind diese Fiktionen selbst durchaus etwas und nicht etwa nichts, so daß es Sinn macht zu sagen: Weder existieren die Daseinsfaktoren, d.h. es gibt keine universalen Gegenstände, noch existieren sie nicht, d.h. es gibt universalisierende Darstellungsmittel, die Zeichen in Ausübung ihrer Darstellungsfunktion.

Von der Leerheit der Daseinsfaktoren zu sprechen heißt, sie als Darstellungsmittel zu begreifen und nicht als etwas Dargestelltes (vgl. Hong 1993). Damit befindet sich Nāgārjuna in Übereinstimmung mit Buddhas Aufforderung, weder der ‚Es-ist'-Ansicht noch der ‚Es-ist-nicht'-Ansicht zu verfallen. Es ist daher auch unzulässig, weil widersprüchlich, die Daseinsfaktoren durch die Eigenschaft, einerseits Ursache, andererseits

Wirkung zu sein, oder durch die Eigenschaft, im selben Moment zu entstehen und zu vergehen, zu charakterisieren. Sie haben als Singularia weder Eigennatur (svabhāva) noch „Andernatur" (parabhāva) (Kārikā XV). Zu Beginn der Madhyamaka-Kārikā allerdings heißt es noch: „In so etwas wie Bedingungen (pratyaya) ist eine Eigennatur von Partikularia (bhāva) nicht zu finden. Findet sich aber keine Eigennatur, so auch keine Andernatur" (Kārikā I.3). An dieser Stelle geht der Bezug von svabhāva und parabhāva auf Partikularia statt auf Daseinsfaktoren, wörtlich genommen, noch nicht über die Auffassungen im Hīnayāna hinaus. Erst im Fortgang der Argumentation gegen die Sarvāstivādin, in der Zurückweisung aller vier Arten von Bedingungen als Kandidaten für eine Eigennatur (Kārikā I.7–9), wird klar, daß Nāgārjuna sich ausdrücklich auf die Daseinsfaktoren bezieht. Wenn es dann aber in der Konklusion (Kārikā I.10) wieder heißt: „Weil sich ein Sein von Partikularia ohne Eigennatur nicht finden läßt, darf man auch nicht sagen ‚wenn dieses ist, wird jenes'", so muß dies so gelesen werden, daß Sein (sat) und Nichtsein (asat) von Daseinsfaktoren nur *an* Partikularia erfahrbar wären, eine solche Erfahrung aber unmöglich ist; es würde nämlich bedeuten, daß das Erfülltsein oder das Nichterfülltsein einer den Partikularia gegenüber vorgenommenen Bestimmung aufträte, was als Schematisierung eines Singulare aber etwas Vergängliches durch Darstellung in etwas Unvergängliches, also etwas „ständig" Seiendes oder etwas „ständig" Nichtseiendes, verwandelte. Für die Tatsache, daß Singularia weder Eigennatur noch Andernatur haben, gibt es auch eine moderne, von der logischen Sprachanalyse bereitgestellte Ausdrucksweise. Da es auf der Stufe streng singularen Handlungsvollzugs noch keine Individuation zu Partikularia gibt, lassen sich auf Singularia die Bestimmungen ‚identisch' und ‚verschieden' nicht anwenden: „Was immer abhängig von etwas [anderem] entsteht, ist weder identisch [mit diesem anderen] noch verschieden [von diesem]. Deshalb wird es weder vernichtet noch dauert es an" (Kārikā XVIII.10). Spricht man hingegen von den Daseinsfaktoren als seien sie Gegenstände einer Darstellung, so hat man statt ihrer gleichsam leere Hülsen in der Hand, nämlich die in der Darstellung unvermeidliche Schematisierung.

Die im Hīnayāna ausgearbeitete Einsicht in den ausschließlich prädikativen Charakter der Daseinsfaktoren – sie sind Aussageweisen und nicht Substanzen – verlangt die Konsequenz, sie auch nicht durch die Hintertür als quasisubstanzielle Attribute, deren wechselndes Zusammentreten zu den Partikularia führt, doch noch auf der Gegenstandsebene anzusiedeln: Es besteht „Wesenlosigkeit" auch der Daseinsfaktoren (dharmanairātmya).

Es nützt daher auch nichts, wenn im Sarvāstivāda eine Unterscheidung zwischen Sein im konventionellen, alltäglichen Sinn (saṃvṛti-sat) und Sein im eigentlichen, höchsten Sinn (paramārtha-sat) gemacht wird, um einen dharma in der ersten Lesart als Attribut eines Trägers (Dharmin) und in der zweiten Lesart, bei der der Träger als durch Bezeichnung (prajñapti) bloß fingiert erkannt ist, als Substanz auffassen zu können. Beide „Seinsebenen" kommen bei Nāgārjuna im Rahmen seiner Lehre von den zwei Wahrheiten ausschließlich als Gegenstand von Aussagen vor, die eine konventionelle Wahrheit (saṃvṛti satya, wörtl.: verhüllte Wahrheit) ausdrücken; die höchste Wahrheit (paramārtha satya) läßt sich nicht sagen, sie zeigt sich vielmehr als Leerheit. Dabei heißen benennende Terme, die „Nominatoren", leer, weil Partikularia substanzlos sind; prädikative Terme wiederum, die „Prädikatoren", heißen leer, weil Daseinsfaktoren ausschließlich Darstellungsmittel sind. Sie haben eine kommunikative (jñāpaka), aber keine signifikative Funktion in einer im Sinne konventioneller Wahrheit wahren oder aber auch falschen Aussage. Von Bhāvaviveka, einem die Errungenschaften der logischen Schule des Buddhismus berücksichtigenden Mādhyamika, werden wahre und falsche Aussagen in diesem Kontext mit den Ausdrücken ‚tathya-saṃvṛti' und ‚mithyā-saṃvṛti' qualifiziert und deren Zusammenhang mit dem Sich-Zeigen der höchsten Wahrheit, also der Leerheit, genauer diskutiert (vgl. Ruegg 1981, 63 f.). Das Wissen um die höchste Wahrheit erzeugt buchstäblich erst das Verständnis von der Unhintergehbarkeit konventioneller

Wahrheit, hebt sie also nicht etwa auf, wie der immer wieder von Nāgārjunas Zeit bis zur Gegenwart erhobene Vorwurf glauben machen möchte, Nāgārjuna vertrete wegen der Zurückweisung aller Positionen einen Nihilismus.

Nur auf diese Weise, durch eine systematisch durchgehaltene Beachtung der Rolle der Darstellung, der „Form“, für das Dargestellte, den „Inhalt“, läßt sich auch die Lehre vom abhängigen Entstehen (pratītyasamutpāda) als Darstellungsanteil an der Grunderfahrung von der durchgehenden Unbeständigkeit aufrechterhalten und als gleichwertig mit der Lehre von der Leerheit (śūnyatā) begreifen. Dabei ist der pratītyasamutpāda eine konventionelle Wahrheit, in der sich die śūnyatā als höchste Wahrheit zeigt:

Das abhängige Entstehen (pratītyasamutpāda) ist es, was wir ‚Leerheit‘ (śūnyatā) nennen. Es ist dies [d.h. abhängiges Entstehen] durch eine [bloße] Bezeichnung (prajñapti-upādāya), und [gerade dadurch] ist sie [d.i. die Leerheit] der Mittlere Weg (Kārikā XXIV.18).

Das ist auch der Sinn der berühmten ganz zu Beginn der Madhyamaka-Kārikā als Lehre Buddhas aufgeführten „Acht Neins“: Nichtvergehen – Nichtentstehen – Nichtabbrechen – Nichtandauern – Nicht-eine-Sache-Sein – Nicht-eine-andere-Sache-Sein – Nicht-[zur-Erscheinung-]Kommen – Nicht-[ins-Verschwinden-]Gehen. Sobald man nämlich die singularen Momente schematisiert, also mentale, verbale oder noch andere Darstellungen verwendet, werden vorstellend realisierte Unterscheidungen (vikalpa) in die sinnliche Mannigfaltigkeit der Erscheinungswelt, den prapañca, eingeführt und diese so in Alternativen bis hin zu Beziehungsgeflechten gegliedert, z.B. beständig-unbeständig, bedingt-unbedingt, mein-nichtmein, Vater-Sohn usw. Diese Alternativen und vorgestellten Beziehungen wiederum führen zu den Verunreinigungen (kleśa) des Handelns (karman), nämlich den mit dem Handeln verbundenen Intentionen, und bestimmen so das mit dem gleichen Terminus ‚karman‘ bezeichnete „Gesetz der Tatvergeltung“, das den durch den pratītyasamutpāda artikulierten Kreislauf des Entstehens und Vergehens (saṃsāra) in Gang hält. Dabei ist zu beachten, daß ‚kleśa‘ – oft mit der den emotionalen Anteil einer Intention hervorhebenden Übersetzung ‚Leidenschaft' – schon im Hīnayāna an die Stelle des in nichtbuddhistischen Schulen unüblichen Ausdrucks ‚tṛṣṇā' (Daseinsdurst) tritt, weil der Daseinsdurst als die Ursache für die Verunreinigungen angesehen wird. Und auch kleśa wird wie tṛṣṇā meist dreifach untergliedert: in Begierde (rāga/lobha), Widerwille/Haß (dveṣa) und Verblendung/Dummheit (moha) (vgl. Zotz 1996, 4. Kapitel).

Es kommt daher darauf an, den als Zusammenhang von Singularia und Universalia vorgestellten Zusammenhang von Gegenstandsebene und Zeichenebene zu durchschauen und das Darstellungsmittel nicht mit dem Dargestellten zu verwechseln. Andernfalls würde man die zur Befreiung (mokṣa) führende Grunderfahrung von der durchgehenden Unbeständigkeit verleugnen. Nichts anderes ist gemeint, wenn es heißt, daß mit der Aufhebung der Unwissenheit über die vier Wahrheiten vom Leiden das Zur-Ruhe-Kommen (upaśama) erlangt wird:

> Befreiung erfolgt durch die Vernichtung der Verunreinigungen des Handelns (karma-kleśa), die ihrerseits den vorstellenden Unterscheidungen [auf dem Umweg über Verstandeskonstruktionen, kalpana, und auf ihnen beruhenden Entscheidungen für das Handeln, saṃkalpa] entspringen. Die Unterscheidungen [wiederum] entspringen der sinnlichen Mannigfaltigkeit der Erscheinungswelt (prapañca), diese aber wird in der Leerheit aufgehoben (Kārikā XVIII.5).

Die Aufhebung des prapañca in der śūnyatā (prapañcaupaśama) gilt bei Nāgārjuna sogar als die Quintessenz der Lehre Buddhas (vgl. Kārikā XXV). Es sind dabei vor allem solche Unterscheidungen, die in der zeitgenössischen philosophischen Debatte zwischen und innerhalb der Schulen, nicht nur der buddhistischen – obwohl diese bei Nāgārjuna im Vordergrund stehen –, eine Rolle spielen, deren Leerheit in der Madhyamaka-Kārikā nachgewiesen wird. Dazu gehören eine Reihe von Gegensatzpaaren, die in allen philosophischen Schulen Indiens mit Eigenschaftsbegriffen oder Relationsbegriffen wiedergegeben werden, von denen es heißt, daß sie durch Beteiligung von Verstandeskonstruktionen (kalpanā) an vorstellenden Unterscheidungen (vikalpa) zustandekommen. Wichtige solche

Paare sind ‚Sein-Nichtsein', ‚Entstehen-Vergehen' und ‚Ursache-Wirkung' bzw. ‚Bedingendes-Bedingtes' unter Einschluß der Spezialisierung ‚Tat-Frucht'; aber natürlich gehören dazu auch das gerade für Nāgārjuna wichtige Paar ‚Verbinden-Zerlegen', z. B. bei der Erkenntnis aus bzw. in Erkennendem/n (Subjekt), Erkennen (Akt) und Erkanntem/s (Objekt), oder auch ‚Bindung-Lösung' (bandhana-mokṣa) und die verschiedenen zeitlichen und räumlichen Oppositionen wie ‚früher-später', ‚nah-fern' und andere. Jede Unterscheidung, gleichgültig welcher logischen Stufe und welcher Stelligkeit, zerlegt den prapañca in einen positiven und einen komplementären negativen Bereich, auch wenn in konkreten Beispielen durchaus auch nur konträre Gegensätze auftreten, etwa wenn neutrales Empfinden oder Fühlen (vedanā) neben seiner Unterscheidung in angenehmes und unangenehmes berücksichtigt wird.

Über die Beurteilung des von Nāgārjuna in der Madhyamaka-Kārikā und den beiden an sie anschließenden Werken zum Nachweis der Leerheit verwendeten Argumentationsverfahrens herrscht unter den Gelehrten bis heute keine Einigkeit. Es handelt sich dabei um die bereits auf Sañjaya Belaṭṭhiputta, einen zur Zeit Buddhas lebenden Skeptiker, zurückgehende catuṣkoṭi (= viergliedrige [Negation]). Nur so viel ist klar, daß die catuṣkoṭi aus der ursprünglichen Form ‚etwas ist weder (1) so, noch (2) nicht so, noch (3) zugleich so und nicht so, noch (4) weder so noch nicht so' in die spezifische Gestalt eines Tetralemmas gebracht wurde. Es dient bei Nāgārjuna der Zurückweisung (pratiṣedha) von (dogmatischen) Positionen (dṛṣṭi), also von Ansichten, die sich auf Grund von Unwissenheit (avidyā) und Daseinsdurst (tṛṣṇā) einstellen. Versuche jedoch, die vier noch nicht negierten Glieder der catuṣkoṭi zusammen als eine vollständige logische Alternative zu begreifen, müssen als gescheitert angesehen werden (vgl. Ruegg 1977; kritisch dazu: Hong 1993, 5–24). Gleich der erste, in allen Kommentaren ausführlich behandelte Vers der Madhyamaka-Kārikā formuliert einen Fall des Tetralemmas, und zwar den für Nāgārjunas Absicht, die Lehre vom abhängigen Entstehen mit der Lehre von der Leerheit als gleichwertig begreifbar zu machen, entscheidenden Fall. Es geht an dieser Stelle darum, die Grundunterscheidung ‚Bedingendes-Bedingtes' selbst unter Bezug auf die einem Partikulare gegenüber vorgenommene prädikative Bestimmung ‚entstanden aus etwas' zu untersuchen:

Nirgends und niemals findet man Seiendes (bhāva), entstanden aus sich, aus anderem, aus sich und anderem zusammen, ohne Grund [d.h. weder aus sich noch aus anderem].

Die übrigen Verse des ersten Kapitels (pratyaya parīkṣā / Untersuchung der Bedingung) dienen ausschließlich der Verteidigung dieses Satzes durch Zurückweisung möglicher Einwände, während das zweite Kapitel (gatāgata parīkṣā / Untersuchung des Gegangenen und Nichtgegangenen) die Unterscheidung ‚Bedingendes-Bedingtes' mittelbar anhand von Bestimmungen erörtert, die für die Glieder des zwölfgliedrigen Bedingungszusammenhangs einschlägig sind. Gemäß dem weiteren systematischen Aufbau (vgl. Hong 1993) enthalten die Kapitel III–XIII und XIV–XXI dann zwei weitere argumentative Durchgänge entsprechend der Gliederung in Kapitel II, während sich die folgenden Kapitel mit Ausnahme des letzten, das sich den unbeantwortbaren Fragen zuwendet, auf die Folgen dieser Überlegungen für die buddhistischen Lehrstücke selbst konzentrieren.

Die Begründung für das erste Tetralemma und auch alle folgenden verläuft nach Art desjenigen Stranges der indischen Logik, die als Debattenlehre (vāda-vidyā oder tarka-śāstra) mit den Bedingungen für Gewinn und Verlust einer verbalen Auseinandersetzung befaßt ist und in der Zeit Nāgārjunas sowohl im nichtbuddhistischen philosophischen System des Nyāya als auch in den buddhistischen Schulen des Hīnayāna gepflegt wurde. Dabei sind grundsätzlich zwei Typen von Debatten (kathā) unterschieden worden: eine Disputation (vāda), bei der es um Wahrheit geht, und ein Streit (jalpa), bei dem es um Rechtbehalten geht, wobei unter den Formen des Streits die destruktive Argumentation (vitaṇḍā) noch eigens dadurch ausgezeichnet wird, daß man ohne eigene Behauptung den Gegner außer Gefecht setzen will.

Nāgārjuna organisiert seine Begründung in vier getrennten Disputen um jeweils ein Glied des Tetralemmas, und von den alten indischen Kommentatoren bis hin zu den modernen westlichen gibt es einen Metadisput darüber, ob er dabei eine eigene Behauptung bewiesen oder nur eine gegnerische widerlegt habe. Beide Auffassungen haben unter den Mādhyamika in der Zeit nach Nāgārjuna und seines als Mitbegründer des Madhyamaka geltenden Schülers Āryadeva (ca. 170–270) Anhänger gefunden und vor allem im Zuge der Auseinandersetzung mit den Yogācāra, insbesondere den zur logischen Schule des Buddhismus gehörigen, zu einer Aufspaltung des Madhyamaka in zwei Zweige geführt.

Die Prāsaṅgika lesen Nāgārjuna so, daß er ausschließlich Positionen habe zurückweisen wollen, indem er ihre innere Widersprüchlichkeit durch eine reductio-ad-absurdum-Argumentation (prasaṅga vākya) nachweise. Dies hat Gegner dazu veranlaßt, die Prāsaṅgika als destruktiv (vaitaṇḍika) zu denunzieren, während die Svātantrika Nāgārjuna unterstellen, er mache dabei von eigenständigen (svatantra) Positionen Gebrauch, nämlich vom Verständnis gewöhnlicher Aussagen als Ausdruck der höchsten Wahrheit. Buddhapālita (ca. 470–540) ist der erste Prāsaṅgika, der sich die von Dignāga eingeführten Neuerungen auf dem Gebiete des logischen Schließens zunutze macht und in seinem nur tibetisch überlieferten Kommentar Mūla-madhyamaka-vṛtti Nāgārjunas Verfahren als reines Widerlegungsverfahren rekonstruiert. Ihm folgen später sowohl Candrakīrti als auch der in Nālandā lehrende Dichterphilosoph Śāntideva (ca. 690–750) (Della Santina 1986). Dabei betont Candrakīrti, daß es gerade der ausschließlich Positionen zurückweisende und keine eigene Position vertretende Charakter der Argumentationen Nāgārjunas sei, der die praktische, auf heilsame Lebensführung, den Handeln, Reden und Denken „nur verhüllt" (saṃvṛti-mātra) umfassenden vyavahāra der Erleuchteten, gerichtete und deshalb jeder Spekulation abholde Orientierung von Buddhas ursprünglicher Lehre wiederzugewinnen erlaube.

Als führender Svātantrika wiederum gilt der schon in anderem Zusammenhang erwähnte Bhāvaviveka oder Bhavya (ca.

500–570), der dieselben Neuerungen auf dem Gebiet des logischen Schließens in seinem tibetisch und chinesisch überlieferten Kommentar zur Madhyamaka-Kārikā, dem Prajñāpradīpa (= Leuchte der Einsicht), mit expliziter Kritik an Buddhapālita dazu verwendet, Nāgārjuna den Beweis einer These (pratijñā), wenngleich auf der Ebene der höchsten Wahrheit, zuzuschreiben.

Überprüft man Nāgārjunas Verfahren im Zusammenhang einer Analyse der in der Vigrahavyāvartanī vorgebrachten Kritik an den in der Schule des Nyāya verwendeten erkenntnistheoretischen Unterscheidungen – dazu gehören neben Erkenntnis (pramiti) noch Erkennender (pramātṛ), Erkenntnisobjekt (prameya) und Erkenntnismittel (pramāṇa) –, so ergibt sich das folgende: Jedes Glied des jeweiligen Tetralemmas wird tatsächlich dadurch verteidigt, daß Nāgārjuna allein unter Benutzung der vom Gegner verwendeten Thesen und Argumentationsregeln einen für diesen nicht akzeptablen Schluß zieht, so daß den Prāsaṅgika recht zu geben ist (Hong 1993).

Um dieses einzusehen, muß man zwischen der von Nāgārjuna vorgenommenen Zurückweisung, einer Negation der Metastufe, und der innerhalb des jeweiligen Disputs auftretenden Negation der Objektstufe, die nach den Regeln des Gegners behandelt wird, streng unterscheiden. Ein solcher Unterschied ist unter Bezug auf eine schon in der Schule der Grammatiker seit Patañjali (um 150 v. u. Z.) vertraute Unterscheidung in Termnegation (paryudāsa-pratiṣedha) und Satznegation (prasajya-pratiṣedha) von Bhāvaviveka als zweierlei objektsprachliche Negation eingeführt worden. So sollte die Negation einer Aussage auf der Ebene konventioneller Wahrheit als Behauptung ihres Gegenteils von ihrer Negation auf der Ebene der höchsten Wahrheit ohne Behauptung des Gegenteils unterschieden werden. Damit wird allerdings die Lehre von der Leerheit selbst zu einer Position entgegen der ausdrücklichen Warnung Nāgārjunas:

Die Leere wurde von den „Siegreichen“ [d. h. den Erleuchteten] als Zurückweisung jeglicher Position gelehrt. Diejenigen aber, für welche die Leere eine Position ist, wurden für unheilbar erklärt (Kārikā XIII.8).

Argumentieren verläuft bei Nāgārjuna ausschließlich auf der Ebene konventioneller Wahrheit ohne Verwendung irgendeiner „höheren" Einsicht. Und so ist es von den Prāsaṅgikas auch verstanden worden. Was in der Zurückweisung geschieht, ist nicht der Nachweis der gewöhnlichen Wahrheit oder Falschheit von Aussagen über Gegenstände, vielmehr ein Aufdecken der bei der Formulierung dieser Aussagen vorgenommenen irreführenden Unterstellungen über Entsprechungen zwischen jeweils für eigenständig gehaltener Gegenstandsebene und Zeichenebene: Gegenstandskonstitution und Gegenstandsbeschreibung sind jedoch voneinander abhängig, und deshalb sind es auch die verschiedenen Partikularia untereinander; z.B. ein partikulares Ereignis *als* Ursache oder *als* Wirkung, eine Rose (nur) *als* Knospe oder (auch) *als* Blüte. Partikularia sind nämlich vorhanden allein in aktualisierenden Handlungsvollzügen, den Singularia, und sie sind ebenso ausschließlich verstanden allein in schematisierenden Darstellungen, den Universalia. In diesen beiden Modi aber treten die Daseinsfaktoren auf, wobei im Madhyamaka deshalb, weil sich das höchste Wissen im gelungenen Argumentieren zeigen und nicht wie im Yogācāra vom gelungenen Meditieren verkörpert werden soll, grundsätzlich der universale Modus der Daseinsfaktoren im Mittelpunkt steht und nicht ihr singularer wie im Yogācāra. Die Daseinsfaktoren sind als Momente zwar wirklich (tattva), nur sagen läßt sich das nicht, wohl aber zeigt es sich, wenn man, mit schematischen Darstellungsmitteln von ihnen redend, erkennt, daß Daseinsfaktoren als Schemata nichts bezeichnen, sie vielmehr leer (śūnya) sind:

> Ohne sich auf den vyavahāra [d.i. die gewöhnliche Praxis des Handelns, Sprechens und Denkens] zu stützen, kann das höchste [Wissen, nämlich von der Leerheit] nicht gezeigt werden (na deśyate); (Kārikā XXIV.10)

Ganz konsequent sind von Nāgārjuna auch die buddhistischen Lehren selbst, also insbesondere die beiden Hauptstücke von den vier Wahrheiten und vom abhängigen Entstehen, als leer bezeichnet worden, so wie auch die Lehre von der Leerheit leer ist. Diese dem unaufmerksamen Zuhörer oder Leser anstößige, weil die eigene Lehre scheinbar aufhebende Konsequenz hat offenbar so viel Unruhe unter den zeitgenössischen Buddhisten hervorgerufen, daß Nāgārjuna in seinem eigenen Kommentar zum Vers 22 der Vigrahavyāvartanī noch einmal auf entsprechende Einwände ausführlich eingegangen ist. Die Argumentation von Nāgārjuna ist so klar, daß sie hier im Wortlaut angeführt werden soll:

Du hast die Bedeutung der Leerheit von Seiendem (bhāva) nicht verstanden. Du hast dich daher entschlossen, mich zu tadeln und sagst ‚Da das, was du sagst, keine Eigennatur (niḥsvabhāva) hat, ist die Negation (pratiṣedha) der Eigennatur von Seiendem unmöglich'. Die Natur von abhängig Seiendem ist nämlich Leerheit. – Warum? – Weil es keine Eigennatur hat. Seienden, die abhängig entstehen, wird keine Eigennatur zugesprochen, weil sie keine Eigennatur haben. – Warum? – Weil sie von Gründen und Bedingungen abhängen. Gäbe es Seiendes auf Grund seiner Eigennatur, so bestünde es auch ohne Gründe und Bedingungen. Aber das ist nicht der Fall. Daher haben sie keine Eigennatur und gelten deshalb als leer. Daraus folgt, daß auch meine Rede, weil sie abhängig entstanden ist, keine Eigennatur hat und folglich leer ist. – Gleichwohl üben Seiende, wie Wagen, Töpfe und Kleider usw., obwohl sie wegen ihres abhängigen Entstehens ohne Eigennatur sind (svabhāva-śūnya), ihre jeweiligen Wirkungen aus, wie das Holen von Holz, Gras und Erde, das Enthalten von Honig, Wasser und Milch, das Schützen gegen Kälte, Wind und Hitze, usw. Ebenso erfüllt auch meine Rede, obwohl sie wegen ihres abhängigen Entstehens ohne Eigennatur ist, ihre Aufgabe, das Fehlen von Eigennatur der Seienden zu zeigen. – Wenn du daher gesagt hast ‚Deine Rede ist deshalb, weil sie keine Eigennatur hat, leer, und wegen ihrer Leerheit kann mit ihr die Eigennatur aller Seienden nicht verneint werden', so ist das nicht richtig (nach Frauwallner 1956, 201 ff.).

Da es allein der Vollzug der Handlung des Zurückweisens von Positionen ist, durch den sich die Lehre vom abhängigen Entstehen erweist, ist zugleich die Gleichwertigkeit von ‚leer' und ‚abhängig entstanden' gesichert und die Leerheit beider prädikativer Bestimmungen bekräftigt:

Für dich mag gelten, daß Zusammentreten (saṃbhava) und Auseinanderfallen (vibhava) [doch] gesehen werden. Man sieht Zusammentreten und Auseinanderfallen [jedoch] nur aus Verblendung (moha). (Kārikā XXI.11)

Die Aufhebung der Unwissenheit, von der alles weitere Leiden abhängig ist, geschieht allein im Vollzug der Zurückweisung als einem Akt meditativer Praxis und dem damit einhergehenden (höchsten) Wissen (jñāna):

Wenn die Unwissenheit aufgehoben ist, entstehen keine [auf etwas gerichteten] Regungen (saṃskāra) mehr. Die Aufhebung der Unwissenheit aber hängt ab vom Wissen im praktischen Vollzug. (Kārikā XXVI.11)

Die Konsequenz dieser Überlegungen schließlich wird zusammengefaßt in den berühmten, das Mahāyāna vom Hīnayāna markant unterscheidenden Versen des Kapitels XXV (nirvāṇa parīkṣā/Untersuchung des Verlöschens) über die Ununterscheidbarkeit des Kreislaufs des Entstehens und Vergehens, also der Artikulation der Grunderfahrung als konventionelle Wahrheit, von der Aufhebung dieses Kreislaufs, nämlich durch ein Begreifen dessen, was sich in dieser Artikulation als höchste Wahrheit zeigt:

Es gibt nichts, was den saṃsāra vom nirvāṇa und das nirvāṇa vom saṃsāra unterscheidet.

Die Grenze des nirvāṇa ist zugleich die Grenze des saṃsāra. Zwischen diesen beiden wird auch nicht der geringste Unterschied gefunden. (Kārikā XXV.19/20)

Wenn trotz dieser eindeutig soteriologischen Rolle der Gnoseologie bei Nāgārjuna immer wieder davon gesprochen wird, daß auch für Nāgārjuna wie bei fast allen indischen Denkern die Überzeugung vom Vorrang des Glaubens vor der Vernunft unerschüttert sei, so stützt man sich zum Beispiel auf einen Satz wie „Durch Glauben (śraddhā) erwirbt man Verdienst, durch Einsicht (prajñā) erkennt man wahrhaft. Die Einsicht ist jedoch das Wichtigere von beiden, doch geht der Glaube ihr voran“ (Ratnāvalī I.5; vgl. Lindtner 1997, 356). Jedoch bleibt die von unserer eigenen Tradition, jedenfalls in ihrem Hauptstrang, abweichende Bestimmung von Glauben dabei unberücksichtigt.

In der indischen Philosophie gehört Glauben (śraddhā) ausschließlich in den praktischen Bereich des Tuns und niemals in den theoretischen Bereich des Wissens. Glauben tritt bei Nāgārjuna als eine Bedingung für Wissen in dem Sinne auf, daß nur im Vertrauen auf Buddhas Lehre (dharma) die Einübung der von ihm und anderen Erleuchteten gelehrten Lebensführung als Weg zum wirklichen Wissen begonnen wird. Dabei ist es natürlich die Pointe der Lehre, sich dem Risiko des eigenen Weges zu stellen. Die damit einhergehende Aufhebung der Ichbefangenheit wiederum wird im Mahāyāna, anders als im paradoxerweise auf die Erlösung des je eigenen Selbst im Verlöschen beschränkten Hīnayāna – es herrscht dort das Ideal des Arhant, des „Heiligen" –, als Erkennen der gegenseitigen Abhängigkeit auch aller Personen voneinander in einen universellen Prozeß des andere Lehrens und selber Übens verwandelt. Im Mahāyāna herrscht das Ideal des Bodhisattva, des „erleuchteten Wesens", der auf das endgültige Verlöschen (nirvāṇa) verzichtet hat, um anderen beim Erwerb einer heilsamen Lebensführung zu „helfen". Bei der Verwendung dieses traditionellen, Intentionsfreiheit normalerweise gerade nicht mitsichführenden Ausdrucks ‚helfen', das erst aus von intentionsfreiem Handeln begleitetem, „selbstlosem", Mitleid (karuṇā) geschieht, muß man sorgfältig darauf achten, daß keineswegs einer vollständigen Ersetzung des eigenen Tuns durch ein Erleiden des Tuns eines anderen das Wort geredet wird, wie es durchaus in manchen populären Formen der buddhistischen Religion der Fall ist. Es geht vielmehr um die Herstellung der Bedingungen für einen „Blickwechsel" der Lebensführung gegenüber, was insbesondere durch Freigebigkeit (dāna), charakterliche Disziplin (śīla) sich selbst gegenüber und Geduld oder Nachsicht (kṣamā oder kṣānti) anderen gegenüber gefördert wird, wie es Nāgārjuna in der Ratnāvalī auseinandersetzt (vgl. Ruegg 1981, 23ff.). Bei diesem Blickwechsel ist die Lebensführung nicht mehr individuell, „die meine", oder sozial, „die unsere", und erst recht nicht in mönchische und laizistische unterschieden, sondern als individuelle und soziale dem allseitigen Bedingungszusammenhang unterworfen, den zu artikulieren Aufgabe der verschiedenen Wissenschaften und Künste ist.

Solchen Tätigkeiten ging man, dem Stand der Zeit entsprechend, bereits an den berühmten buddhistischen „Universitäten" nach, wie man einige der sowohl Studium als auch Lehre in eine heilsame Lebensführung einbettenden Klöster durchaus bezeichnen darf. Das einflußreichste ist das schon im Zusammenhang mit dem Leben Nāgārjunas erwähnte Kloster in Nālandā in der Nähe von Rājgir/Bihār, wo während der fast tausendjährigen Geschichte bis zu seiner Zerstörung im 12. Jahrhundert weltliche Wissenschaften und Künste jeder Art betrieben wurden, darunter Linguistik, Medizin, Astronomie, Musik, Malerei und andere. Auch Anwendungen der buddhistischen Philosophie im engeren Sinne wurden gepflegt, zum Beispiel die Literaturkritik Bhāmahas (8. Jh.) mit den von der logischen Schule des Buddhismus erarbeiteten Hilfsmitteln oder der Umbau der Sanskritgrammatik von Pāṇini (um 400 v. u. Z.) nach Grundsätzen einer der buddhistischer Philosophie folgenden Sprachtheorie bei Candragomin (5. Jh.). Im fünften Jahrhundert wurde in Konkurrenz zu Nālandā das Lehr- und Forschungszentrum in Valabhī an der Westküste Indiens auf der Halbinsel Kāṭhiāvār gegründet, das im Laufe der Zeit eine ähnliche Bedeutung wie Nālandā erlangte.

Die Aufgabe, die noch zu lösen übrig blieb, war die Thematisierung des Blickwechsels selbst, also die Behandlung des Erkenntnisprozesses und damit der gesamten Zeichenebene als einer eigenständigen Gegenstandsebene zweiter Stufe mit den Mitteln der Lehre von den substanzlosen Daseinsfaktoren, des anātmadharmavāda. Zwar hatte das Madhyamaka im strengen Verständnis Nāgārjunas die jeweilige Rede von den Gegenständen, wird sie ihrerseits vergegenständlicht, stets auch als substanzlos und damit leer gekennzeichnet, es ließ sich dies aber nur im jeweiligen singularen Vollzug objektsprachlicher Erkenntnis auf der Ebene der konventionellen Wahrheit als „höchste Wahrheit" aneignen. Die Behandlung der Erkenntnisprozesse selbst, also der mentalen, verbalen und anderen Zeichenhandlungen ebenfalls auf der Ebene konventioneller Wahrheit, nämlich durch Schematisierung und damit in Gestalt ihrerseits leerer Daseinsfaktoren, unterblieb. Der Blickwechsel ist im Madhyamaka nur vollzogen, nicht aber (epistemisch) gewußt, wie es für alles nur singular Existierende, das Wirkliche (tattva), der Fall ist und im Kennzeichen ‚nichtandauernd' (anitya) zusammengefaßt worden war. In der mit dem Madhyamaka konkurrierenden Schule des Yogācāra wiederum wird dieser Blickwechsel zum Gegenstand diskursiven Wissens. Er kann folglich als (ontisch) unwirklich oder leer auch im Sinne konventioneller Wahrheit begriffen werden, was für alles nur universal Seiende gilt und mit dem Kennzeichen ‚substanzlos' (anātman) artikuliert worden war: Seiendes ebenso wie Nichtseiendes, beide sind unwirklich.

Es ist daher nur konsequent, wenn in der späteren Entwicklung beider Schulen des Mahāyāna wegen ihrer bei aller Konkurrenz offensichtlichen Verträglichkeit (vgl. Harris 1991) eine Synthese entwickelt wird: das Yogācāra-Madhyamaka. Diese Synthese wird in der von Śāntarakṣita (ca. 725–788) und seinem Schüler Kamalaśīla (ca. 740–795) vertretenen Fassung die philosophische Grundlage für den Buddhismus in Tibet, der im wesentlichen auf das Wirken dieser beiden historisch einflußreichen Denker zurückgeht.

IV. Vasubandhu der Ältere (ca. 320–380) und Vasubandhu der Jüngere (ca. 400–480). Wortführer zweier Varianten des Yogācāra

1. Meditation als ein Erkenntnisprozeß. Seine psychologische und seine logische Behandlung

Auch die Schulen des Mahāyāna waren darauf angewiesen, ihre Legitimation durch Berufung auf die Lehren Buddhas nachzuweisen. Zwar wurden dafür genau dieselben Sammlungen von Lehrreden (sutta) verwendet, die im Hīnayāna kanonisiert worden waren, doch hielt man diese nicht für ausreichend. Die Überzeugung, daß sich der Erleuchtete in diesen Lehrreden einer Sprache bedient habe, die dem noch nicht hinreichend entwickelten Verständnis seiner Zuhörer (śrāvaka; d.i. eine im Mahāyāna verbreitete, oft abschätzige Bezeichnung für nur hörende aber angeblich nicht verstehende Angehörige der Hīnayāna-Schulen) entsprach und er deshalb wichtige Folgerungen nicht ausdrücklich gezogen habe, verlangte nach weiteren ausführlicheren Darlegungen. Buddha habe diese zunächst zurückgehalten, bis zukünftige Geschlechter ihnen würden folgen können.

In zahlreichen, häufig mit der Bekehrung des Protagonisten von einem Hīnayanin zu einem Mahāyānin einhergehenden Wundergeschichten wird die Entdeckung solcher ausführlichen Sūtras geschildert, die mit Ausnahme ältester Fassungen auch in Sanskrit und nicht mehr in Pāli verfaßt sind. Diese Sūtras, die zur speziellen Grundlage des Mahāyāna werden und seine Entwicklung begleiten, sind auch eher als reich ausgeschmückte Leitfäden denn als nüchterne Lehrreden anzusehen wie die suttas im Hīnayāna. Die konservativen Hīnāyanin begegneten ihnen zunächst mit größtem Mißtrauen, wie es sich an der Erklärung, die neuen Sūtras seien von Dämonen geschrieben, ablesen läßt. Verfaßt wurden diese Sūtras in der Zeit zwischen dem ersten Jahrhundert vor unserer Zeitrechnung und dem sechsten Jahrhundert, obwohl es durchaus auch noch später entstandene Sūtras gibt. Sie setzen den bodhisattvamārga (= Weg eines Erleuchteten) an die Stelle des śrāvakamārga und gehören ursprünglich vermutlich in den Umkreis der Mahāsāṅghika (= die zum großen Mönchsorden Gehörigen), die sich von den konservativen Hīnāyanin – dazu gehören neben den Sthaviravādin auch die später sich von diesen abgrenzenden Sarvāstivādin und Sautrāntika – während des zweiten Konzils getrennt hatten.

Die Sūtras lassen sich grundsätzlich in zwei Gruppen einteilen: solche von eher erbaulichem Charakter und solche, die als Beleg für die Philosophie der Mahāyāna-Schulen herangezogen werden (vgl. die Übersicht in: Nakamura 1980, 149–234). Unter den umfangreichen Sūtras, die nach einer mit der heiligen Silbe ‚Om' beginnenden Formel der verehrenden Anrufung Buddhas ebenso wie die alten Lehrreden mit den Worten beginnen ‚so habe ich es gehört', sind die große Gruppe der auf die Lehre von der Leerheit konzentrierten Prajñāpāramitā-Sūtras (= Sūtras der höchsten Weisheit) und das die Meditationspraxis in den Vordergrund stellende Saddharmapuṇḍarīka-Sūtra (= Sūtra der Lotosblüte der wahren Lehre) wichtigste Grundlage des Madhyamaka. Das mit dem Anspruch, die endgültige Lehre Buddhas zu verkünden, geschriebene Saṃdhinirmocana-Sūtra (= Verbindung [d.h. Absicht Buddhas] lösen [d.h. offenbaren]), dazu das die Einheit aller Schulen – Lehre vom Ekayāna (= das eine Fahrzeug) – im Verzicht auf die Unterscheidung von Sein und Nichtsein vertretende Laṅkāvatāra-Sūtra (= Herabstieg [des Buddha] nach Laṅkā) und außerdem das nur in Teilen sanskritisch überlieferte Avataṃsaka-Sūtra (= Blumenkranz-Sūtra) spielen dagegen im Yogācāra und seinen Weiterbildungen eine entscheidende Rolle.

In den Legenden, die über Nāgārjuna überliefert sind, ist es ein als Mahānāga (= Großer Drache) auftretender Bodhisattva, der ihn aus Mitleid über die vergeblichen Bemühungen Nāgārjunas, argumentativ einwandfrei verfaßte Lehrdarstellungen zu finden, in seinen Palast im Meer führte und ihm die dort aufbewahrten Mahāyāna-Sūtras zum Studium überreichte. Nach 90 Tagen Studium in Meditation erlangte Nāgārjuna das höchste Wissen vom Nichtentstehen und wurde selbst ein Bodhisattva. Der historische Kern dieser Legende mag darin liegen, daß es Prajñāpāramitā-Sūtras waren, deren Studium Nāgārjuna zu einem konsequenten Śūnyavādin gemacht haben (vgl. Murty 1971, 50–55), obwohl es in den drei philosophischen Hauptwerken Nāgārjunas keine Bezugnahme auf mahāyānisches Schrifttum gibt. Der nur chinesisch durch den Übersetzer von Nāgārjunas Madhyamaka-Kārikā, Kumārajīva (ca. 350–410), überlieferte, als Grundtext des Madhyamaka geltende umfangreiche Kommentar zum Prajñāpāramitā-Sūtra in 25 000 Versen, der Mahā-prajñāpāramitā-upadeśa zur Pañcaviṃśatisāhasrikā-prajñāpāramitā (franz. Übers. in: Lamotte 1944–1980), wird von der Tradition zwar ebenfalls Nāgārjuna zugeschrieben, ist aber aus Gründen der Terminologie vermutlich das Werk mehrerer Autoren nicht nur aus dem Schülerkreis Nāgārjunas, zumal er weder in indischen noch in tibetischen Quellen erwähnt wird (als Grundlage der Philosophie Nāgārjunas verwendet in: Ramanan 1966).

Auch um einen der Begründer des Yogācāra, Asaṅga (ca. 305–380), rankt sich eine ähnliche, um einen Denkschritt weitergeführte Legende. Er habe während seines Studiums in der Hīnayāna-Schule der Mahīśāsaka, die in ihrer Dogmatik zwischen den Sthaviravādin und den Sarvāstivādin stehen, Prajñāpāramitā-Sūtras in die Hand bekommen und das neue Bodhisattva-Ideal anstelle des alten Arhant-Ideals trotz Belehrung und anschließenden eigenen Übens in zwölfjähriger Einsamkeit nicht verstanden. Im Moment seines Verzichts auf Erleuchtung jedoch tauchte ein kranker Hund voller Geschwüre mit Ungeziefer auf, der Asaṅgas Mitleid erregte. Aus Sorge, er könnte das Ungeziefer mit den Händen verletzen, entfernte er es mit seiner Zunge, und als er sich ein Stück seines eigenen Fleisches für das Leben des Ungeziefers herausschneiden wollte, verwandelte sich der Hund in den nur geistig wahrnehmbaren, als künftigen Buddha erwarteten Bodhisattva

Maitreya (= Der Gütige), und Asaṅga erfuhr die Erleuchtung. Daraufhin diktierte ihm Maitreya fünf Werke.

Vier dieser fünf Werke – es sind: der Abhisamayālaṃkāra (= Schmuck des Erschauens), der Mahāyānasūtrālaṃkāra (= Schmuck der Sūtras des Mahāyāna), der Madhyāntavibhāga (= Unterscheidung der Mitte von den Enden) und der Dharmadharmatāvibhāga (= Unterscheidung von Dharma und Dharmasein) – gelten als Grundschriften des Yogācāra und werden dem mittlerweile als historischer Autor anerkannten Maitreyanātha (ca. 270–350) zugeschrieben. Das fünfte Werk, der Ratnagotravibhāga (= Aufteilung des Schatzes der Sippe [der potentiell Erleuchteten]) geht auf Sāramati (um 250), den Vertreter einer eigenständigen kleinen Mahāyāna-Schule zurück, die mit ihrer Lehre vom tathāgatagarbha (= Keim des Vollendeten [d.h. die in jedem ruhende Anlage zum Buddhasein]) erst später in den Yogācāra integriert worden ist.

Asaṅga nun ist der ältere Halbbruder eines in allen buddhistischen Ländern als ein Bodhisattva verehrten Vasubandhu, der ein Jahr, nachdem Asaṅga ein buddhistischer Mönch geworden war, geboren sein soll. Er wurde durch seinen Vater, einen Brahmanen – Asaṅgas Vater soll ein Kṣatriya gewesen sein –, in Puruṣapura, dem heutigen Peshāwar in Pakistan, zunächst in der brahmanischen Tradition erzogen, wurde dann für kurze Zeit ein Hīnayānin wie sein älterer Bruder und schließlich von diesem durch Rezitation einschlägiger Sūtras zum Yogācāra bekehrt. Berücksichtigt man nun die traditionellen Schilderungen der mit diesen Schritten verbundenen Ereignisse sowie die zugehörigen Zeitangaben, so entstehen Schwierigkeiten, die sich bis heute nicht einvernehmlich von der Forschung haben auflösen lassen. Einerseits soll Vasubandhu 80 Jahre alt geworden sein, andererseits soll Asaṅga, der nur 75 Jahre erreicht haben soll, ihn überlebt haben. Weiter gilt Vasubandhu in der Tradition als der „Meister der tausend Bücher“, weil er je 500 zum Hīnayāna und zum Mahāyāna verfaßt habe, und allein die zeitliche Einordnung der immer noch mehr als zwanzig unter seinem Namen überlieferten Werke bereitet die größten Schwierigkeiten. Schließlich wird Vasubandhu als Lehrer von Dignāga (ca. 460–540) tradiert, was angesichts der einigermaßen zuverlässig ermittelten Lebenszeit Dignāgas endgültig eine mit den anderweitig gestützten Daten über Asaṅga verträgliche Bestimmung der Lebenszeit Vasubandhus unmöglich macht. Unter diesen Umständen hat Erich Frauwallner (1951) vorgeschlagen, von zwei Denkern gleichen Namens auszugehen, einem älteren Vasubandhu, Bruder von Asaṅga, ca. 320–380, und einem jüngeren Vasubandhu, Lehrer von Dignāga und Verfasser des Abhidharmakośa, ca. 400–480, der erst in höherem Alter ein Yogācārin geworden sei. Er beruft sich dabei auf die beiden verschiedenen, von dem buddhistischen Mönch Paramārtha (ca. 499–569) angegebenen Lebensdaten: In der im übrigen ältesten, überlieferten Biographie Vasubandhus soll er 1100 Jahre nach Buddhas Verlöschen (vgl. Takakusu 1905) und in Paramārthas kommentierter Teilübersetzung des Madhyānta-vibhāga Maitreyas soll er 900 Jahre nach Buddhas Verlöschen gelebt haben.

Eine wichtige Rolle spielen dabei auch charakteristische Unterschiede in der Lehre: Vasubandhu der Ältere vertrete wie sein Bruder Asaṅga die primär psychologische Durchdringung des Prozesses der Erkenntnis in der Meditationspraxis, während Vasubandhu der Jüngere als Yogācārin im Anschluß an seine Herkunft aus der Schule des Sautrāntika an der primär logischen Behandlung des in der Meditation verkörperten Erkenntnisprozesses interessiert bleibe. Die von dieser Zweiteilung erzwungene Deutung von Paramārthas Biographie Vasubandhus als Verschmelzung zweier Biographien und die ebenfalls von dieser Zweiteilung implizierte Aufteilung der überlieferten Werke Vasubandhus auf zwei Personen ist jedoch in der Forschung bisher heftig umstritten geblieben (vgl. Kochumuttom 1982; Griffiths 1986).

Geht man hingegen aus von der nüchternen Feststellung Etienne Lamottes (1988, 38):

> His biographers [...] demand too much of our credulity: who can believe that Vasubandhu, without mentioning his acquaintance with the Sāṃkhya, was a Vaibhāṣika [= Sarvāstivādin] in his youth, a Sautrāntika in his mature years, a Vijñānavādin in his old age, and a Pure Land follower of Amitābha

[= Anhänger einer durch Anrufung des Buddha-Namens Amitābha vor allem unter buddhistischen Laien verbreiteten Form von Pietismus] at his death? In our opinion, Vasubandhu lived too long, thought too much, and wrote too much,

so wird man auf weitere Stützen für die Theorie zweier Vasubandhus aufmerksam. Zu ihnen gehört, daß in der späteren Tradition unter dem Kriterium eines inhaltlichen Bezugs zum Sautrāntika stets von zwei Zweigen der nach ihrem Hauptgegenstand häufig als Vijñānavāda (= Lehre vom Bewußtsein, d.h. vom um sich wissenden Erkennen) bezeichneten Schule des Yogācāra gesprochen wird. Man unterscheidet ein im engeren Sinne Yogācāra-Vijñānavāda von einem Sautrāntika-Vijñānavāda: Im ersten Fall sind alle von den sechs Sinnen getragenen Unterscheidungen allein Leistungen des Bewußtseins, wie im Traum. Im zweiten Fall werden diese Unterscheidungen als einen Dualismus von Erkennendem und Erkanntem vortäuschende Objektivationen des Geistes, den Wellen auf dem Wasser gleichend, aufgefaßt.

Die Folge ist, daß im Yogācāra-Vijñānavāda das Erkennen mit einem der sechs Sinne als seinerseits von einem dieses Erkennen erinnernden Erkennen zweiter Stufe erkannt und damit schematisiert auftritt. Diese Schematisierungen gehören nach der Lehre von der Leerheit aber allein dem Erkennen zweiter Stufe an, auf der ersten Stufe gibt es nur singulare Erkenntnisvollzüge, nicht aber universale (mentale) Repräsentationen (ākāra): Objekt und Subjekt sind beide, weil vergegenständlicht, leer. Davon unterschieden tritt im Sautrāntika-Vijñānavāda das Erkennen mit einem der sechs Sinne stets zusammen mit einem Wissen um das Erkennen in Gestalt eines singularen (mentalen) Repräsentationsvollzugs (ākāra) auf. Aber dabei führt nur das Erkennen mit dem sechsten Sinn, das Denkbewußtsein, Schematisierungen mit sich, die das Subjekt des Erkennens, den Erkennenden (jñātṛ), und das Objekt des Erkennens, das Erkannte (jñeya), an den Erkenntnisleistungen aller sechs Sinne zu unterscheiden erzwingen: Das Subjekt tritt sowohl (universal) vergegenständlicht als auch im (singularen) Vollzug auf, es ist als seinerseits ein Objekt leer, aber als tätiges

Subjekt im Moment des Vollzugs um sich wissenden Erkennens wirklich.

Es gehört zu den Auffassungen des Sautrāntika, die Termini für Geist (citta) und für Bewußtsein (vijñāna) grundsätzlich koreferentiell zu gebrauchen, also mentales Tun und Um-dieses-Tun-Wissen miteinander zu identifizieren, so daß an die Stelle einer Hierarchisierung des Erkennens in logischen Stufen, wie im Yogācāra-Vijñānavāda, die Stratifizierung des Erkennens auf der Ebene der Erkenntnisvollzüge – Singularia lassen sich nicht in logischen Stufen ordnen – im Sautrāntika-Vijñānavāda tritt (vgl. Schmithausen 1967).

2. Fortsetzungen der Lehre vom Leeren in einer Philosophie des Geistes (vijñānavāda)

Nun besteht das Hauptinteresse des Vijñānavāda darin, die „These" des Madhyamaka ‚[alles ist] leer (śūnya)' von der Objektstufe auf die Metastufe auszudehnen. Es geht dann darum, sie auch in dem Fall zu analysieren, in dem die mit dem Handeln unter Einschluß des Wahrnehmens mit den fünf äußeren Sinnen und die mit dem Denken als sechstem inneren Sinn unter Einschluß des reflektierenden Denkens verbundenen praktischen und theoretischen Erkenntnisleistungen zu einem Gegenstand gemacht werden. Die „These" des Vijñānavāda erhält daraufhin die Gestalt ‚[alles ist] nur intentionales Bewußtsein (vijñaptimātra)'. Die Termini ‚vijñāna' und ‚vijñapti' sind hier so zu unterscheiden, daß ‚vijñāna' schlechthin eine um sich wissende mentale Handlung, ‚vijñapti' hingegen eine solche mentale Handlung als intentional und damit als auf etwas gerichtet vorstellt. Deshalb wird auf den Yogācāra-Vijñānavāda als Lehre vom Nur-intentionalen-Bewußtsein oder genauer als Yogācāra-Vijñaptimātratā Bezug genommen – gelegentlich auch als Mahāyāna-saṃgraha-śāstra-Schule nach einem Hauptwerk von Asaṅga – und später als ‚Lehre vom Keine-Repräsentationen [als Universalia im Erkenntnisprozeß mitsichführend]' (nirākāravāda) bezeichnet, während der Sautrāntika-Vijñānavāda als Lehre vom Nur-Geist (cittamātra) oder genauer als Sautrāntika-Vijñaptimātratā auftritt und später die Bezeichnung ‚Lehre von den [als Singularia im Erkenntnisprozeß] mitgeführten Repräsentationen' (sākāravāda) erhält.

Ursprünglich markieren cittamātratā und vijñaptimātratā die in einem historisch älteren Gewand auftretenden Lehrunterschiede zwischen den Werken Maitreyas und Asaṅgas und im übrigen auch zwischen dem Laṅkāvatāra-Sūtra (3./4. Jh.) und dem diesem vorangehenden Saṃdhinirmocana-Sūtra (1./2. Jh.). Sie dienten sogar zur Aufteilung der unter Asaṅgas Namen überlieferten Werke auf diese beiden Autoren und gehören zu den Gründen, Maitreya als eine historische Person anzusehen.

Die im Detail komplizierten und in ihrem historischen Zusammenhang von der Forschung noch längst nicht restlos geklärten Fortentwicklungen beider Zweige des Yogācāra erlauben es allerdings nicht, die Gleichsetzung des späteren nirākāravāda mit der vijñaptimātratā und des erstmals wohl von Bhāvaviveka dem Schüler Vasubandhus des Jüngeren, nämlich Dignāga, zugeschriebenen sākāravāda mit der cittamātratā für mehr als nur eine grobe Näherung zu halten. Hingegen sind die Lehrunterschiede zwischen der cittamātratā und der vijñaptimātratā durchaus ein brauchbares Instrument auch für die Aufteilung der unter dem Namen Vasubandhus überlieferten Werke auf die beiden Vasubandhus.

Vasubandhu der Ältere vertritt als der bedeutendste Kommentator sowohl der Werke seines Bruders Asaṅga als auch derjenigen von Asaṅgas Lehrer Maitreyanātha die vijñaptimātratā. Er hat einen Kommentar (bhāṣya) zu Asaṅgas Mahāyānasaṃgraha (= Zusammenfassung des Mahāyāna) verfaßt, daneben den an Asaṅgas Versteil anschließenden wesentlich umfangreicheren Prosateil einer systematischen Exposition des Yogācārabhūmi-Śāstra (= Lehrbuch von den Stufen der Ausübung des Yoga), die nur in der chinesischen Übersetzung von Hsüan-tsang (ca. 602–664) unter dem Titel Hsien-yang-sheng-chiao-lun (= Ausarbeitung der edlen Lehre) überliefert ist. Das Yogācārabhūmi-Śāstra hat als Grundtext des Yogācāra vermutlich dieser Schule ihren Namen gegeben. Es wird traditionell Maitreya oder Asaṅga zugeschrieben, ist aber wohl über mehrere Generationen entstanden. Als sein ältester Teil gilt die Bodhisattvabhūmi (= Stufe des erleuchteten Wesens), in der vor allem die Laufbahn eines Bodhisattva geschildert wird. Sie steht inhaltlich dem Mahāyānasūtrālaṃkāra nahe, der auf Grund textkritischer Untersuchungen von demselben Verfasser stammt wie der Madhyāntavibhāga, also von Maitreyanātha. Auch zu diesen beiden Werken Maitreyas und ebenso zu dessen Dharmadharmatāvibhāga hat Vasubandhu der Ältere je einen Kommentar geschrieben. Sein traditioneller Ruhm allerdings gründet sich auf Kommentare zu zahlreichen Mahāyāna-Sūtras, darunter auch zum Saddharmapuṇḍarīka-Sūtra und zum Daśabhūmika-Sūtra, einem Teil des umfangreichen Avataṃsaka-Sūtra, dessen Rezitation er unter anderem seine Bekehrung zum Yogācāra zu verdanken hatte. Gegen Ende seines Lebens, das er zum größten Teil als Wandermönch verbracht haben soll, wird Ayodhyā zeitweise Sitz des auch durch die Anwesenheit von Indiens größtem Dichter Kālidāsa – so jedenfalls vermutet man – glänzenden Hofes von Candragupta II. (376–415), des bedeutendsten Herrschers der Gupta-Dynastie (320–ca. 500), die Indien in einen nach brahmanischen Prinzipien hierarchisch geordneten Zentralstaat verwandelt hatte. An diesem Hofe war es wie auch andernorts Sitte, öffentliche Debatten zwischen Denkern verschiedener philosophischer Schulen zu veranstalten, die für den Sieger ehrende Belohnungen, für den Verlierer hingegen Schmach und Schande in verschiedener Gestalt, etwa öffentlicher körperlicher Züchtigungen, nach sich zogen. Eine solche Debatte ist in der von Paramārtha, dem Begründer des nirākāravāda in China, verfaßten Biographie Vasubandhus beschrieben worden. Sie sollte zwischen Vindhyavāsa, einem bedeutenden Sāṃkhya-Lehrer, und Vasubandhu dem Älteren stattfinden, dessen Part jedoch wegen Abwesenheit Vasubandhus von seinem hochbetagten Lehrer Buddhamitra übernommen werden mußte, nach dem späteren Bericht Hsüan-tsangs, eines sākāravādin, allerdings von seinem ebenfalls sehr alten Lehrer Manoratha (vgl. Beal

1906). Buddhamitra verlor in Anwesenheit Candraguptas II. die Debatte, was Vasubandhu nach seiner Rückkehr, als er dies erfuhr, so sehr erzürnte, daß er auf Revanche bestand und eine Streitschrift gegen das Sāṃkhya verfaßte, die Paramārthasaptati (= 70 [Strophen über den] höchsten Gegenstand), die jedoch leider nicht überliefert ist. Den Gewinn, eine hohe Summe in Gold, soll Vasubandhu zur Gründung dreier Klöster, eines für Mahāyānin, eines für Hīnayānin und eines für Nonnen verwendet haben. In Śākala, dem heutigen Siālkot, hat er nach Hsüan-tsangs Zeugnis sein vermutlich letztes, bemerkenswerterweise unkommentiert gebliebenes Werk, den Trisvabhāva-nirdeśa (= Darlegung der drei Eigennaturen), verfaßt, und in dieser Region soll er auch gestorben sein.

Über die Herkunft von Vasubandhu dem Jüngeren läßt sich aus der Überlieferung nichts entnehmen. Er muß sehr früh zu hohem Ansehen gelangt sein, sofern man die vielfältigen und heftigen zeitgenössischen Auseinandersetzungen um seine umfangreiche, vom Standpunkt des Sautrāntika vorgenommene Darstellung und Kommentierung der Dogmatik der Hīnayāna-Schule des Sarvāstivāda, Kārikā (Versteil) und Bhāṣya (Prosateil) des Abhidharmakośa (= Schatzkammer der Untersuchung der Lehre), als Kriterium heranzieht (vgl. die Inhaltsübersicht in: Chaudhuri ²1983). Es war der führende Vertreter des Neuen Sarvāstivāda, der im Jahre 489, kurz vor seinem Tode, nach China gekommene Saṅghabhadra, der insbesondere das Bhāṣya, weniger die Kārikā, von Vasubandhu heftig kritisierte und ihn zu einer öffentlichen Debatte herausforderte, die aber niemals stattgefunden hat. Durch Hsüantsang ist überliefert, Vasubandhu habe von ihm gesagt, seine geistigen Kräfte gingen zwar nicht tief, in der Argumentation hingegen sei er stets genau an der Sache orientiert (vgl. Anacker 1984, 23). Im ursprünglich unter dem Titel Pudgalapratiṣedha-prakaraṇa (= Abhandlung zur Zurückweisung der Person) selbständig verfaßten Buch IX des Koṣa verteidigt Vasubandhu der Jüngere das zentrale buddhistische Lehrstück vom Nichtselbst, den anātmavāda, gegen die Seelenlehre des Sāṃkhya und des Vaiśeṣika, aber auch gegen die für das Bestehen einer empirischen Person eintretende häretische buddhistische Schule der Vātsīputrīya-Sāṃmatīya. Die öffentliche Anerkennung Vasubandhus führte auch bei ihm zu einer Einladung an den Hof der Gupta-Herrscher in Ayodhyā, zu seiner Zeit Skandagupta Vikramāditya (455–467) und Narasiṃhagupta Bālāditya (467–473), der er gefolgt war. In dieser Zeit müssen auch die logischen Schriften entstanden sein, die nur in Fragmenten, zumeist Zitaten in anderen Texten, überliefert sind. Allein der Vādavidhi (= Vorschrift für Disputationen) konnte von Frauwallner (1957) so weit rekonstruiert werden, daß sich ein Bild seines Inhalts und seiner Rolle für die Bildung der logischen Schule des Buddhismus durch Dignāga gewinnen läßt. Ob Vasubandhu von Dignāga in Ayodhyā aufgesucht worden ist oder ob sich beide bei einem Aufenthalt an der Universität in Nālandā begegnet sind, läßt sich jedoch nicht feststellen.

Zwei weitere, nur in tibetischer und chinesischer Übersetzung überlieferte Werke sind so deutlich vom Standpunkt des Sautrāntika aus verfaßt, daß trotz ihres Rückgriffs auf charakteristische Theoriestücke des Vijñānavāda Uneinigkeit darüber herrscht, ob bei ihrer Abfassung Vasubandhu bereits zum Mahāyāna übergetreten war oder ob sie nicht eher als Zeugnisse des systematischen Zusammenhangs des Sautrāntika mit dem cittamātratā-Zweig des Yogācāra gelesen werden sollten. Es handelt sich zum einen um eine auf die Analyse der buddhistischen Meditationsstufen gestützte kritische Neufassung des alten Lehrstücks von den fünf Aneignungsgruppen, die eine Person ausmachen, das Pañcaskandhaka-prakaraṇa (= Abhandlung über die fünf Gruppen), und zum anderen um eine Verteidigung der Karmalehre auf der Basis der streng verstandenen Leerheit der Daseinsfaktoren (dharmanairātmya) gegen die Einwände des Sarvāstivāda, das Karma-siddhi-prakaraṇa (= Abhandlung über den Nachweis der [allein auf Intentionalität beruhenden Kausalität der] Handlung). Die Verteidigung bedient sich der im Vādavidhi und im nur in wenigen Textfragmenten verfügbaren Vādavidhāna weiterentwickelten systematischen Verknüpfung der Methoden der indischen Debattenlehre (vāda-vidyā) mit denen der indischen Erkenntnistheorie (pramāṇa-śāstra). Dazu gehört zum Beispiel die erstmals klar artikulierte Beschränkung auf die beiden Erkenntnismittel (pramāṇa) der Wahrnehmung (pratyakṣa) und der Schlußfolgerung (anumāna) mit der Begründung, daß man sich der Wahrnehmung in der Argumentation mit sich selbst, der Schlußfolgerung hingegen in der Argumentation mit anderen bediene.

Der in der indischen Logik zur Darstellung einer Schlußfolgerung übliche „fünfgliedrige Satzzusammenhang" (pañcāvayava vākya) läßt sich daraufhin für den Zweck einer Argumentation mit sich selbst auf die ersten drei Glieder, den Beweis (sādhana), einschränken. Im nächsten Kapitel werden die fünf Glieder – es sind: Behauptung, Grund, Beispiel und Gegenbeispiel, Anwendung, Schluß in Gestalt der nunmehr bewiesenen Behauptung – anhand des klassischen Paradigmas vom Feuer auf dem Berg, *weil* auf dem Berg Rauch ist, noch genauer erörtert.

Auch das Pañcaskandhaka-prakaraṇa ist indirekt eine Auseinandersetzung mit dem Sarvāstivāda, insofern Vasubandhu hier den Abhidharmasamuccaya Asaṅgas kritisch bearbeitet, der auf Grund der Herkunft Asaṅgas inhaltlich von den Auffassungen der dem Sarvāstivāda nahestehenden Mahīśāsaka-Schule abhängig ist. Das Pañcaskandhaka-prakaraṇa kann als komplementär zum Karma-siddhi-prakaraṇa verstanden werden, weil nicht das „Anhaften" (upādāna) durch das für die Zusammenhänge zwischen Handlungen verantwortliche bewußte Wollen (cetana), wie in der Karma-siddhi, sondern das Anhaften durch das für die Zusammenhänge im Denken verantwortliche bewußte Unterscheiden (vikalpa) im Mittelpunkt steht.

Es gehört zu den für den historischen Erfolg des Yogācāra und zugleich den für die systematische Tragfähigkeit buddhistischen Denkens bis heute entscheidenden Leistungen Vasubandhus des Jüngeren, die auch in der indischen Tradition sonst übliche Einteilung der Tätigkeitsbereiche – sie gelten im Vedānta als die Erscheinungsweisen des Selbst (ātman) – begrifflich neu strukturiert zu haben. Allerdings war die traditionelle Einteilung der Tätigkeitsbereiche in solche des Handelns oder körperlichen (kāyika) Tuns, des Denkens oder mentalen (manasa) Tuns und des Sprechens oder verbalen (vācika) Tuns, mit ihren Resultaten Tat (kriyā), Form (rūpa) und Name (nāma), bereits im Hīnayāna mit der Systematisierung der Lehre von den fünf Aneignungsgruppen derart gegeneinander durchlässig gemacht worden, daß an jedem Bereich Daseinsfaktoren grundsätzlich aller Gruppen beteiligt sind. Vasubandhu aber bedient sich bei der Neustrukturierung des Gesichtspunkts der im Sautrāntika artikulierten gegenseitigen Abhängigkeit von universaler Schematisierung und singularer Aktualisierung, also von kognitiver Vergegenständlichung und pragmatischem Vollzug.

Gleichgültig auf welcher logischen Stufe schematisierende Kognitionen auftreten, ob auf der Stufe gewöhnlicher Handlungskompetenz, meditativer eingeschlossen, also eines *Könnens*, oder auf der Metastufe der Wahrnehmungskompetenz mit allen sechs Sinnen, der fünf äußeren und des inneren Denksinns, und daher eines *Kennens*, oder auf der Reflexionsstufe des Verfügens über Erkenntnis, eines *Wissens*, in allen diesen Fällen gehören die zugehörigen aktualisierenden Vollzüge keiner Stufe mehr an, weil sie weder selbst einen Gegenstand bilden, noch etwas zum Gegenstand haben, noch an einem Gegenstand stattfinden.

Die schon im frühen Buddhismus vertretene Korreferenzialität der nur durch die von Schematisierungen gebildete Gegebenheitsweise, also den „Sinn", voneinander unterschiedenen Ausdrücke für Geist (citta), Denken (manas) und Bewußtsein (vijñāna) kann von Vasubandhu dem Jüngeren unter dem, auch im Laṅkāvatāra-Sūtra die zentrale Rolle spielenden, Titel ‚Nur-Geist' (cittamātra) beibehalten und durch Stadien eines Prozesses der „Umwandlung des Bewußtseins" (vijñāna-pariṇāma) als in sich gegliedert näher bestimmt werden. Man muß sich nur sehr davor hüten, die nicht nur bei modernen Interpreten, sondern auch schon in der Tradition verbreitete Deutung der „These" ‚alles ist Nur-Geist' als Leugnung der Realität der Außenwelt zugunsten einer Anerkennung allein der Innenwelt für zutreffend zu halten (vgl. Wood 1991). Eine zeitgenössische, auf dieser Deutung beruhende Kritik ist zum Beispiel im sogenannten Vṛttikāragrantha überliefert (vgl. Frauwallner 1972). Es handelt sich dabei um einen von Śabara (2. Hälfte des 5. Jh.s), einem Kommentator des Mīmāṃsā-Sūtra (durch das die nichtbuddhistische, einen erkenntnistheoretischen Realismus vertretende Schule der Mīmāṃsā begründet wurde) in seinen Kommentar, das Śābarabhāṣya, eingefügten Abschnitt eines anonymen Autors. Das Yogācāra vertritt ebensowenig einen Idealismus wie das Madhyamaka einen Nihilismus.

Auch im Yogācāra, ganz besonders bei Vasubandhu dem Jüngeren, aber auch bei den anderen Vertretern dieser Schule, wenngleich nicht immer in derselben begrifflichen Präzision, ist die von Nāgārjuna verteidigte und das Madhyamaka charakterisierende Lesart des ‚alles ist leer' – allein Vollzüge sind wirklich, Schematisierungen fingieren – niemals aufgegeben, vielmehr konsequent weitergeführt worden (vgl. Rahula 1978). Denn im Prozeß der Umwandlung des Bewußtseins geht es letztlich darum, auch vom citta frei zu werden, sich allein im Vollzug zu befinden, was als Zustand des Zur-Ruhe-Kommens oder nirvāṇa ein von der totalen Schematisierung, der gegenseitigen Vertretbarkeit beliebiger Vollzüge, nicht mehr unterscheidbarer Zustand ist. Damit erklärt sich auch die verbreitete Charakterisierung mahāyānischer Positionen als monistisch, was aber angesichts der von allen buddhistischen Denkern vermittelten Einübung in Positionslosigkeit eine im höchsten Grade mißverständliche Ausdrucksweise ist. Wesentlich geeigneter, wenngleich interpretationsbedürftig, sind die beiden im Madhyamaka und im Yogācāra als Charakterisierung ihrer jeweiligen Lehre von den Daseinsfaktoren verwendeten Formeln. Im Madhyamaka sagt man von ihnen: Weder existieren sie noch existieren sie nicht, weil vom Standpunkt des (singularen) Vollzugs her gesprochen wird, der in der Darstellung nur schematisiert auftreten kann; im Yogācāra hingegen lautet die Formel: Sowohl existieren sie als auch existieren sie nicht, weil hier der Standpunkt der (universalen) Darstellung eingenommen wird, das Darstellende ohne Dargestelltes bleibt.

3. Vom Bewußtsein

Die drei Stadien des von Vasubandhu dem Jüngeren erstmals eingeführten Prozesses einer Umwandlung des Bewußtseins spielen eine wichtige Rolle auch in den beiden historisch einflußreichsten, unter dem Titel Vijñaptimātratā-siddhi (= Nachweis, daß [alles] nur intentionales Bewußtsein ist) zusammengefaßten Traktate, der Viṃśatikā (= in zwanzig [Versen], zu der auch ein Prosakommentar [vṛtti] Vasubandhus überliefert ist) und der für das Yogācāra speziell in China und Japan als grundlegend angesehenen Triṃśikā (= in dreißig [Versen]). Letzterer ist vermutlich sein letztes in Kauśāmbī verfaßtes Werk, weil er, nach Ayodhyā zurückgekehrt, dort gestorben sein soll, bevor er auch dazu einen Kommentar verfassen konnte.

Obwohl in der Triṃśikā (anders als in der Viṃśatikā, kaum noch Spuren eines Einflusses durch den Sautrāntika zu finden sind (vgl. Schmithausen 1967), auch Vasubandhu der Jüngere schließlich den nirākāravāda vertritt, läßt sich der Gedanke von der Umwandlung des Bewußtseins in drei Stadien unabhängig von dieser Differenz entwickeln. Dieser Gedanke ist noch nicht bei Vasubandhu dem Älteren zu finden, obwohl er auf der bei Asaṅga aus Vorstufen heraus entwickelten und für das Yogācāra charakteristischen Erweiterung der klassischen sechs Sinnesbewußtseine um zwei weitere Arten von Bewußtsein (vijñāna) beruht (vgl. Schmithausen 1987): zum einen das „Grundbewußtsein" (ālaya-vijñāna, wörtl.: Speicherbewußtsein) und zum anderen das „Subjektbewußtsein" (kliṣṭa-manas, wörtl.: beflecktes Denken; auch: mano-vijñāna, also „Denkbewußtsein", aber hier nicht als das sechste Sinnesbewußtsein, sondern, metastufig, als An-der-Empfindung-eines-Ich-haftendes-Bewußtsein; zur besseren Unterscheidung deshalb auch: manana-vijñāna). Die ursprünglichen sechs Sinnesbewußtseine gelten dann, wie schon in der Abhidharma-Literatur des Hīnayāna ausgearbeitet, insgesamt als „Objektbewußtsein" (viṣaya vijñapti, wörtl.: ein Objekt intendierendes Bewußtsein). Die drei Stadien der Umwandlung des Bewußtseins sind daraufhin: Grundbewußtsein – Subjektbewußtsein – Objektbewußtsein, und sie lassen sich der Reihe nach im Sinne der oben auseinandergesetzten schematisierenden Kognitionen im Können, Kennen und Wissen verstehen, sind also nichts anderes als Konstitutionsleistungen, zunächst des sowohl Handlungssubjekt als auch Handlungsobjekt noch nicht explizit aus Handlungen ausgliedernden Handlungsfeldes, daran anschließend der Subjekte (sattva) und Objekte (bhūta) als eigenständiger Gegenstandsbereiche (bhāva).

Der Kern dieser Überlegungen allerdings besteht in der Vermittlung der Einsicht, daß alle diese schematisierenden Kognitionen von aktualisierenden Aktionen abhängen und umgekehrt, was nur im Umwandlungsprozeß selbst, aufbauend als schrittweise komplexer werdende distanzierende Vergegenständlichung durch Zeichenbildung und abbauend als schrittweise undifferenzierter werdende aneignende Verwirklichung in Handlungsvollzügen begriffen werden kann. Dem Aufbau der Welt in distanzierender Vergegenständlichung (was den Gegenpol eines jeweils erkennenden Subjekts einschließt) steht der Abbau des Ich in nur metaphorisch auch als „Aneignung" zu bezeichnenden Vollzügen gegenüber, die mit der Aufhebung des Gegenübers einer Welt von Partikularia einhergehen.

Die Perspektive des saṃsāra mit den Daseinsfaktoren im universalen Aspekt und die Perspektive des nirvāṇa mit den Daseinsfaktoren im singularen Aspekt sind zwei allein in der Beschreibung voneinander unterschiedene „Sachen", nämlich das Sosein (tathatā) als das Dharmasein (dharmatā) der Daseinsfaktoren und damit ihre Leerheit (śūnyatā).

Vom Laṅkāvatāra-Sūtra wird dies im Unterschied zu Nāgārjunas negativer Bestimmung einer Ununterscheidbarkeit der beiden Perspektiven positiv als Selbigkeit von nirvāṇa und saṃsāra bekräftigt, während Vasubandhu beide Formulierungen vermeidet, weil sie vom gerade eingenommenen Stadium im Prozeß der Umwandlung des Bewußtseins abhängen, dieser Prozeß aber selbst, als Objekt einer Darstellung, natürlich „leer", also bloß fingiert ist. Allein die singularen Vollzüge sind real, auch bei diesem höherstufigen Prozeß der Bewußtseinsumwandlung, nicht anders als beim Können, Kennen und Wissen, die in diesem Umwandlungsprozeß – er ist in diesem Moment wieder Gegenstand einer Darstellung! – miteinander verknüpft werden und so als voneinander abhängig erkannt sind.

In der Viṃśatikā, Kārikā und Vṛtti, steht dieser Prozeß der Bewußtseinsumwandlung noch ganz im Dienst einer scharfsinnigen Auseinandersetzung mit realistischen Erkenntnistheorien und der zugehörigen Korrespondenztheorie der Wahrheit, wie sie sowohl auf der Grundlage einer Theorie des Aufbaus der Welt aus Atomen (paramāṇu) im nichtbuddhistischen System des Vaiśeṣika als auch in der wesentlich differenzierteren Form des kṣaṇikavāda (= Lehre von den Momenten) vertreten wird. Der kṣaṇikavāda erscheint im Sarvāstivāda mit der These, daß Atome zu einer Vielheit durch Zusammensetzung (saṅghāta) verbunden sind, und im Sautrāntika mit der These, daß sie zu einer Einheit durch Verschmelzung (saṃyoga) verbunden sind. In allen Fällen werden Widersprüche abgeleitet, was sich hätte vermeiden lassen – so darf man ergänzen – wäre die vorangegangene erneute Klarstellung beherzigt worden, daß sowohl der Erkennende als auch das Erkannte auf Grund der Wesenlosigkeit der Personen (pudgalanairātmya) und der Daseinsfaktoren (dharma-nairātmya) als bloß vorgestellt (kalpita) zu gelten haben. Besonders instruktiv ist dies an der Widerlegung der Atomtheorie in Viṃśatikā 11–15 ablesbar, ebenso an der vorangegangenen Zurückweisung der Deutung des klassischen Lehrstücks von den zwölf Bereichen (āyatana) – d.s. die sechs Sinnesorgane und die sechs zugehörigen Sinnesobjekte – als Stütze für eine Korrespondenztheorie der Wahrheit (vgl. Kochumuttom 1982, 164-196). An dieser Stelle findet sich auch der für das Yogācāra zentrale Hinweis, daß sich die Wesenlosigkeit natürlich nur auf die Darstellungsebene bezieht. Aus der Darstellung mit Hilfe eines Allgemeinen darf nicht auf die Existenz eines Allgemeinen als Dargestelltes geschlossen werden. Es gibt aber daneben selbstverständlich das nichtartikulierbare (anabhilapya) Wirkliche als

„Objekt" nur Erleuchteten zugänglicher Erkenntnis, eben der singulare Vollzug ohne mitvollzogene Schematisierung. In der Übersetzung Stefan Anackers (1984, 184) wird dies wie folgt wiedergegeben: „The interdependent [d.i. das Abhängige als tätiges citta] without the constructed [d.i. das Vorgestellte, wenn das Tätigsein als Darstellen auftritt] is the fulfilled [d.i. das Vollkommene, also der reine Vollzug]". Die am Ende der Viṃśatikā auseinandergesetzte Abhängigkeit jedes Objekts der Erkenntnis vom Erkennen eines Subjekts, also von Ontologie und Epistemologie, die je nach Bewußtseinsstadium nur verschieden ausfällt, weist voraus auf eine dem philosophischen Pragmatismus nahestehende Erkenntnistheorie und erklärt die in der indischen Tradition in der Zeit nach der Jahrtausendwende bemerkte Annäherung des Prabhākara-Zweiges der Mīmāṃsā an das Yogācāra. Prabhākara (ca. 650–720) hatte nämlich eine strenge Korrelativität von Selbstbewußtsein und Objektbewußtheit im Erkenntnisakt gegen seinen Lehrer Kumārila (ca. 620–680) verteidigt.

Die Triṃśikā schließlich ist eine rein systematisch vorgehende Entfaltung der Idee von der Bewußtseinsumwandlung (vijñāna-pariṇāma), die als Quintessenz des Yogācāra den nirākāravāda so vertritt, daß er mit dem sākāravāda wegen der sorgfältigen Unterscheidung einer (mentalen) Repräsentation (ākāra) im Vollzug, wie im sākāravāda, und als Gegenstand, wie im nirākāravāda, nicht mehr konkurriert. Die Hierarchisierung im Prozeß der Gegenstandsbildung mit Hilfe von Schematisierungen ist ebenso unerläßlich wie die Stratifizierung der Vollzüge, weil eine Unterscheidung zwischen den Vollzügen von Schematisierungen verschiedener Stufen – sie werden von Vasubandhu in die kanonische Gestalt der epistemischen Subjekt-Objekt-Differenz gebracht – nicht mehr vorgenommen werden kann. Ist man sich klar darüber, daß die Rede vom Geist (citta) bei Vasubandhu und grundsätzlich auch bei den anderen Yogācārin den semiotischen, also zeichen- oder schemabildenden Anteil *jeder* Handlung und nicht nur der bereits logisch höherstufigen mentalen Handlungen betrifft, so darf die Triṃśikā als eine konsequent durchgeführte

„Philosophie des Geistes“ angesehen werden. Sie beruht auf der Einsicht, daß Gegenstand und Gegebenheitsweise eines Gegenstandes, also objektiver und subjektiver Aspekt im Prozeß der Vergegenständlichung – genau das ist der Prozeß der Bewußtseinsumwandlung – der nur singular als wirklich geltenden Lebensvollzüge untrennbar miteinander verbunden sind. Eben dies wird bereits in der ersten Kārikā der Triṃśikā formuliert:

In der Tat ist der Gebrauch von ‚ātman‘ und ‚dharma‘ [d. s. subjektiver und objektiver Aspekt] verschiedenartig; er betrifft die Bewußtseinsumwandlung, und diese Umwandlung ist dreifach [d. h. Grundbewußtsein, Subjektbewußtsein und Objektbewußtsein].

Daß die Rede vom Geist den semiotischen Anteil jeder Handlung und nicht nur denjenigen mentaler Handlungen betrifft, sieht man sehr schön an der Erklärung einer korporalen im Unterschied zu einer mentalen oder verbalen Handlung in Vasubandhus Karmasiddhi-prakaraṇa (§§ 45 f.). Dort wird zunächst die Intention einer Handlung im allgemeinen im Denken (manas) verankert. Anschließend ist eine körperliche Handlung im besonderen dadurch ausgezeichnet, daß neben der Handlungsplanung und der Handlungsentscheidung ausdrücklich noch ein Den-Körper-in-Bewegung-Setzen für die Handlungsausführung herangezogen wird. Das aber bedeutet, daß eine dem Geist zuzurechnende Schematisierung schon auf der Handlungsebene noch vor jeder mentalen oder sprachlichen Artikulation auftritt (vgl. Anacker 1984, 118).

Die Bedeutung der Triṃśikā ist schon von Zeitgenossen und Denkern der Zeit nach Vasubandhu d. J. erkannt worden, wie sich an der großen Zahl von wichtigen Kommentaren ablesen läßt. Traditionell werden allein zehn indische Kommentare genannt, unter denen das Bhāṣya des nirākāravādin Sthiramati (ca. 470–550) von der Klosteruniversität Valabhī (eine für das Verständnis der Rezeption der Triṃśika im Yogācāra unerläßliche Quelle) im Original überliefert ist. Der Konkurrent Sthiramatis an der Klosteruniversität Nālandā, der sākāravādin Dharmapāla (ca. 530–561), hat seinen eigenen Kommentar, das nur in der chinesischen Übersetzung durch Hsüan-tsang überlieferte Vijñaptimātratāsiddhi-śāstra, aus allen zehn indischen Kommentaren kompiliert und dabei Weiterführungen der cittamātratā eingeleitet, die neben der Einführung eines vierten Bewußtseinstadiums unter anderem auch von Arbeiten Dignāgas Gebrauch machen, in ihren Konsequenzen aber noch nicht hinreichend erforscht sind (vgl. Nakamura 1980, 277ff.).

Es ist schon oft bemerkt worden, daß die für das Yogācāra charakteristischen, in Vorformen schon im Yogācārabhūmiśāstra enthaltenen drei Bewußtseinsarten, die von Vasubandhu dem Jüngeren für seine Lehre von der Umwandlung des Bewußtseins verwendet werden, wegen ihrer doppelten Funktion, sowohl dem Aufbau der Welt als auch dem Abbau des Ich zu dienen, – auf eine ganz ähnliche Doppelrolle der Evolutionskonstruktion im System des Sāṃkhya verweisen (vgl. Kochumuttom 1982, 219–222; Schmithausen 1987, I § 2.12).

Im Sāṃkhya dient die Evolution aller Wirklichkeitsbestandteile (tattva) aus einer aktiven „Urmaterie" (mūla-prakṛti) dem Aufbau einer universell-kosmologisch verstandenen Ursachenkette, um eine Erklärung für den in umgekehrter Richtung verlaufenden individuell-anthropologisch in der Yogapraxis verankerten Erlösungsprozeß zu gewinnen. Mit nur wenigen, teils terminologischen, teils systematischen Abänderungen – zum Beispiel muß die Rolle des passiven Geistes (puruṣa) jenseits der Vielzahl individueller Personen, die ihn zu verkörpern scheinen, eliminiert werden – kann das erste Evolutionsprodukt, die buddhi, versteht man sie als Fähigkeit zu praktischen Unterscheidungsleistungen, mit dem Grundbewußtsein (ālayavijñāna) gleichgesetzt werden. Im Madhyānta-vibhāga Maitreyas tritt statt dessen der den Sāṃkhya-Vorstellungen noch näher stehende Terminus ‚pratyaya-vijñāna', „Bewußtsein der Bedingung [für alles sich daraus Entwickelnde]", auf. Und im Kommentar dazu, dem Madhyāntavibhāga-bhāṣya Vasubandhus des Älteren, steht als Entsprechung für alles sich aus der buddhi Entwickelnde, die buddhivṛtti, der Ausdruck ‚pravṛttivijñāna', „Bewußtsein des zum Vorschein Gekommenen". Dabei entspricht die Rolle des daraus ausgegliederten und dem Objektbewußtsein mit seinen sechs Sinnesbewußtseinen vorangestellten Subjektbewußtseins recht präzise derjenigen des aus der buddhi hervorgehenden ahaṃkāra, des „Ichmachers", dem nacheinander das Denkvermögen (manas) und die fünf sinnlichen Erkenntnisvermögen (buddhīndriyāni) nachfolgen.

Der Einfluß des Sāṃkhya auf das Yogācāra – zumal beide von den Erfahrungen einer Meditationspraxis ausgehen und sie als lebensdienliche Erkenntnisleistungen zu verstehen suchen – wird heute von niemandem mehr ernsthaft in Zweifel gezogen.

Zu den ebenfalls in beiden Zweigen des Yogācāra vertretenen Lehren gehört die bereits im Saṃdhinirmocana-Sūtra programmatisch vorgetragene Vorstellung von drei Merkmalen (lakṣaṇa) als den „drei Eigennaturen" (trisvabhāva) der Daseinsfaktoren. Wegen der Verwandtschaft mit Vorstellungen, die sich in der Satyasiddhi (= Nachweis der Wahrheit) des Sautrāntika-Autors Harivarman (3. Jh.) finden, muß vermutet werden, daß auch in diesem Fall Einflüsse des Sautrāntika vorliegen, zumal citta dabei als Oberbegriff für alle Stadien des vijñāna verwendet wird. Es unterliegt deshalb weiterhin einer gewissen Unsicherheit, ob es wirklich Vasubandhu der Ältere war, der im Trisvabhāva-nirdeśa, einem knappen Werk von nur 38 Versen, dieses Lehrstück im Kontext der Lehre von den acht Bewußtseinsarten systematisch auseinandergesetzt hat, oder ob Vasubandhu der Ältere vielleicht am Ende seines Lebens eher der cittamātratā Maitreyas folgt als der vijñaptimātratā Asaṅgas, so wie auch Vasubandhu der Jüngere mit seinem letzten Werk, der Triṃśikā, genau umgekehrt ein nirākāravādin geworden ist. Der Trisvabhāva-nirdeśa beginnt wie folgt:

(1) Das Vorgestellte (kalpita; auch: parikalpita), das Abhängige (paratantra) und das Vollkommene (pariniṣpanna), das sind die drei Eigennaturen, die die Einsichtigen gründlich erkennen sollten.

(2) Das, was erscheint, ist das Abhängige; wie es erscheint, ist das Vorgestellte. [Das Abhängige] entsteht nämlich abhängig von Bedingungen, [das Vorgestellte hingegen] ist bloß eine mentale Konstruktion (kalpanā).

(3) Das andauernde Fehlen des Wie des Erscheinens in dem, was erscheint, [erlaubt es,] die Eigennatur des Vollkommenen zu erkennen.

(4) Was ist das, was erscheint? Es ist das Setzen des Nichtseienden (asatkalpa; auch: abhūta-parikalpa). Wie erscheint es? In Gestalt einer Dyade (dvayātman). Durch deren Nichtexistenz [ergibt sich] das Dharmasein [d.h. die eigenschaftliche Natur] der Nichtdualität.

(5) Was ist das Setzen des Nichtseienden? Es ist der Geist (citta), durch den das [Nichtseiende] gesetzt wird. [So,] wie er das Objekt setzt, kann es unter keinen Umständen gefunden werden.

(6) Der Geist tritt in zwei Aspekten auf, als Ursache (hetu) und als Wirkung (phala, wörtl.: Frucht). Man nennt ihn [als Ursache] das Grundbewußtsein (ālaya-vijñāna), [als Wirkung] das Zum-Vorschein-gekommene-Bewußtsein (pravṛtti-vijñāna), und das ist siebenfach.

[...]

(8) Alles in allem ist [der Geist als] Setzen von Nichtobjekten von dreifacher Art: zur Reife (vipāka) bringend, mit Kennzeichen (nimitta) versehen, Erscheinungen (pratibhāsa) erzeugend.

(9) Die erste [Art ist] das Grundbewußtsein, weil dessen Wesen das Zur-Reife-Bringen ist; [die] anderen [Arten sind zusammengenommen] das Zum-Vorschein-gekommene-Bewußtsein, weil es den Zustand des Wissens um die Unterscheidung von [im Falle des Sehbewußtseins] Gesehenem (dṛśya) und Seher (dṛg) bedingt (zitiert nach: Schumann ²1995, 106–114; Sanskrittext mit engl. Übers. in: Anacker 1984, 287–297 u. 464–466).

Das Bemerkenswerte dieses Werkes, das zugleich auch die besondere Schwierigkeit seines Verständnisses ausmacht, läßt sich an dem zitierten Textstück daran erkennen, daß vom Geist (citta), der erscheint, sowohl gegenständlich – im Aspekt der Ursache als Grundbewußtsein und im Aspekt der Wirkung als Subjektbewußtsein und Objektbewußtsein – gesprochen wird, als auch unter Bezug auf den Vollzugsaspekt, also die singularen Akte des Zur-Erscheinung-Bringens auf allen Stufen, vom schlichten Handlungsvollzug – auch der ist zugleich ein Erkenntnisvollzug – bis hin zum unterscheidenden Vorstellen. Das Kriterium für die strenge Singularität eines Vollzugs ist dabei das Zur-Erscheinung-Bringen eines Nichtseienden, also der Vollzug des Nicht-Unterscheidens von Handlungssubjekt und Handlungsobjekt, der „Zweiheit" (dvaya), an der Handlung.

Die noch ohne die Begriffsbildung einer Bewußtseinsumwandlung behandelten Bewußtseinsstadien sind dabei so unterschieden, daß im Stadium des Grundbewußtseins die Samen (bīja) der Daseinsfaktoren zur Reifung, nämlich Bewußtwerdung, anstehen. Es handelt sich bei diesen Samen um die nur praktisch als ein geerbtes oder auch selbsterworbenes Können auftretenden Handlungsschemata, noch ohne deren Artikulation im Denken oder Sprechen, die durch Intentionalität den Handlungszusammenhang und so das den Bedingungszusammenhang der Daseinsfaktoren regierende Gesetz der Tatvergeltung (karman) erzeugen. Dies macht sich zunächst im Übergangsstadium des Subjektbewußtseins bemerkbar, nämlich als Fixierung eines sich durch die verschiedenen Handlungen als jeweiliges Kennzeichen durchhaltenden Handlungssubjekts und damit als an-der-Empfindung-eines-Ich-haftenden, daher „befleckten" (kliṣṭa) Ich-Bewußtseins. Die Kehrseite davon wird schließlich im dritten Stadium des Objektbewußtseins offenbar, und zwar in Gestalt einer Gliederung des dem Subjekt gegenüberstehenden Flusses unablässiger Handlungsvollzüge, wobei deren bloß praktische Schematisierungen eingeschlossen sind. Es handelt sich um die Gliederung in Partikularia mit Hilfe unterscheidenden Vorstellens (vikalpa/parikalpa). Dies führt zu einem gemäß den sechs Sinnen differenzierten Setzen (kalpa) von Objekten, die so zur Erscheinung gebracht werden. Diese Redeweise verallgemeinernd heißen auch die Daseinsfaktoren Erscheinungen (pratibhāsa) ihrer Samen.

Das Durchlaufen der Stadien in dieser Reihenfolge, der „Aufbau der Welt", wird nun in späteren Versen des Trisvabhāva-nirdeśa ausdrücklich als gewöhnlichem Handeln und Sprachgebrauch (vyavahāra) folgend charakterisiert. Um aber zu verstehen, was dabei passiert, muß begriffen werden, daß es stets nur die Handlungsvollzüge selbst – gleichgültig welcher logischen Stufe – sind, die sich als wirklich vor ihren bloß fingierenden Schematisierungen auszeichnen.

Nirgends besser als an dieser Stelle kann man die durchgehend praktische Orientierung buddhistischer Philosophie studieren und die Abkehr, ja sogar Abwertung von Theorien beobachten, sollten sie um ihrer selbst willen als „Positionen" vertreten werden, statt wiederum nur einer heilsamen, individuelle und soziale Orientierung nicht mehr unterscheidenden

Lebensführung zu dienen. Im späten Mahāyāna wird man dafür sagen, daß allein gegenstandslose Weisheit (prajñā) in der eigenen Lebensführung und absichtslose Mittel (upāya) zur Hilfe bei der Lebensführung von anderen zählen. Es ist dies eine systematisierende Zusammenfassung der frühbuddhistischen Lehre vom Erkennen der vier Wahrheiten über das Leiden und dem Erlangen der vier Unermeßlichkeiten: Güte, Mitleid, Heiterkeit und Gleichmut.

4. Vom Geist

Es geht darum, den Geist, also kognitive Tätigkeit jeder Stufe – und auch schon elementares Handeln gehört dazu – in seinen beiden Aspekten, dem semiotischen bei der distanzierenden Vergegenständlichung durch Schematisierung und dem pragmatischen bei der aneignenden Verwirklichung durch Aktualisierung, praktisch und theoretisch zu begreifen. Mentale Bilder und verbale Artikulationen sind Wirkungen bereits im Handeln vorgenommener Schematisierungen als Ursachen. Das Erkennen dieses so vergegenständlichten Zusammenhangs aber ist aus genau diesem Grunde seinerseits eine bloße Fiktion, ein Zustand des Grund- und Objektbewußtsein vermittelnden Subjektbewußtseins, des „befleckten Denkens“ (kliṣṭa manas), durch die epistemologisch als Subjekt-Objekt-Spaltung auftretende Dualität der Dyade ‚Ich und Nicht-Ich‘.

Erst in der Aufhebung auch des Geistes, also der nicht mehr artikulierbaren Aufhebung der Unterscheidung zwischen singularem Vollzug und universalem Schema durch eine Verschmelzung von Handlungsebene und Zeichenebene (dessen Einübung später im Mittelpunkt des Zen-Buddhismus steht) ist das höchste Wissen vom Sosein (tathatā) vollzogen.

Der im Zen dafür schon im 6. Jahrhundert vom 3. chinesischen Ch'an-Patriarchen Seng-ts'an eingeführte terminus technicus ist ‚nicht-denkendes Denken‘ (chines.: fei-ssu-liang; jap.: hishiryō). Mit ihm soll die vorstellungslose und intentionslose Bewußtheit „nach“ der Erleuchtung, der „nichtanhaftende Geist“ (apraṣṭhita citta), als Verschmelzung von Geist (chines.: hsin; jap.: shin) und Nicht-Geist (chines.: wu-hsin; jap.: mu-shin) wiedergegeben werden.

Aber schon im Yogācāra wurde es als ein Problem erkannt, einerseits das Wissen um die Nicht-Dualität, also die Leerheit (śūnyatā) der Dualität (dvaya), durch eine Kognition, also den Vollzug einer Zeichenhandlung auszudrücken, andererseits dies aber als Aufhebung jeglichen Bewußtseins kenntlich zu machen, weil es im Vollzug allein keine Unterscheidung mehr von einem Wissen um ihn gibt. Das rührt daher, daß die als Ursachen für den Bedingungszusammenhang der Daseinsfaktoren auftretenden Samen des Grundbewußtseins, die wie ein Duft (vāsanā) den Speicher (ālaya) durchdringen und ihn sowohl „verunreinigen“ als auch individuieren, im Vollzug verschwunden sind. Es tritt dann das „ursprüngliche reine Leuchten des Geistes“ (cittasya prakṛti-prabhasvāratā), der „Geist der Erleuchtung“ (bodhicitta), hervor (vgl. Nakamura 1980, 170). Diese Ausdrucksweise kehrt später ganz ähnlich in der Charakterisierung des japanischen Sōtō-Zen als Zen des „schweigenden Leuchtens“ wieder, und zwar deshalb, weil für diesen Zen-Zweig das Verfahren des meditativen Hockens (chines.: tso-ch'an,; jap.: zazen) institutionalisiert worden ist.

Das genannte Problem wurde schließlich dadurch gelöst, daß man die zweifache Perspektive gegenüber den Daseinsfaktoren, zum einen als singulare Vollzüge und zum anderen als universale Schemata ausdrücklich auf das Grundbewußtsein anwendete. Das ālaya ist als Möglichkeit der Unterscheidungen die nicht in Bezug auf Personen individuierte dynamische, in ständigem momentanen, also keine Zeit in Anspruch nehmenden Entstehen und Vergehen begriffene Gesamtheit der Singularia und nicht etwa deren Behältnis, wie man es auch Dharmapālas Kommentar zur Triṃśikā entnehmen kann (Vijñaptimātratāsiddhi III, 7b–8a, in: de La Vallée Poussin 1928–1929). Hingegen ist das ālaya als Inbegriff der möglichen Unterscheidungen die jeweils personenspezifisch individuierte Gesamtheit der zunächst nur praktischen, durch Intention und nicht durch Artikulation zustandekommenden universalen

Handlungsschemata, eben die das ālaya verunreinigenden Samen.

Dieser Schritt einer zweifachen Perspektive den Daseinsfaktoren gegenüber hat nun in der Weiterentwicklung der vijñaptimātratā Vasubandhus des Älteren die Übernahme des Lehrstücks vom tathāgatagarbha aus der Sāramati-Schule begünstigt. Schon zwischen 508 und 512 nämlich erfolgten Übersetzungen des Kommentars von Vasubandhu dem Älteren zum Daśabhūmika-Sūtra ins Chinesische. Sie führten zur Gründung der ältesten chinesischen Yogācāra-Schule, der Ti-lun-Schule, deren südlicher Zweig von Hui-kang (468–537) geleitet wurde. Hui-kang aber machte sich die im Laṅkāvatāra-Sūtra angebotene Verschmelzung des tathāgatagarbha mit dem ālaya-vijñāna unter gleichzeitiger Vernachlässigung des Unterschieds zwischen vijñaptimātratā und cittamātratā in der Weise zu eigen, daß die Samen des ālaya-vijñāna eine doppelte Rolle bekommen. Sie sind, schematisch gelesen, Ursache der Verblendung, hingegen im Blick auf ihre Aktualisierung ein potentielles Erleuchtetsein, ein „Keim des Vollendeten" (tathāgatagarbha). Seither kann das Sosein (tathatā) unter seinem aktiven singularen Aspekt als tathāgatagarbha und unter seinem passiven universalen Aspekt, dem Schema „aller" Singularia, als das von allen Samen gereinigte, nämlich nicht mehr untergliederte, ālaya-vijñāna – es heißt dann „fleckenloses Bewußtsein" (amala-vijñāna) – betrachtend vollzogen bzw. vollziehend betrachtet werden (vgl. Verdu 1981, 48ff.).

Damit ist es auch möglich, die bereits von Maitreya benützte und im Avataṃsaka-Sūtra eine zentrale Rolle spielende Kennzeichnung der tathatā durch ‚dharmadhātu' (= Element des/der Dharma) in ihrer Bedeutung zu verstehen: ‚dharmadhātu' bezeichnet den durch Selbstdarstellung vollzogenen Bedingungszusammenhang der Daseinsfaktoren. Die im Madhyamaka gerade wegen ihrer Ununterscheidbarkeit für unüberbrückbar erklärte Differenz zwischen gewöhnlichem und höchstem Wissen, zwischen saṃsāra auf der Ebene der Darstellung und nirvāṇa auf der Ebene des Vollzugs, verliert im Yogācāra durch Artikulierbarkeit dieser Differenz, sie dadurch als leer nachweisend, ihre Unbedingtheit. Diese Artikulation erscheint logisch höherstufig als Subjekt-Objekt-Spaltung oder Dualität von „Ergreifendem“ (grāhaka) und „Ergriffenem“ (grāhya), wo beide Seiten, der singulare Vollzug und die universale Darstellung, bereits zum Vollziehenden und zum Dargestellt-Seienden vergegenständlicht sind, während die Aktualisierung des Dualitätsschemas im „Vollziehen des Darstellens“, eben der Selbstdarstellung in Vollzugsform und damit Aufhebung dieser Dualität, besteht.

Um bei den drei Merkmalen der Daseinsfaktoren im Trisvabhāva-nirdeśa ebenfalls auf ihre Doppelrolle aufmerksam zu machen, einerseits als Eigennaturen einen Gegenstand zu bilden, andererseits durch Rückgang auf die Vollzugsebene das Fehlen von Eigennatur erkennen zu lassen, verwendet Vasubandhu der Ältere ein kontrastierendes Verfahren. Der gewöhnliche Sprachgebrauch, wie er im Kontext der üblichen Handlungsweisen beim Durchlaufen der drei Stadien als (schematisierender) Aufbau der Welt auftritt, wird durch ein anders geordnetes Durchlaufen derselben Stadien, das zu einem (aktualisierenden) Abbau des Ich führt, jeweils wieder aufgehoben. Zunächst wieder, der Übersetzung Wolfgang Schumanns ([2]1995) folgend, die dafür einschlägigen Textabschnitte:

(22) Was ihr Entstehen angeht, wird bei den [drei] Eigennaturen eine unterschiedliche Reihenfolge ihres Auftretens gelehrt: vom Standpunkt der gewöhnlichen Praxis (vyavahāra-adhikāra) [d.i. die Entstehungsfolge: Vollkommenes, Abhängiges, Vorgestelltes] und vom Standpunkt des [geistigen] Durchdringens (praveśa-adhikāra) [d.i. die Erkenntnisfolge: Abhängiges, Vorgestelltes, Vollkommenes].

(23) Das Vorgestellte [gibt es nur] in der gewöhnlichen Praxis; das weitere [d.h. das Abhängige] ist das, was die gewöhnliche Praxis hervorbringt; das andere [d.h. das Vollkommene] ist die Eigennatur der Aufhebung der gewöhnlichen Praxis (vyavahāra-samuccheda-svabhāva).

(24) Zuerst wird [‚es erkennend‘] das Abhängige durchdrungen, das Nichtexistenz von Dualität ist; danach wird das [Vorgestellte], was nur Setzung einer nichtseienden Dualität ist, durchdrungen.

(25) Darauf wird dann das Vollkommene durchdrungen, das als nichtexistierende Dualität existiert. Deshalb wird von ihm gesagt: Es ist sowohl als auch es ist nicht.

(26) Diese drei Eigennaturen tragen Merkmale, die sich auf die Nichtdualität stützen: [in Bezug auf das Vorgestellte] die schlichte Nichtexistenz, [in Bezug auf das Abhängige] das Nicht-so-Existieren [wie es erscheint], [in Bezug auf das Vollkommene] das Eigennatursein-der-Nichtexistenz.

[...]

(31) Zum Durchdringen der Wirklichkeit der [Erkenntnis-]Objekte (artha-tattva) zugleich mit den drei Merkmalen werden nacheinander verlangt: Erkenntnis (parijñā), Verzicht (prahāṇa) und Erlangung (prāpti).

(32) Erkenntnis ist Nichtauffassen (anupalambha) [des Vorgestellten]; Verzicht ist Nichterscheinen (akhyāna) [des Abhängigen]; Erlangung, eine Vergegenwärtigung (sākṣātkriyā), ist kennzeichenloses Auffassen (upalambho-animitta) [des Vollkommenen].

(33) Durch das Nichtauffassen der Dualität verschwindet die Repräsentation (ākāra) der Dualität, und mit diesem Verschwinden wird die Nichtexistenz der Dualität, das Vollkommene, verstanden.

[...]

(35) Wegen der Feindseligkeit im Widerspruch stehender Gedanken und weil durch Vernunft (buddhi [d.i. das citta im Vollzug]) sich deren Bedeutungslosigkeit erschauen läßt, wegen der Fortdauer der dreifachen Erkenntnis [vom Vorgestellten, vom Abhängigen und vom Vollkommenen] und weil es [deshalb] mühelos ist, Befreiung (mokṣa) zu erlangen,

(36) deshalb [ergibt sich] durch das Auffassen vom Nur-Geist (cittamātra) die Nichtauffassung der [mit den sechs Sinnen] erkennbaren Objekte und [darüber hinaus] durch das Nichtauffassen der erkennbaren Objekte auch die Nichtauffassung des Geistes (citta-anupalambhatā) selbst.

(37) Durch das Nichtauffassen der Dualität [ergibt sich] die Auffassung des dharmadhātu, durch das Auffassen des dharmadhātu [ergibt sich] die grenzenlose Überlegenheit (vibhutva).

Wie der Text erläutert, beruhen alle drei Merkmale der Daseinsfaktoren auf der Nichtdualität, sind also wegen Fehlens jeder Referenz nicht referentiell unterschieden, sondern nur in Bezug auf das vorliegende Bewußtseinsstadium. Vorgestellt sind die Daseinsfaktoren, weil Aussageformen, obwohl sie eine nur prädikative Rolle spielen, als signifikativ aufgefaßt werden, es Allgemeines auf der Gegenstandsebene aber gar nicht gibt. Abhängig sind sie, insofern dabei Vorgestelltes auf einen Vorstellenden bezogen ist, obwohl nur das Vorstellen selbst, die Aktivität des citta als Vollziehen des Darstellens, im singularen Vollzug allein, unbeeinflußt von der etwa in Gestalt des begleitenden ‚*ich* bin (handelnd, denkend, sprechend) tätig' auftretenden Täuschung durch die Dualität der Subjekt-Objekt-Spaltung, wirklich ist. Vollkommen schließlich sind die Daseinsfaktoren, insofern sie durch Selbstdarstellung die Selbigkeit (samānatā) verkörpern, worunter das Zugleich von Existieren (bhāva) – dharma als Singulare – und Nichtexistieren (abhāva) – dharma als Universale – zu verstehen ist.

Im für das Yogācāra im Ganzen grundlegenden Madhyāntavibhāga-bhāṣya – ein Subkommentar (ṭīkā) von Sthiramati ist noch hinzuzufügen – sind diese Überlegungen im Kontext einer Entfaltung des bodhisattva-mārga auf der Grundlage der Lehre von der Leerheit so dargestellt, daß sie als Interpretation der bereits alles zusammenfassenden ersten beiden Kārikās des ersten der fünf Kapitel des Madhyāntavibhāga (Kochumuttom 1982, 28f.) verstanden werden können:

(1) [Es werden behandelt:] Merkmal (lakṣaṇa), Verhüllung (āvaraṇa), Wirklichkeit (tattva), Sich-Vergegenwärtigen des Entgegenstehenden (pratipakṣasya bhāvanā), dessen Zustände (avasthā), Erlangung der Frucht (phala-prāpti) und Unübertrefflich-sein des [einen] Fahrzeugs (yāna-anuttarya).

(2) Es gibt das Setzen des Nichtseienden (abhūta-parikalpa); Dualität wird dort nicht gefunden; aber Leerheit wird gefunden; doch auch in dieser wird jenes [d.i. Nichtseiendes] gefunden.

Man sieht gerade in dieser Kürze sehr schön, wie die Funktion des Begriffs der Leerheit im Madhyamaka an die Funktion des Begriffs der Nichtdualität im Yogācāra abgegeben wird. Schließlich war es, wie schon erläutert, das erklärte Ziel des Yogācāra, die durch Leerheit charakterisierte Funktion der Zurückweisung jeder Position ihrerseits zu einem auf der Ebene diskursiven Wissens, also gewöhnlicher Wahrheit, zu behandelnden Gegenstand der Erörterung zu machen, eben dem Geist (citta), dem Denken (manas) oder dem Bewußtsein (vijñāna), so daß der Nachweis der Leerheit auch der Leerheit zu einem eigenen, im Nichtauffassen der Dualität vollzogenen Schritt wird.

Vasubandhus Erklärung, daß Leerheit das Sein des Nichtseienden ist, wird aus diesem Grund zum Gegenstand der Kritik des Mādhyamika Bhāvaviveka, der in seinem Madhyamakahṛdaya (= Kern des Madhyamaka) darauf besteht, daß Leerheit allein Nichtseiendes, das heißt die Nichtexistenz von Allgemeinem als Gegenstand, artikuliert. Sthiramati wiederum wendet in Verteidigung Vasubandhus in seinem Subkommentar zum Madhyāntavibhāga-bhāṣya dagegen ein, daß Leerheit, nämlich wenn sie zum Gegenstand gemacht wird, durchaus auch das Merkmal ‚Seiend' trägt (vgl. Anacker 1984, 275). Dabei geht Bhāvavivekas Rede von der Nichtexistenz von Allgemeinem darauf zurück, daß er als Svātantrika die bloße Zurückweisung von Seiendem, wie im Prāsaṅgika-Zweig des Madhyamaka, „positiv" in eine Artikulation von Nichtseiendem umgedeutet hat.

Der Schritt nun, auch die Leerheit der Leerheit zu begreifen, ist nichts anderes als der Weg eines Bodhisattva, der in seine in den Mahāyāna-Sūtras immer wieder behandelten zehn Stufen (bhūmi) zerlegt werden kann. Diese Stufen finden sich schon im Mahāvastu, einem alten Text, der zum Korb der Disziplin (vinaya) des für das Entstehen des Mahāyāna verantwortlichen Mahāsāṅghika-Zweiges des Hīnayāna gehört.

Auf diesen Stufen meditativer Praxis werden nacheinander die für jede Stufe charakteristischen, im Ganzen die heilsame Lebensführung ausmachenden Vollkommenheiten (pāramitā) erlangt, wobei, historisch gesehen, die letzten vier erst später aus architektonischen Gründen den ersten sechs Vollkommenheiten hinzugefügt worden sind. Es sind dies: Freigebigkeit (dāna), charakterliche Disziplin (śīla), Geduld (kśānti), Willensstärke (vīrya), Versenkung (dhyāna) und Weisheit (prajñā). Mit der Erlangung von Weisheit auf der sechsten Stufe ist die Erlösung gewonnen, insofern dann der Eintritt in das völlige Verlöschen bereits möglich ist. Allerdings verzichtet ein Bodhisattva darauf solange, bis alle anderen Wesen, denen er aus Mitleid (karuṇā) und im Wissen um die nur scheinbare Individuation hilft, ebenfalls erlöst sind. Bei dieser Hilfe bedient er sich der auf den letzten vier Stufen erlangten Vollkommenheiten: Hilfsmittel (upāya), jedem Wesen auf die ihm gemäße Weise helfen zu können; Vorsatz (praṇidhana), noch Unerlösten karmischen Verdienst abzugeben; Kraft (bala), seinen Vorsatz auszuführen; schließlich noch Wissen (jñāna) um die Leerheit aller dieser Handlungsweisen. Vasubandhu behandelt auf seine Weise diese zehn Stufen im fünften und letzten, der ‚Unübertrefflichkeit des Fahrzeugs' gewidmeten Kapitel seines Madhyāntavibhāga-bhāṣya.

Abschließend läßt sich festhalten, daß die von der Tradition vorgenommene Verschmelzung der Biographien beider Vasubandhus gewiß auch der Tatsache zuzuschreiben ist, daß angesichts bereits vorliegender Meditationserfahrung von beiden Denkern sowohl eine auf ihr aufgebaute Erkenntnistheorie argumentierend verteidigt wird, als auch dieser Praxis unmittelbar dienliche und daher auf Nachvollzug angewiesene Überlegungen angestellt werden, nur mit verschiedenen Schwerpunkten.

Ist der nirākāravāda Vasubandhus des Älteren einschließlich der Triṃśikā Vasubandhus des Jüngeren – auch die cittamātratā des Laṅkāvatāra-Sūtra muß hier einbezogen werden – vor allem praktisch psychologisch orientiert und daher von größtem Einfluß vor allem auf die chinesischen Schulen des Ch'an samt ihrer japanischen Weiterentwicklungen im Zen, so trägt der sākāravāda Vasubandhus des Jüngeren bis hin zur durchaus nicht nur praktisch relevanten vijñaptimātratā der Triṃśikā in Gestalt der Auseinandersetzung mit erkenntnistheoretischen Auffassungen rivalisierender Schulen einen unleugbar theoretischen, an logischer Schlüssigkeit orientierten Akzent, der ihn zum Vater der von seinem Schüler Dignāga begründeten logischen Schule des Buddhismus werden läßt.

Der Einfluß Vasubandhus des Jüngeren ist auch noch im theoretischen Gegenstück zum Ch'an erkennbar, nämlich der aus der Ti-lun-Schule unter Berufung vor allem auf das Avataṃsaka-Sūtra im sechsten Jahrhundert hervorgegangenen Schule des Hua-yen (= Blumenkranz) und seiner japanischen Entsprechung, dem Kegon. Dort wurden unter dem fünften Hua-yen-Patriarchen Kuei-feng (799–841) Überlegungen entwickelt, die von den Gründern des chinesischen Sōtō-Zen (= Ts'ao-tung-ch'an), von Tung-shan (807–869) und seinem

Schüler Ts'ao-shan (840–901), in eine für das gesamte Zen schließlich verbindlich gewordene „Lehre von den fünf Stufen" verwandelt worden ist, die den Prozeß der Verschmelzung von Handlungsebene und Zeichenebene mit Hilfe einer Dialektik von singularer Aktualisierung (chines.: li; jap.: ri) und universaler Schematisierung (chines.: shih; jap.: ji) auseinandersetzt (vgl. Verdu 1974). Dabei muß man beachten, daß die hier auftretenden chinesischen Termini ‚li' (理, gewählt auch für den buddhistischen Terminus ‚dharma') bzw. ‚shih' (事) und ebenso ihre japanischen Entsprechungen eigentlich „das Absolute" im Sinne eines regierenden Prinzips bzw. „das Relative" bedeuten und in diesem Zusammenhang gern mit „Gegenstand an sich" bzw. „Gegenstand als Erscheinung" wiedergegeben werden (vgl. Dumoulin 1959, 118–122). Daß gleichwohl die Lesart „singulare Aktualisierung" bzw. „universale Schematisierung" für ‚li' bzw. ‚shih' die Sache trifft, wird deutlich, wenn man im ersten Fall auf die Ununterscheidbarkeit der Singularia achtet und im zweiten Fall sich klar macht, daß ein Universale den Bereich der zulässigen, nämlich zu ihm gehörigen, Singularia auf ein Partikulare einschränkt.

Unter gleichzeitiger Berücksichtigung damit verwandter Überlegungen im „Buch der Wandlungen", dem I-ching, wird ein Prozeß formuliert, der im wissenden Vollzug der Ununterschiedenheit des Geraden oder der Einheit (chines.: cheng [dafür auch: wu-yü, jap.: mugo, = nicht-Wort]; jap.: shō) vom Gekrümmten oder der Vielheit (chines.: p'ien [dafür auch: yu-yü, jap.: ugo, = doch-Wort]; jap.: hen) besteht. Die Einheit wird dabei dargestellt durch einen schwarzen Vollkreis ●, „das Dunkle", die Vielheit hingegen durch einen weißen Kreis ○, „das Helle". Auf der ersten Stufe des fünfstufigen Prozesses, dem „Gekrümmten im Geraden", wird eine Aktualisierung unter ihren unbegrenzt vielen Schematisierungen begriffen, auf der zweiten Stufe, dem „Geraden im Gekrümmten", wird ein Schema durch den Vollzug einer Aktualisierung rückgängig gemacht, auf der dritten Stufe wiederum, der „Mitte (chines.: chung; jap.: chū) aus dem Geraden kommend", wird die gegenseitige Abhängigkeit von Aktualisierung und Schematisierung von einem Schema aus, auf der vierten Stufe hingegen, dem „mitten im Gekrümmten anlangend“, dieselbe Abhängigkeit von einer Aktualisierung aus begriffen. Auf der fünften Stufe schließlich, dem „die Einheit erreicht“, gibt es schließlich weder Aktualisierung noch Schematisierung. Es ist dabei gleichgültig, ob dieser Prozeß, mit dem im Handeln intentionslose und im Denken vorstellungslose Bewußtheit artikuliert werden soll, als Entfaltung einer „eigentlich“ schon immer vorliegenden Erleuchtung (bodhi; chines.: wu; jap.: satori) verstanden wird, die es nur in einem plötzlichen Erlebnis bewußt zu machen gilt – so die Auffassung des Rinzai-Zen –, oder ob er die Erleuchtung durch Beseitigung aller Verunreinigungen sichtbar macht, die sowohl durch die zu Handlungen führenden Absichten als auch durch die im Denken auftretenden Ansichten hervorgerufen sind, wie es im Sōtō-Zen vertreten wird. Denn beide Auffassungen sind nur dadurch unterschieden, daß im ersten Fall eine die Ebene höchster Wahrheit unzulässig antizipierende Ausdrucksweise, im zweiten Fall hingegen die unzutreffende vorläufige Ausdrucksweise von einem Standpunkt gewöhnlicher Wahrheit aus gewählt wird.

V. Bhartṛhari (ca. 450–510) und Dignāga (ca. 460–540). Auseinandersetzungen um das Allgemeine, das Individuelle und das Einzelne

1. Die grammatische Schule des Hinduismus und die logische Schule des Buddhismus

Seit der Zeit von Pāṇinis Grammatik des Sanskrit, der berühmten Aṣṭādhyāyī (= die aus acht Kapiteln [adhyāya] Bestehende), war die Herausbildung der verschiedenen philosophischen Systeme und ihrer Schulen von den grammatisch-sprachphilosophischen Reflexionen einer auf die Aṣṭādhyāyī sich berufenden sprachwissenschaftlichen Tradition begleitet. Treu der Herkunft der Grammatik (vyākaraṇa) als Hilfswissenschaft des Veda war auch die aus ihr entstandene Tradition, die „Schule der Grammatiker (vaiyākaraṇa)", zunächst ganz der Aufgabe verpflichtet, die Überlieferung des Veda zu sichern. In dem Maße allerdings, in dem auch Vertreter heterodoxer Systeme, etwa Buddhisten und Jainisten, von den Einsichten der Grammatiker Gebrauch machten, wird die Pāṇini-Nachfolge, sofern sie ausdrücklich philosophische Ansprüche erhebt, unter dem Titel ‚pāṇinīya darśana' besonders hervorgehoben (vgl. Coward/ Kunjunni Raja 1990).

Die Begleitung der philosophischen Systembildungen durch eine weitgehend eigenständige, wissenschaftliches mit wissenschaftstheoretischem Vorgehen eng verknüpfende grammatische Tradition fällt teilweise assistierend aus und kann zur Übernahme sprachphilosophischer Begriffsbildungen in die anderen Systeme führen, etwa bei der Mīmāṃsā oder beim frühen Sāṃkhya, sie kann aber auch die Rolle einer Folie für mit ihr unverträgliche Konzeptionen bilden, etwa beim Nyāya oder in der logischen Schule des Buddhismus.

Was die Entwicklung der grammatischen Tradition betrifft,

so gibt es über die Zeit zwischen den drei grammatischen Autoritäten Pāṇini (um 400 v.u.Z.), Kātyāyana (um 250 v.u.Z.) und Patañjali (um 150 v.u.Z.), und dem Sprachphilosophen Bhartṛhari, dessen Lebenszeit von 450 bis 510 angesetzt wird (vgl. Frauwallner 1961), leider nur sehr spärliche Zeugnisse. Man weiß, daß die Lehren der drei alten Meister von allen späteren Grammatikern anerkannt wurden und vermutet daher, daß Bhartṛhari das Verdienst zukommt, eine eher dahinsiechende Tradition durch Integration in den Vedānta wieder zu neuem Leben erweckt zu haben. Seine sprachphilosophische Perspektive konnte er nutzen, die Philosophie von Schulzugehörigkeiten dadurch grundsätzlich zu emanzipieren, daß er auch das orthodoxe philosophische System des Vedānta einer eigenständigen Deutung unterwarf.

Über die Person Bhartṛharis ist dabei zuverlässig nicht viel mehr überliefert, als daß er einen Gegenspieler Vasubandhus des Jüngeren, den zur grammatischen Schule gehörenden Brahmanen Vasurāta (ca. 430–490), zum Lehrer gehabt habe. Dies geht insbesondere aus der von dem buddhistischen Mönch Paramārtha (ca. 499–569) überlieferten Biographie Vasubandhus hervor. In ihr wird Vasubandhu eine Antwort auf eine Kritik Vasuratās an der Sprache Vasubandhus in den Mund gelegt, die geprägt ist vom buddhistischen Verständnis des Zusammenhangs zwischen Tun und Reden durch gegenseitige Abhängigkeit: „Wenn ich Grammatik nicht verstehe, wie sollte ich dann jemals die verehrungswürdigen Wahrheiten des Buddhismus verstehen?“ (nach der Übersetzung von Takakusu 1905, in: Kelly 1993, 180). Auf Vasurāta gehe auch zurück, daß Bhartṛhari sich intensiv mit den Lehren des buddhistischen Yogācāra habe vertraut machen können. Candragomin, der bedeutendste buddhistische Grammatiker, sei nämlich seinerseits ein Lehrer Vasurātas gewesen. Wesentlich unsicherer ist Bhartṛharis Herkunft aus vornehmer Familie in Ujjayinī (= Ujjain, Madhya Pradesh), steht oder fällt diese Behauptung doch mit einer Bestätigung oder Widerlegung einer Vermutung, die sich vor allem auf Angaben in einem nicht sehr zuverlässigen Bericht des chinesischen Pilgers I-ching stützt, der Ende des

7. Jahrhunderts die buddhistische Klosteruniversität Nālandā besucht hatte (Brough 1973). Nach dieser Vermutung sei Bhartṛhari identisch mit einem Dichter gleichen Namens, der am königlichen Hofe in Valabhī (Halbinsel Kāṭhiāvār) gelebt hat; drei Sammlungen (śataka, d.i. einhundert [Verse]) von Beobachtungen über Liebe (śṛṅgāra), weltliches Verhalten (nīti) und Abkehr von der Welt (vairāgya) sind überliefert (vgl. Coward 1976, 95–104).

Wegen der Anspielungen auf buddhistische Quellen in den Texten Bhartṛharis und wörtlicher Zitierungen Bhartṛharis bei Dignāga (vgl. z.B. Frauwallner 1961; Lindtner 1993; Biardeau 1964, 441) unterliegt es jedoch keinerlei Zweifel, daß Bhartṛhari das Yogācāra kennt und sich sein nur wenig jüngerer Zeitgenosse Dignāga, der etwa von 460 bis 540 gelebt hat, auf ihn bezieht. Diese Verbindung zwischen beiden Denkern, die über ihre jeweiligen Lehrer Vasurāta und Vasubandhu zustandegekommen ist, weist darauf hin, daß man bei aller Gegensätzlichkeit der Herkunft und der sicher auch durch die Niederlage Vasurātas im Disput mit Vasubandhu geschürten Rivalität den sachlichen Übereinstimmungen eine ebenso wichtige Rolle wird zuerkennen müssen wie den Differenzen.

Auch in den Legenden über ihr Leben wird dies sichtbar: Zum Beispiel daran, daß Bhartṛhari, der vermutlich stets ein weltliches Leben geführt hat, siebenmal zwischen Kloster und eigenem Herd gewechselt habe, um schließlich in einer Höhle in der Gegend von Ujjayinī sein Leben in Einsamkeit zu beschließen; und daran, daß Dignāga, ein Brahmane aus Siṃhavakatra im Einzugsgebiet von Kāñcī (= Conjeeveram), der sich nach seiner Lehrzeit bei Vasubandhu dem Jüngeren in die Einsamkeit der Wälder von Orissa zurückzog, um nur auf Verlangen an der Klosteruniversität Nālandā zu arbeiten oder auf einer Reise in seine südindische Heimat darniederliegendem Klosterleben wieder aufzuhelfen, seinerseits sein auf andere Art zwischen zwei Möglichkeiten schwankendes Leben in einer Höhle Orissas einsam beschlossen habe.

Die besondere Stellung beider Denker wird auch dadurch unterstrichen, daß beide, ungeachtet ihres zeitgenössischen

Ruhms, in der späteren Überlieferung auf merkwürdige Weise vernachlässigt worden sind. Sie haben nämlich dank ihrer jede Schulzugehörigkeit sprengenden intellektuellen Kraft der philosophischen Reflexion zu einer Eigenständigkeit verholfen, die derjenigen von Platon und Aristoteles in unserer eigenen Tradition gleicht (Biardeau 1994, 441), und das trotz aller inhaltlichen und methodischen Unterschiede in der Behandlung verwandter Sachfragen.

Überliefert sind von Bhartṛhari zum einen die Trikāṇḍī (= die aus drei Büchern [kāṇḍa] Bestehende), auf die meistens unter der ursprünglich nur als Titel des zweiten (oder ersten und zweiten) Buches verwendeten Bezeichnung Vākyapadīya (= das von Wort [pada] und Satz [vākya] Handelnde) Bezug genommen wird. Die drei Bücher tragen nach einem Stichwort des jeweils ersten Satzes der Reihe nach die Titel ‚Brahmakāṇḍa', ‚Vākyakāṇḍa' und ‚Padakāṇḍa', wobei das dritte und umfangreichste Buch auch ‚Prakīrṇa' (= Vermischtes) genannt wird. Zum anderen ist ein Fragment des wohl ursprünglich ausführlichen Kommentars (ṭīkā) zum Mahābhāṣya von Patañjali überliefert, und zwar nur zu den ersten drei pāda (= Abschnitt), deshalb statt ‚Mahābhāṣya-ṭīkā' auch die Bezeichnung ‚Tripādī'. Das ist schon alles (vgl. die umfassende Bibliographie zur Bhartṛhari-Forschung in: Bhate/Bronkhorst 1993, 235–267). Allerdings weiß man von zahlreichen weiteren Werken, die jedoch leider nicht erhalten sind; dazu gehört auch ein Kommentar zum Brahma-sūtra, einem der drei Grundlagen des Vedānta. Glücklicherweise gibt es verschiedene überlieferte Kommentare zum Vākyapadīya, darunter auch eine von Bhartṛhari selbst verfaßte Vṛtti zum ersten Buch; sie sind für das Verständnis des Grundtextes unentbehrlich.

Was Bhartṛharis Gegenspieler Dignāga betrifft, so sind von den mindestens sechzehn ihm zugeschriebenen Werken in der Originalsprache Sanskrit, von zwei Ausnahmen abgesehen, nur Fragmente oder kunstvoll vorgenommene Rekonstruktionen einiger der nur in tibetischer oder chinesischer Übersetzung überlieferten Texte verfügbar (vgl. Nakamura 1980, 274ff. u. 298ff.). Erich Frauwallner hat in sorgfältigen vergleichenden Studien Grundzüge einer Entwicklung im Werk Dignāgas erarbeitet und daraus Aussagen über die zeitliche Ordnung der wichtigsten überlieferten Texte abgeleitet (Frauwallner 1959).

Nach einer Reihe von Frühwerken, die noch ganz im Geist des frühen Sautrāntika-Vijñānavāda geschrieben sind, konzentrierte sich Dignāga nach dem Urteil Frauwallners immer deutlicher auf das Problem, die von seinem Lehrer Vasubandhu behandelte Unterscheidung von Gegenständen in „der Substanz nach existierende" (dravyasat; d.s. künftig die Singularia [sva-lakṣaṇa]) und „der Benennung nach existierende" (prajñaptisat; d.s. künftig die Universalia [sāmānya-lakṣaṇā]) auf begrifflich einwandfreie Grundlage zu stellen. Diese erkenntniskritischen Untersuchungen wurden in der Ālambanaparīkṣā (= Untersuchung der [realen] Basis [der Erkenntnis]) zusammengefaßt, von der es neben der Kārikā auch einen Kommentar (vṛtti) Dignāgas selbst gibt (Frauwallner 1930). Bei dieser Gelegenheit, so kann man sich den weiteren Weg Dignāgas vorstellen, wurde ihm das Fehlen einer wirklich überzeugenden Grundlegung für die „Logik" seiner Zeit zu einem weiteren Problem. Diese Logik war mittlerweile ein Komplex von Verfahren und Überlegungen rund um das Hilfsmittel Schlußfolgerung (anumāna), der sich durch eine Verschmelzung der auf Argumentationsregeln für Debatten konzentrierten vāda-Tradition mit der auf Begründungsregeln für Erkenntnisse konzentrierten pramāṇa-Tradition gebildet hatte; ihr kam grundsätzlich in allen Systemen ein fester Platz zu, auch wenn das System des Nyāya sich gewissermaßen „hauptamtlich" mit ihr befaßte.

Dignāga schrieb daher eine Reihe logisch-dialektischer Werke, die Kommentare zu einschlägigen Überlegungen anderer Denker, seines Lehrers ebenso wie von Meistern anderer Systeme, einschloß. Den Anfang bildete vermutlich der Hetucakra-ḍamaru (= Trommel des Rads der Gründe), am Ende steht die zusammenfassende Darstellung der Schlußlehre im Nyāyamukha (= Einleitung in die Logik/Dialektik) (Chatterjee 1933; Tucci 1930).

In der letzten Phase greifen Dignāgas Reflexionen weiter aus und kulminieren in einer Gesamtdarstellung der Philosophie aus erkenntnistheoretischer Perspektive: Der Pramāṇa-samuccaya (= Zusammenstellung der Erkenntnismittel), in dem nacheinander in sechs Kapiteln vom Erkenntnisgewinn durch Wahrnehmung und durch Schlußfolgerung gehandelt wird, ist Dignāgas Hauptwerk; auch der Pramāṇa-samuccaya ist jedoch bis auf Fragmente seiner Sanskrit-Fassung leider nur in zwei tibetischen Übersetzungen überliefert. Deren Verständnis macht wegen der immensen Schwierigkeiten bei der sachlichen Entschlüsselung und trotz großer Anstrengungen in der Forschung der letzten Jahre naturgemäß nur langsame Fortschritte.

Die Unabhängigkeit von Schulzugehörigkeiten macht sich bei Bhartṛhari dadurch bemerkbar, daß er die philosophischen Reflexionen zur Grammatik Pāṇinis, wie sie sich im Mahābhāṣya (= großer Kommentar) von Patañjali finden, zu einer gegenständlich orientierten Philosophie aus sprachphilosophischer Perspektive entwickelt: Sie wird als śabdādvaita (= Sprach-Nichtzweitheit) bezeichnet und baut ihre Überlegungen auf der These auf, daß die Sprache, vorausgesetzt, man versteht sie als ein symbolisches Zeichensystem, die eine und einzige Wirklichkeit ist, das śabda-tattva.

Dignāgas Unabhängigkeit wiederum zeigt sich darin, daß er aus den zeitgenössischen Reflexionen auf das Werkzeug des Schlußfolgerns, wie sie sein Lehrer Vasubandhu bereits in kritischer Absicht gegenüber den Überlegungen vor allem im Nyāya angestellt hatte, eine im strengen Sinne „formale" Logik aufbaut und diese zu einem Instrument einer als Verfahren verstandenen Philosophie aus erkenntnistheoretischer Perspektive macht.

Es ist daher kein Wunder und erklärt auch die Nachlässigkeit gegenüber der Tradierung der Werke beider Denker, daß sie nicht selbst schulbildend oder eine Schule stabilisierend wirkten. Vielmehr gehen die jeweils bedeutendsten späteren Denker, die sich auf Bhartṛhari bzw. Dignāga berufen, ausdrücklich eigene Wege: Es sind Maṇḍana Miśra (ca. 660–720), der unter Berufung auf Bhartṛhari einen eigenen Zweig innerhalb der Schule des Advaita-Vedānta bildet, und Dharmakīrti (ca. 600–660), der Enkelschüler Dignāgas, der die logisch-erkenntnistheoretische Schule innerhalb des Yogācāra zu ihrem systematischen Höhepunkt führt. In beiden Fällen entsteht der Eindruck, als seien die Errungenschaften der Vorgänger in ihrer wirklichen Bedeutung erst in den Werken der Nachfolger „aufgehoben" und ließen sich so erst zur Geltung bringen.

2. Die Lehre vom Bersten (sphoṭavāda) und die Lehre von der Sonderung (apohavāda)

Eindeutig läßt sich die herausragende Rolle von Bhartṛhari und Dignāga jedoch daran ablesen, daß es in allen Systemen, vom Jaina abgesehen, in den beiden folgenden Jahrhunderten zu einschneidenden Umbildungen kam, die sich besonders in der Mīmāṃsā und im Nyāya samt seinem Zwillingssystem, dem Vaiśeṣika, später aber auch im Vedānta auswirkten. Die Wirkungen sind vor allem an den Auseinandersetzungen mit Dignāga ablesbar, dessen Argumentationen sich ihrerseits weitgehend im kritischen Disput mit Bhartṛhari herausgebildet haben. Der Mīmāṃsāka Kumārila (ca. 620–680) reagiert in seinem Ślokavārttika (= ergänzender Kommentar [zum Śābarabhāṣya, einem Kommentar des Mīmāṃsā-sūtra] in Versen) kritisch auf die These Dignāgas im Pramāṇa-samuccaya, daß der Substanz-Attribut-Zusammenhang Ergebnis einer logischen Konstruktion sei (vgl. Frauwallner 1968). Der Naiyāyika Uddyotakara (ca. 550–620) wiederum schrieb sein Nyāyavārttika (= ergänzender Kommentar des Nyāya), um die Position des Nyāya – die Universalia sind wirklich – gegen Dignāgas Gegenthese im Pramāṇa-samuccaya zu verteidigen. Weitere kritische Reaktionen gibt es von Seiten des Vaiśeṣika im Padārthadharma-saṃgraha (= Zusammenfassung der Eigenschaften der Kategorien) von Praśastapāda (1. Hälfte 6. Jh.); es gibt sie auch von Seiten des Jaina, zum Beispiel im Dvādaśāramnayacakra (= das zwölfspeichige Rad der Gesichtspunkte) von

Mallavādin (um 500), und von Seiten des Sāṃkhya, etwa in der Yuktidīpikā (= Leuchte der Beweisführung), einem Kommentar zur Sāṃkhya-kārikā (vgl. Herzberger 1986; Hattori 1980).

Die Umbildungen sind auf der einen Seite ausgelöst worden von Bhartṛharis „Lehre vom Bersten" (sphoṭa-vāda), mit der die Frage ‚Wo kommen Bedeutungen her?' so beantwortet wird, daß man etwas Individuelles zum Träger von etwas Allgemeinem macht: Das Individuelle „platzt" zum Fall eines Allgemeinen. Das aber heißt wiederum nichts anderes, als eine Handlung in eine Zeichenhandlung zu überführen, z.B. eine Lautäußerung in eine Lautäußerung mit Bedeutung. Die symbolische Funktion der Wörter im Satz, die ihnen eigene Möglichkeit, als Träger von Bedeutungen aufzutreten, wird dabei mit „Eignung" (yogyatā) bezeichnet. Sie ist gebunden an die Fähigkeit zum Erfassen solcher „Bedeutungen" in ihrer Funktion für die Bedeutung eines Satzes. Diese Fähigkeit, die für die Eignung der Sprache als Erkenntnismittel verantwortlich ist, nennt Bhartṛhari „Intuition" (pratibhā):

Wenn wir die Bedeutungen [der einzelnen Worte in einem Satz] verstehen, indem wir sie [aus dem Satz heraus] trennen, entsteht eine „Intuition" (pratibhā), die gänzlich verschieden ist [von irgendeiner Kenntnis der Bedeutungen der Wörter]; [diese Intuition], die von der Bedeutung der Wörter (padārtha) erzeugt ist, nennt man die Bedeutung des Satzes (vākyārtha) (Vākyapadīya 2.143; zitiert nach Akamutsu 1993, 37).

Ausgangspunkt und Zentrum ist die „Satzbedeutung" als etwas eigenständig und einheitlich Allgemeines, zu dessen Erfassung die „Bedeutungen" der Wörter (pada-sphoṭa; d.i. Morphem) und der Laute (varṇa-sphoṭa; d.i. Phonem) die Funktion eines notwendigen, aber nicht hinreichenden Hilfsmittels bekommen. Morpheme und Phoneme sind im voll entfalteten Sprachstadium, von dem weiter unten die Rede ist, Werkzeuge, mit deren Einsatz es möglich ist, die ursprüngliche Einheit von Sprache und Welt zu erkennen, und zwar unter ihrer Erscheinung einer im Satz artikulierten bloßen Ansicht dieser Einheit.

Im übrigen ist der sphoṭa ein durchgehendes Thema in allen überlieferten Texten von Bhartṛhari, und zwar unter Anknüpfung an die Behandlung des sphoṭa im Mahābhāśya von Patañjali. Das Mahābhāśya ist die erste große Zusammenfassung und Weiterführung der Diskussion um Pāṇinis Sanskritgrammatik, die aber den sphoṭa noch nicht kennt. Es ist ausgeführt im Stil einer Disputation zwischen Schüler, Meister und diesem assistierenden Meisterschüler (ācārya-deśīya) anhand der ca. 4000 Anmerkungen (vārttika) zu über 1000 Einzelsūtras aus dem Hauptteil (sūtra-pāṭha) der Aṣṭādhyāyī Pāṇinis, die Patañjalis Vorgänger Kātyāyana verfaßt hat (vgl. Frauwallner 1960; Scharfe 1961). Im Mahābhāṣya wird mit sphoṭa die schematische Seite einer Sprachhandlung bezeichnet, um das Unveränderliche eines sprachlichen Ausdrucks (śabda) nach dem Vorbild der Mīmāṃsā, auf die sich Patañjali bezieht, vom veränderlichen lautlichen Anteil, dem „Ton" (dhvani), zu unterscheiden, wie er in einer Instanz der Sprachhandlung vorliegt. Auf der Ebene der von Patañjali allein untersuchten einzelnen Sprachlaute oder Buchstaben (varṇa) entspricht der ‚dhvani-sphoṭa'-Unterscheidung daher diejenige von Phon und Phonem bzw. Graph und Graphem (vgl. Matilal 1992).

Die Fähigkeit der Menschen, Sprache zu verstehen (pratibhā) zusammen mit der Eignung der Sprache, Wirkliches zu bedeuten (yogyatā), kann als eine Entsprechung zu der von Platon entwickelten und bis heute einflußreichen doppelten Charakterisierung der Sprache angesehen werden, derzufolge Sprache einerseits der gegenseitigen Verständigung und andererseits der Gliederung der Welt dient (vgl. Patnaik 1994, 160ff.; Mittelstraß/Lorenz 1967). Es kommt hinzu, daß Bhartṛhari die Beziehung zwischen dem (partikularen) Bezeichnenden (vācaka) und dem (universalen) Bezeichneten (vācya) ausdrücklich als eine semiotische und damit interne begreift, die sich nicht „sagen" läßt, sich vielmehr „zeigt", wenn man sagt, daß dieses jenes bedeute (vgl. Vākyapadīya 3.3.3, zitiert in: Patnaik 1994, 164). Radhika Herzberger macht darauf aufmerksam, daß Dignāga sich im Pramāṇa-samuccaya (2.10) diese Einsicht Bhartṛharis zu eigen gemacht hat (Herzberger 1986, 196).

Auf der anderen Seite wurden die Umbildungen ausgelöst von Dignāgas Nachweis des allgemeinen Charakters der Implikation (vyāpti; wörtl.: Durchdringung) zwischen Prämisse und Konklusion eines Schlusses, sollte man von einem Schluß wirklich Zuverlässigkeit verlangen. Das in der indischen Gestalt der Logik, insbesondere in dem vor allem auf Logik spezialisierten System des Nyāya, erörterte Standardbeispiel ist der Schluß vom Anwesendsein von Rauch an einem Ort auf das Anwesendsein von Feuer am selben Ort. Das erzwang als Antwort auf die gegenüber Bhartṛharis Frage leicht abgeänderte Frage ‚Was sind Bedeutungen?' eine Lösung, die es auf der einen Seite vermeidet, einen individuellen Gegenstand (vyakti) für die Bedeutung eines Zeichens, also von ‚Feuer[-habend]' oder von ‚Rauch[-habend]', zu halten; andernfalls wäre die Bedeutung nicht allgemein. Auf der anderen Seite aber mußte die Lösung auch der Alternative entgehen, eine allgemeine Gattung (jāti) oder eine allgemeine Form (ākṛti) zur Bedeutung zu machen; in diesem Fall ist der für die praktische Verwendbarkeit der Zeichen in Schlußfolgerungen erforderliche Zusammenhang zwischen den konkreten Zeichen und dem, worauf sie sich konkret beziehen, nicht mehr zu gewährleisten. Mit der Unterscheidung von zweierlei Bedeutung, einem allgemeinem Sinn („im Geiste") und einer individuellen Referenz („in der Welt"), wie wir sie in unserer eigenen Tradition seit der Antike kennen, wäre Dignāga aber nicht gedient, und zwar deshalb nicht, weil die Bedeutung eines Zeichens auf irgendeine Weise *auch* der Wahrnehmung zugänglich sein muß. Was also ist die Natur der Verbindung zwischen Allgemeinem und Individuellem?

Hier sollte Dignāgas „Lehre von der Sonderung" (apohavāda), wie er sie vor allem im 5. Kapitel des Pramāṇa-samuccaya entwickelt (vgl. Hayes 1987, chap. 5.2.4. und 7.), für Abhilfe sorgen. Mit dem Verfahren des apoha, das bei der Bestimmung der Bedeutung eines Zeichens, z.B. ‚Lotos', ingang gesetzt wird, geschieht die Bezugnahme auf einen individuellen Lotos dadurch, daß nacheinander auf „alle" Verschiedenheiten dieses Lotos gegenüber anderen individuellen Gegenständen Bezug genommen wird: Er wird „gesondert" von allem, was von ihm verschieden ist. Der apoha erlaubt es, logisch konstruierte Gegenstände von wirklichen Gegenständen dadurch zu unterscheiden, daß ein Partikulare, z.B. ein Krug, aus seinen Bestandteilen zusammengesetzt ist, ein Singulare hingegen, z.B. ein zur Aneignungsgruppe Körper (rūpa) gehöriger Handlungsvollzug, sich nicht mehr reduzieren läßt und daher nicht konstruiert sondern wirklich ist. In dieser Rolle, also noch ohne den apoha zu einem das Schlußfolgern begreiflich machenden Hilfsmittel einer Bedeutungstheorie zu machen, kommt das Verfahren der Sonderung bereits im Abhidharmakośabhāṣya von Dignāgas Lehrer Vasubandhu vor (vgl. van Bijlert 1992). Der mit der „[unterscheidenden] Vorstellung" (vikalpa) eines Lotos gemeinte „allgemeine Zug" (sāmānya-lakṣaṇa), das Lotos-sein als Universale also und nicht etwa die Gattung (jāti) Lotos, ist die durch Schematisierung gewonnene offene Serie des jeweiligen Verschiedenseins von Nicht-Lotos. Nur so läßt sich eine Wahrnehmung des Lotos mit Hilfe der sechs Sinne (im Falle des Denksinns ist das Wahrgenommene gerade die Eigenschaft Lotos-sein) unter Bewahrung der Nicht-Repräsentierbarkeit eines singularen Wahrnehmungsvollzugs (svalakṣaṇa) artikulieren. Für jede Spezialisierung ‚Lotos-der-und-der-Art', z.B. ‚blauer Lotos', bis hin zu einem individuellen Lotos als einzigem Fall einer „untersten" Art gilt ebenso wie für Generalisierungen von ‚Lotos' das Entsprechende.

Genau genommen, und das ist die eigentliche Neuerung Dignāgas, die er ganz auf dem Boden des buddhistischen anātma-dharma-vāda geschaffen hat, gelten bei ihm nur die Wahrnehmungs*vollzüge* als reine und das heißt „vorstellungsfreie" (nirvikalpa) Wahrnehmung. Für bloße Vollzüge läßt sich eine Unterscheidung in (Wahrnehmung als) Mittel und (wahrgenommener) Gegenstand nicht treffen. Der in einem „Schluß für sich selbst" (svārthānumāna) erkannte „Eigengegenstand" (svārtha) des die (reine) Wahrnehmung, etwa eines Lotos, artikulierenden Zeichens, etwa ‚Lotos', läßt das Wahrgenommene darin nur indirekt auftreten, durch apoha: dieser Lotos [in dieser Wahrnehmung] ist nicht Baum und ist nicht Blaues und ist nicht Blatt und ... . Direkt gibt es das Wahrgenommene nur im Wahrnehmungsvollzug als ein „nur als es selbst auftretender Zug“ (sva-lakṣaṇa), als ein Singulare also, und niemals als den Gegenstand eines Schlusses, ein Universale (sāmānya-lakṣaṇa).

In den beiden Sätzen ‚dies ist [ein] Lotos‘ und ‚dies ist blau‘ etwa ist das Demonstrativpronomen ein Index für *verschiedene* Vollzüge – verschiedene „Orte [des Anwesendseins]“ (deśa) in der Terminologie Dignāgas –, die mit den Prädikatausdrücken auch in verschiedene Schematisierungen und damit Konzeptualisierungen eingebettet werden. Erst durch logische Konstruktion eines Partikulare „dieser Lotos“ aus seinen Eigenschaften, darunter „blau“, also die Einführung der Substanz-Attribut-Terminologie bzw. die Rede vom Träger von Eigenschaften (dharmin) und Eigenschaft (dharma), wird der Anschluß an die übliche Ausdrucksweise hergestellt. Sie ist es – also zum Beispiel: ‚dieser Lotos ist blau‘ – die in den nicht-buddhistischen Schulen für unhintergehbar gilt. Dabei ist Dignāgas Unterscheidung zwischen singularen „Orten“ und partikularen „Gegenständen“ von besonderer Bedeutung. Denn singulare Orte sind „direkt zugängliche Träger von Eigenschaften“ (prasiddha dharmin), so daß man sagen kann: ‚ich nehme diesen blauen Lotos wahr‘, während partikulare Gegenstände nur „indirekt“ (aprasiddha), nämlich über eine logische Konstruktion zugängliche Träger von Eigenschaften sind, so daß man sagen muß: ‚Ich nehme wahr, daß dieser Lotus blau ist‘ (vgl. Herzberger 1986, 195–200, wo der letzte Punkt allerdings systematisch nicht ausgenutzt ist).

Was wir gewöhnlich Wahrnehmung nennen, so daß Wahrnehmung als Erkenntnismittel (pramāṇa) vom Gegenstand der Wahrnehmung als dem Erkenntnisresultat (prameya) unterschieden wird, schließt stets eine gedankliche Konstruktion (kalpanā) und damit den Bezug auf ein Universale ein. Wahrnehmung, gleichgültig mit welchem der sechs Sinne ausgeübt, ist dann ein universales Wahrnehmungs*schema*, mit dem ein individueller Gegenstand, ein Partikulare, schematisiert ist; sie ist nicht bloß eine seiner singularen Aktualisierungen. Die Wahrnehmung in diesem schematischen Sinn erbringt also zugleich eine gedankliche Unterscheidungsleistung.

Mit der Lehre vom apoha konnte Dignāga gegen Bhartṛhari sicherstellen, daß ein Schluß auch im Falle des Schlusses vom Anwesendsein eines Zeichens auf das Anwesendsein des Bezeichneten, seiner Bedeutung, zuverlässig ist. Das ist deshalb so, weil das Zeichen *allgemein*, und das heißt, in allen Fällen seiner Verwendung, mit dem Bezeichneten, einem durch gedankliche Konstruktion entstandenen Schema, implikativ verknüpft bleibt. Darüber hinaus aber ist ein Schluß von einer Prämisse auf eine Konklusion dank des apoha-vāda in seinem Vollzug auch auf die in der Wahrnehmung zugängliche Wirklichkeit bezogen: In einer Anwendung des Schlusses beim Schlußfolgern ist die Prämisse in einer Wahrnehmung verankert, die sie, wenngleich schematisiert, artikuliert. Ganz entsprechend, aber in umgekehrter Reihenfolge, läßt sich die Konklusion mit einer Wahrnehmung wieder in den tätigen Lebensvollzug überführen.

Für den Spezialfall des Schlusses „vom Zeichen auf das Bezeichnete" handelt es sich bei seiner Anwendung um den Schluß von *A* auf seine doppelte Negation: Wer zur Artikulation seiner Wahrnehmung eine Schematisierung *A* vorgenommen hat und sie durch das Zeichen ‚*A*' wiedergibt, z.B. ‚Lotos', wird beim Wiederaufsuchen des Bezeichneten natürlich nicht „dieselbe" Wahrnehmung machen können – Singularia sind unwiederholbar einmalig –, vielmehr wird er „seinen" Lotos nur als Instanz des Schemas der Verschiedenheiten zu etwas, das nicht sein Lotos ist, wiederfinden können.

Bhartṛhari begründet seine Anerkennung allein der Erkenntnismittel Wahrnehmung (pratyakṣa) und Sprache (śabda) mit einer elementaren Unterscheidung, auf der seine Überlegungen aufbauen. Es handelt sich um die gegenstandsorientierte Unterscheidung zwischen Allgemeinem und Besonderem: Auf der einen Seite stehen die unveränderlichen Schemata, wie sie paradigmatisch im Zeichencharakter sprachlicher Ausdrücke (śabda) zugänglich sind, auf der anderen Seite stehen die der ständigen Variation ihrer raumzeitlichen Begrenzung unterworfenen partikularen Instanzen der Schemata, etwa die lautlichen Realisierungen (dhvani) der sprachlichen Zeichen, die sich mit dem Ohr sinnlich wahrnehmen lassen.

Darüber hinaus erklärt Bhartṛhari die Sprache in ihrem schematischen Aspekt für identisch mit dem brahman, der „Weltseele“ der Upaniṣaden, und zwar in dem Sinne, wie der Vedānta es als „erste Ursache“ (prima causa) der Welt zum Gegenstand der Untersuchungen gemacht hat. Daran läßt sich ablesen, daß der nicht nur bei Bhartṛhari, sondern zum Beispiel auch in der Mīmāṃsā auftretende Topos von der Unveränderlichkeit der Sprache seine historischen Wurzeln im Mythos von der Ewigkeit des Veda hat, des von den heiligen Schriften transportierten Inhalts – der śruti, des „Gehörten“. Gleichwohl bleiben die systematischen Überlegungen Bhartṛharis zur Sprache, und das macht seine überragende denkerische Leistung aus, weitgehend unabhängig von dergleichen Einbettungen in einen Überlieferungszusammenhang.

Das in fast allen anderen philosophischen Systemen – nur das Lokāyata macht eine Ausnahme – anerkannte Erkenntnismittel der Schlußfolgerung (anumāna) ist in Bhartṛharis Augen als Erkenntnismittel ungeeignet, weil dazu ein allgemeiner Zusammenhang zwischen dem als Prämisse des Schlusses auftretenden Grund (hetu) und der als Konklusion des Schlusses auftretenden Folge (sādhya) bestehen müßte – man denke wieder an den Schluß vom Anwesendsein von Rauch (an einem Ort) auf das Anwesendsein von Feuer (am selben Ort). Sowohl Grund als auch Folge sind jedoch Erkenntnisse, die sich nur durch Wahrnehmung gewinnen lassen und daher partikular bleiben, gleichgültig in wievielen Fällen das Zusammenvorkommen (sahacārya) auch festgestellt worden sein mag. Einen allgemeinen Zusammenhang zwischen ihnen kann es daher schon aus begrifflichen Gründen nicht geben.

Dignāga hat in einer entgegengesetzten Strategie die generell in den buddhistischen philosophischen Schulen verbreitete Anerkennung nur der Erkenntnismittel Wahrnehmung (pratyakṣa) und Schlußfolgerung (anumāna) dadurch verteidigt, daß er dem für die Zuverlässigkeit des Schließens unentbehrlichen allgemeinen Zusammenhang zwischen Grund und Folge eine sichere Basis gab, ohne die Verwendbarkeit des Schließens auch im Feld der Wahrnehmung dabei einzubüßen. Insbesondere läßt sich das Erkenntnismittel Sprache auf das Erkenntnismittel Schlußfolgerung zurückführen.

Die elementare Unterscheidung, auf der Dignāgas Überlegungen beruhen, ist die zwar in allen buddhistischen philosophischen Schulen ebenfalls grundlegende, von Bhartṛharis Basis jedoch leicht abweichende verfahrensorientierte Unterscheidung zwischen Allgemeinem und Einzelnem. Das Besondere verdankt seine Existenz gedanklichen Konstruktionen, ohne die man sich von der Wirklichkeit der Vollzüge sinnlicher Wahrnehmungen (mit allen sechs Sinnen!) keine Rechenschaft geben könnte. Die gedanklichen Konstruktionen „machen" die universalen sāmānya-lakṣaṇa, die sinnlichen Wahrnehmungen „lassen" die singularen sva-lakṣaṇa [da sein]. Umgekehrt hingegen gibt es bei Bhartṛhari für das der sprachlichen Artikulierbarkeit entzogene Einzelne keinen begrifflichen Ort (vgl. Matilal 1986), ist doch Wahrnehmung bei ihm stets „prädikativ bestimmte", also „mit Vorstellung verbundene" (savikalpa) Wahrnehmung.

3. Die strukturelle Verwandtschaft zwischen den Positionen Bhartṛharis und Dignāgas

Gleichwohl gibt es in Einzelheiten des Vorgehens viele wichtige Übereinstimmungen zwischen Dignāga und Bhartṛhari. So macht Dignāga zum Beispiel von denselben fünf Modifikatoren (viśeṣaṇa) sprachlicher Ausdrücke (śabda) bei der Erörterung der gedanklichen Konstruktionen (kalpanā) wie Bhatṛhari Gebrauch, wenn es um die zur Artikulation gewöhnlicher Erfahrung erforderlichen Kategorien geht: Substanz-Ausdruck (dravya-śabda), Attribut-Ausdruck (guṇa-śabda), Handlungs-Ausdruck (kriyā-śabda), Gattungsname (jāti-śabda) und „willkürlicher" (oder Eigen-)Name (yadṛcchā-śabda). Ebenso ist beiden Denkern die Überzeugung von der immerwährenden Verbindung zwischen gedanklicher Konstruktion und verbaler

Artikulation (nāma) gemeinsam: Es kann das eine nicht ohne das andere geben. Was man denken kann, läßt sich auch sagen, und umgekehrt.

Im Dienste der Legitimation weiterer, über die Wortarten hinausgehender Differenzierungen der grammatischen Struktur stehen bei Bhartṛhari auch die Überlegungen zu den schon bei Pāṇini auftretenden, mit ‚kāraka' bezeichneten, sechs Relationen zu Gegenständen, durch die eine Handlung näher bestimmt ist und die sich grammatisch auf komplexe Weise mit Hilfe von Kasus darstellen lassen. Es sind die Beziehungen zu einem Gegenstand als Ursprung (apādāna; durch Ablativ wiedergegeben), als Empfänger (saṃpradāna; durch Dativ wiedergegeben), als Instrument (karaṇa), als Stelle (adhikaraṇa), als Handlungsobjekt (karman) und als Handlungssubjekt (kartṛ). Zum Beispiel sind im Satz ‚Der König gibt Geld und Gut dem Brahmanen mit seiner eigenen Hand' die Beziehungen des Königs, von Geld und Gut, des Brahmanen und der eigenen Hand des Königs zur Handlung des Gebens nacheinander die des Handlungssubjekts, des Handlungsobjekts, des Empfängers und des Instruments (vgl. Matilal 1992, Abschnitt 5). Bhartṛhari ist noch weitergegangen und hat mit ‚upakāra' eine Feinstruktur artikuliert, etwa die Differenzierung der Handlungsobjekte in produzierte, modifizierte und gerichtete; z.B. ist das Objekt Krug in ‚Er macht den Krug aus Ton' produziert, hingegen in ‚Er macht den Ton-Krug' modifiziert; das Objekt Stadt wiederum in ‚Er geht-in die Stadt' exemplifiziert ein gerichtetes Handlungsobjekt (vgl. Scharfe 1977, 173). Die Analyse eines Satzes als näher bestimmte Handlung, wie sie in der Schule der Grammatiker und bei den Buddhisten vorgenommen wird, konkurriert mit der im Nyāya üblichen Subjekt-Prädikat-Zerlegung, bei der die Handlung als Gegenstand eliminiert wird, indem man sie aufteilt auf die zum Handlungssubjekt gehörende Tätigkeit (vyāpāra) und das zum Handlungsobjekt gehörende Resultat (phala; wörtl.: Frucht).

Auf dem Hintergrund alles bisher Vorgestellten ist es nicht überraschend, wenn wegen der Identifizierung von śabda und brahman bei Bhartṛhari in vielen Kontexten der Austausch von

‚brahman' bzw. ‚śabda' durch ‚vijñāna' (= Bewußtsein bzw. um sich wissendes Wissen) – ‚vijñāna' wird bezeichnenderweise von Bhartṛhari kaum verwendet – aus einem Textzusammenhang im Sinne Bhartṛharis einen Textzusammenhang im Sinne Dignāgas erzeugt und in entsprechender Weise auch die Umkehrung gelingt. Auf eine Entsprechung mit sehr weitreichenden Folgen zwischen beiden Denkern, die auf diese Weise sichtbar wird, hat Christian Lindtner aufmerksam gemacht (1993, 196f.):

Bhartṛhari unterscheidet drei Stadien der Entwicklung des Prinzips Rede (vāk), einer diesen drei Stadien zugrundeliegenden und gelegentlich auch als „höchstes" (parā) Stadium bezeichneten Einheit von Sprache (śabda) und Welt (artha) im śabda-brahman. Unter dieser Einheit muß das Schema-Sein selbst verstanden werden, weil es noch keine Hilfsmittel gibt, verschiedene Schemata, nämlich Spezifizierungen wie z.B. LOTOS oder KRUG, voneinander zu unterscheiden. Damit ist diese Einheit natürlich auch vom Selbst (ātman) ununterscheidbar, so daß auf dem Umweg über die Identifikation des brahman mit dem śabda – „Gott" und „Wort" sind „eines Wesens" – Bhartṛharis śabdādvaita die Rekonstruktion der Alleinheitslehre der Upaniṣaden durch Śaṃkara vorwegnimmt. Diese Rekonstruktion wird im nächsten Kapitel behandelt.

Im ersten paśyantī-Stadium (= Stadium des Sehens) gibt es allein die Möglichkeit einer Differenzierung der Alleinheit, die begrifflich mit der Unterscheidbarkeit von (spezifischem allgemeinen) Schema und (partikularer) Instanz gleichwertig ist und entsprechend der Anlage brahmans, als Welt zu erscheinen, auch als śakti (= schöpferische Kraft) des Prinzips Rede bezeichnet wird. Das zweite Stadium, ein Übergangsstadium oder „mittleres" (madhyamā) Stadium, zeichnet sich dadurch aus, daß zwar mentale Differenzierungen verbunden mit „stillem" Sprechen auftreten, partikulare Träger bzw. Instanzen der Schemata in Gestalt äußerlich wahrnehmbarer Laute (nāda oder dhvani) aber weiterhin nur zu den Möglichkeiten gehören. Erst im dritten vaikharī-Stadium (= Stadium des Entfalteten [Sprechens]) ist die durchgehende Differenziertheit der

Rede und damit die Trennung von Bezeichnendem (Sprache) und Bezeichnetem (Welt) im Gefolge des Auseinandertretens von Allgemeinem – Schema oder sphoṭa – und Besonderem – Instanz oder nāda – vollzogen.

Wer jetzt diese Stadien mit den im vorhergehenden Kapitel behandelten drei Stadien der Umwandlung des Bewußtseins (vijñāna-pariṇāma) vergleicht, die durch Vasubandhu den Jüngeren Eingang in das Yogācāra gefunden haben und daher mit Sicherheit auch zu den Überzeugungen Dignāgas gehören, wird sich dem Eindruck einer bis ins Einzelne gehenden strukturellen Verwandtschaft beider Begriffsbildungen nicht entziehen können. Selbst die Entsprechung des parā-Stadiums reinen Schema-Seins zum Stadium reinen Vollzugs im „fleckenlosen Bewußtsein" (amala-vijñāna) läßt sich ungestört vornehmen. Aber natürlich fällt die Entsprechung dabei nur spiegelbildlich aus: Die auf die allgemeinen Schemata beschränkte Wirklichkeit bei Bhartṛhari hat ihr Gegenbild in den allein wirklichen singularen Vollzügen bei Dignāga. Den bloß fiktiven Schöpfungen durch Schemabildung bei Dignāga wiederum entspricht die allein auf Unwissenheit zurückzuführende Existenz von Partikularia als Träger oder Repräsentanten universaler Schemata bei Bhartṛhari.

Zum besseren Verständnis der Erschütterungen, die beide Denker in den Systemen der Mīmāṃsā und des Nyāya jeweils mit dem neugeschaffenen hermeneutischen Grundbegriff pratibhā (= Intuition) und der Klärung des logischen Grundbegriffs vyāpti (= Implikation) ausgelöst haben, ist eine kurze Schilderung des über Jahrhunderte sich hinziehenden Streits *zwischen* der Mīmāṃsā und dem Nyāya über die Natur des Verhältnisses von „Wort" (śabda) und „Gegenstand" (artha), also von Sprache und Welt, erforderlich. Dies ist um so dringlicher, als die beiden im Hintergrund stehenden Lehren, der sphoṭa-vāda für die pratibhā und der apoha-vāda für die vyāpti, weder von der Mīmāṃsā noch vom Nyāya akzeptiert wurden.

Da sich die Funktion der pratibhā von der Lehre vom sphoṭa begrifflich kaum trennen ließ, während die vyāpti durchaus auch ohne die Lehre vom apoha eine sinnvolle Rolle spielen konnte, wurde die Mīmāṃsā als philosophisches System gegen Ende des ersten Jahrtausends schließlich aufgerieben. Ihre beiden Zweige, die auf Kumārila Bhaṭṭa (ca. 620–680) zurückgehenden Bhāṭṭa und die auf Kumārilas Schüler Prabhākara Miśra (ca. 650–720) zurückgehenden Prābhākara, näherten sich so sehr ursprünglich gegnerischen Positionen, die Bhāṭṭa dem Nyāya und die Prābhākara der logischen Schule des Buddhismus, daß nach dem Verschwinden des Buddhismus vom indischen Subkontinent die Prābhākara zu Vertretern buddhistischer Auffassungen wurden, während die Bhāṭṭa im Nyāya aufgingen.

An der unterschiedlichen Auffassung über den Irrtum bei den Bhāṭṭa und bei den Prābhākara läßt sich sowohl diese Entwicklung als auch der Streit zwischen der Mīmāṃsā und dem Nyāya verdeutlichen. Dieser Streit um den Status der Beziehung zwischen Wort und Gegenstand hat als Hintergrund eine unterschiedliche Theorie der Erkenntnis bei beiden Parteien. Die Mīmāṃsaka möchten ihre Erkenntnistheorie sprachphilosophisch fundieren, während die Naiyāyika ihre Sprachphilosophie erkenntnistheoretisch zu rechtfertigen suchen. Dazu gehen die Mīmāṃsaka aus von der auch von den Grammatikern geteilten These, daß die Beziehung von śabda zu artha nicht erzeugt ist, sondern vermöge der den Wörtern innewohnenden „Kraft" (śakti) beständig besteht. Sie folgen damit der Überzeugung, daß der Veda, das Paradigma für Erkenntnis durch Sprache, autorlos und deshalb ewig ist. Zu den Konsequenzen dieser Auffassung gehört es, daß jede sprachlich dargestellte Erkenntnis zunächst einmal als wahr zu gelten hat und es einer Begründung bedarf, wenn man sie für einen Irrtum hält. Hinzu kommt, daß man auch jede Wortbedeutung wegen der Orientierung an den Handlungsvorschriften des Veda nur im Kontext elementarer Sätze, die den Modus der Aufforderung tragen, also unter Bezug auf Handlungen und nicht auf Dinge, kennenlernt.

Im Gegensatz dazu gehen die Naiyāyika ebenso wie die Vaiśeṣika davon aus, daß die Beziehung von śabda zu artha erzeugt wurde, mithin das Ergebnis einer Vereinbarung ist. Sie begründen ihre Auffassung damit, daß die sprachliche Artikulation einer Erkenntnis mit Hilfe ganz verschiedener Sprachhandlungen erfolgen kann. Jede zunächst sprachfrei mit dem Mittel der Wahrnehmung und unter Umständen dem Mittel der Schlußfolgerung aus Wahrnehmungen gewonnene Erkenntnis kann sprachlich verschieden artikuliert sein, sie ist daher auf Wahrheit oder Irrtum hin ausdrücklich zu beurteilen.

Beide erkenntnistheoretischen Positionen sind realistisch, ungeachtet der miteinander unverträglichen Vorschläge zur Erklärung des Zusammenhangs von Wörtern und Sätzen mit dem, was sie „bedeuten". Die Naiyāyika erklären die Zusammensetzung von Wortbedeutungen zu stets neuen Satzbedeutungen im Modus der Feststellung durch einen Kausalprozeß. Dabei wird die Wortbedeutung, etwa von ‚Krug' (ghaṭa), als zusammengesetzt bestimmt aus: (1) ākṛti, der für die Individuation des artha, also etwa des Krug-Schemas in einzelne Krüge, zuständigen Form, (2) jāti, der für die begriffliche Einordnung des artha zuständigen Gattung, im Beispiel also der „Krugheit" (ghaṭa-tva), die innerhalb der Kategorie der Substanzen (dravya) angesiedelt, also der Gattung „Substanzheit" (dravya-tva) untergeordnet ist, (3) vyakti, einem individuellen Einzelfall des artha, seiner Exemplifikation. Die immer wieder in der Literatur anzutreffende extensionale Lesart von ‚jāti' als ‚Klasse' ist im Nyāya nicht korrekt: Je zwei jāti können niemals überlappen, höchstens einander über- oder untergeordnet sein (vgl. Potter 1977, 135 u.ö.).

Im Nyāya hat daher das von Wörtern Bedeutete stets sowohl am Universalen (sāmānya) als auch am Individuellen (vyakti) teil. In der Mīmāṃsā hingegen, die auch die Wortbedeutungen als elementare Satzbedeutungen behandelt und diese nach einem Kompositionsprinzip für Bedeutungen zu komplexen Satzbedeutungen zusammentreten läßt, ist allein die allgemeine Form (ākṛti) – zuweilen von der Gattung (jāti) nicht unterschieden – das, was ein sprachlicher Ausdruck bedeutet. Die individuellen Einzelfälle des artha sind Gegenstände der Wahrnehmung und nicht Teil der Bedeutung einer sprachlichen Artikulation der Wahrnehmung. Die Bedeutungen sind Universalia.

Will man beiden realistischen Positionen gerecht werden, so muß man berücksichtigen, daß die Sprache bei den Mīmāṃsaka nicht anders als bei den Grammatikern von ihrem allgemeinen Schema-Aspekt her betrachtet wird: Als Sprach*möglichkeit* ist Sprache eine immer bestehende, sich im Erkennen verwirklichende schöpferische Kraft (śakti). Bei den Naiyāyika hingegen wird die Sprache von ihren besonderen Realisierungen her betrachtet: Als Sprach*wirklichkeit* ist Sprache das immer wieder geforderte Ergebnis eines Erwerbsprozesses von Sprachkompetenz. Wegen der vorausgesetzten Gültigkeit der vedischen „Offenbarung" (śruti) gilt das Erkenntnismittel śabda in der Mīmāṃsā a priori – es geht daher darum, die Gestalt des (heiligen) Textes zu tradieren. Genau umgekehrt gilt im Nyāya deshalb, weil erst die vedische Tradition (smṛti) im Zuge einer „Erprobung" der śruti Gültigkeit beanspruchen kann, das Erkenntnismittel śabda nur a posteriori – hier geht es darum, den Inhalt des (profanen) Textes zu erfahren.

Die Auseinandersetzungen innerhalb der Mīmāṃsā, die bis zur Spaltung in die beiden Zweige geführt hatten, waren wesentlich von der Frage mitbestimmt, wie man am besten auf die Herausforderungen Bhartṛharis reagieren sollte. Von dem Streit um den Primat von Wort bzw. elementarem Satz oder (komplexen) Satz beim Verstehen einmal abgesehen – die Bhāṭṭa vertreten den Primat der elementaren Bestandteile, die Prābhākara den des jeweils zusammengesetzten Ganzen –, sind die in beiden Zweigen unterschiedlichen Auffassungen über den Irrtum besonders gut geeignet, den Zerfall der Mīmāṃsā auf dem Felde der Erkenntnistheorie sichtbar zu machen. Für eine ergänzende Darstellung des komplexer gelagerten Primatsstreits fehlt hier jedoch der Platz, auch wenn die verschiedenen Strategien zur Verteidigung einer atomistischen Bedeutungstheorie gegenüber der holistischen von Bhartṛhari durchaus instruktiv wären (vgl. Matilal 1996).

Bei der Analyse, zum Beispiel des Satzes ‚dies ist ein Krug', der nach gemeinsamer Auffassung in der Mīmāṃsā zunächst als wahr zu gelten hat, kann nach Meinung der Prābhākara ein Irrtum dadurch nachgewiesen werden, daß ‚dies' und ‚Krug' in ihrer Bedeutung verschieden sind: *dies* wird *als Krug* mißverstanden. Da somit gar keine Erkenntnis vorgelegen hat, ist das Prinzip, daß jeder eine Erkenntnis ausdrückende Satz prima facie wahr ist, nicht verletzt. Der Irrtum beruht nicht darauf, daß etwas Falsches über einen einwandfrei identifizierten Gegenstand gesagt wird, sondern darauf, daß der Gegenstand des Satzes gar nicht bestimmt war: Die Prābhākara vertreten in Bezug auf die Existenz eines Irrtums die Lehre von der akhyāti (= Nicht-offenbar-sein). In der Analyse Dignāgas nun bedeutet ‚dies' nicht etwas in der Wahrnehmung instantiiertes Allgemeines, sondern es ist ein Index für einen singularen Wahrnehmungsvollzug, der mit der unterscheidenden Vorstellung eines Kruges schematisiert wird. Im Ergebnis aber sind beide Auffassungen voneinander ununterscheidbar, weil jede prädikative Bestimmung eines Singulare in der buddhistischen Analyse „leer" ist, also auch hier *dies als Krug* mißverstanden wird.

Bei den Bhāṭṭa hingegen wird unterstellt, daß tatsächlich ‚dies' stets einen wohlbestimmten Gegenstand schematisch, seiner allgemeinen Form nach, als seine Bedeutung hat, es aber natürlich sein kann, daß er in dem Beispielsatz als etwas erkannt wird, das er nicht ist, was sich als ein Irrtum, etwa durch erneute Wahrnehmung, auch nachweisen läßt: Die Bhāṭṭa vertreten in der Frage nach der Existenz eines Irrtums in Übereinstimmung mit den Naiyāyika die Lehre von der anyathākhyāti (= Auf-andere-Weise-[d.h. fälschlich]-offenbar-sein) (vgl. Matilal 1986, chap. 6).

Mit beiden Strategien wollte man folgender Überlegung Bhartṛharis begegnen: Wenn die Bedeutungen der elementaren Sätze als Universalien verstanden werden, die in der Wahrnehmung instantiiert sind, so müssen auch die zusammengesetzten Sätze wie einfache behandelt werden. Beruft man sich nämlich statt dessen auf ein Kompositionsprinzip, um komplexe Bedeutungen aus einfachen zu gewinnen, so läuft man Gefahr, auf dem Umweg über die Syntax ein konventionalistisches Element in die Bedeutungszuordnung hineinzutragen und so die Prämisse von der nichterzeugten Beziehung zwischen Wort und Gegenstand ad absurdum zu führen.

Der Erfolg beider Strategien war mit dem Preis verbunden, entweder von der Position der logischen Schule des Buddhismus nicht mehr unterscheidbar zu sein, also den Realismus in der Erkenntnistheorie preiszugeben, oder den Realismus zwar beizubehalten, dann aber die These von der Anfangs- und Endlosigkeit der Verbindung von Wort und Gegenstand und damit auch von Sprache und Welt aufzugeben.

In beiden Fällen – aber auch bei anderen Auseinandersetzungen in der Zeit nach Bhartṛhari und Dignāga – ließ sich die Tragfähigkeit der vorgebrachten Argumentationsketten mit dem von Dignāga beigesteuerten neuen Wissen über zuverlässiges Schließen erheblich sicherer beurteilen. Ursprünglich war unter der Implikation als derjenigen Beziehung zwischen Prämisse und Konklusion eines Schlusses, die diesen Schluß zuverlässig macht, noch ganz unscharf eine „Verbindung" (sambandha) verstanden worden, die man braucht, um, ähnlich wie in der Logik der Stoa, vom Anwesendsein von etwas Wahrgenommenen, dem als ein Agens verstandenen hetu (= Grund), auf das Anwesendsein von etwas Nicht-Wahrgenommenen oder gar etwas Nicht-Wahrnehmbaren schließen zu können. Der hetu wird dann zum „Zeichen" (liṅga) für das mit seiner Hilfe Erschlossene (liṅgī).

In der kanonischen Fassung eines Schlusses (vgl. z.B. Barlingay [2]1976; Warder 1971), des „fünfgliedrigen Satz-[Zusammenhangs]" (pañcāvayava vākya), wie er im Nyāya der Zeit Dignāgas gelehrt wurde und auch von der Mīmāṃsā übernommen worden war, ist die Implikationsbeziehung noch sehr versteckt. Der Schluß besteht aus den folgenden fünf Schritten:

1. Behauptung (pratijñā): [der] Berg hat Feuer
   d.h. am Ort des Berges ist Feuer anwesend
2. Grund (hetu) : wegen des Rauchs
3. Beispiel (udāharaṇa): wie in der Küche,
   und Gegenbeispiel: nicht wie im Teich
4. Anwendung (upanaya) : und dies [ist] so
   d.h. am Ort des Berges ist Rauch anwesend

5. Schlußsatz (nigamana): also [ist es] so
d.h. am Ort des Berges ist Feuer anwesend

„Berg mit Feuer" ist hier der Gegenstand (pakṣa) der mit dem Schluß zu gewinnenden Erkenntnis, wobei ursprünglich ‚pakṣa' in der Grundbedeutung ‚Flügel' eine von zwei einander gegenüberstehenden Behauptungen bezeichnet, also ‚es ist Feuer am Ort dieses Berges anwesend' gegenüber ‚es ist kein Feuer am Ort dieses Berges anwesend', dem prati-pakṣa. Rauch ist das wahrgenommene Zeichen, das im Schluß als Grund (hetu) auftritt, und Feuer die nicht-wahrgenommene Folge (sādhya). Die Schlüssigkeit ist, wie Dignāga klargestellt hat, von der *Allgemeinheit* des Zusammenhangs zwischen Grund und Folge abhängig, während im dritten Schritt nur Beispiel (bei Dignāga: dṛṣṭānta) und Gegenbeispiel auftreten, deren „paradigmatische" Rolle undeutlich bleibt. Dieser allgemeine Zusammenhang, so lautet Dignāgas Erklärung, ist als vyāpti (= Durchdringung) des Durchdrungenen (vyāpya) oder Grundes durch das Durchdringende (vyāpaka) oder die Folge zu bestimmen. Im vorliegenden Falle muß die Durchdringung des Anwesendseins von Rauch durch das Anwesendsein von Feuer bestehen, das aber heißt: Rauch impliziert Feuer. Die vyāpti ist eine Beziehung zwischen den Bedeutungen zweier prädikativer, also Wahrnehmungen schematisierender Ausdrücke. Anstelle des Ausdrucks ‚vyāpti' findet sich häufig auch der die Unsymmetrie der Beziehung nicht so klar wiedergebende Ausdruck ‚avinābhāva' (= Nicht-Getrenntsein [von vyāpya und vyāpaka]).

Zunächst hat Dignāga die Unterscheidung Vasubandhus in einen „Schluß für den anderen" (parārthānumāna), wenn mit allen fünf Schritten gearbeitet wird, und einen „Schluß für sich selbst" (svārthānumāna) – der nur der ersten drei Schritte bedarf – übernommen. Beim Schluß für sich selbst geht es darum, die gewonnene Erkenntnis unter Verwendung der Lehre vom apoha in einem Wahrnehmungsvollzug zu verankern (die Sätze sind dann als Termkomplexe zu behandeln, z.B. ‚Berg hat Feuer' als ‚Berg mit Feuer'), bei einem Schluß für den anderen hingegen verbleibt man auf der schematischen Ebene (die Sätze bleiben Sätze), weil der andere die Verankerung in der Wahrnehmung vorzunehmen hat. Daran anschließend gibt Dignāga der überlieferten Lehre von den „drei Kennzeichen" (trairūpya), die der hetu erfüllen muß, damit der Schluß schlüssig ist, eine präzise Fassung. Dazu bedient er sich seines mittlerweile berühmten „Rades der Gründe" (hetu-cakra) – einer erstmals im Hetucakra-ḍamaru aufgestellten neungliedrigen Tabelle – zur Auszeichnung derjenigen Relationen zwischen Grund und Folge, die einen im modernen Sinne *formalen* Schluß von der zum Grund h gehörigen Prämisse $\iota p \varepsilon h$ (d.h. am Ort des Berges ist Rauch anwesend) auf die zur Folge s gehörige Konklusion $\iota p \varepsilon s$ (d.h. am Ort des Berges ist Feuer anwesend) erlauben.

Die drei Kennzeichen für die Schlüssigkeit des Schlusses von $\iota p \varepsilon h$ auf $\iota p \varepsilon s$ lauten:

(1) das Zeichen (hetu h) ist am Ort des Gegenstandes (pakṣa ιp) anwesend (pakṣa-dharma-tva, d.h. Modifiziertsein des Gegenstandes durch die Eigenschaft [dharma]);

(2) das Zeichen ist *nur* dort anwesend, wo die Folge (sādhya s) anwesend ist, also an Orten, die denen des Gegenstandes in dieser Hinsicht gleichen (sapakṣa sattva, d.h. den „Gleichartigen", also den „übereinstimmenden Beispielen" [sādharmya dṛṣṭānta]);

(3) das Zeichen ist dort abwesend, wo die Folge abwesend ist, also an Orten, die denen des Gegenstandes in dieser Hinsicht *nicht* gleichen (vipakṣa asattva, d.h. den „Ungleichartigen", also den „widersprechenden Beispielen" [vaidharmya dṛṣṭānta]).

Kennzeichen (1) besagt $\iota p \varepsilon h$ (d.h. dieser Berg hat Feuer); Kennzeichen (2) besagt $h < s$ (d.h. wo Rauch anwesend ist, ist Feuer anwesend) und wird, wie schon im Mahābhāṣya von Patañjali, die anvaya[= zusammenhängende]-Gestalt der vyāpti genannt; Kennzeichen (3) besagt $s < h$ (d.h. wo Feuer abwesend ist, ist Rauch abwesend), ist also die Kontraposition von $h < s$; in diesem Fall spricht man von der vyatireka[= ausschließende]-Gestalt der vyāpti.

Das Rad der Gründe läßt sich notieren, wenn man die Buchstaben ‚a', ‚e' und ‚i' als Bezeichnungen für die syllogistischen Relationen ‚alle', ‚kein' und ‚einige' (unter Ausschluß von ‚alle‘!) zwischen den „Gleichartigen“ *s*[apakṣa] (d.h. Orte der Anwesenheit von Feuer, z.B. eine Küche) bzw. „Ungleichartigen“ *v*[ipakṣa] (d.h. Orte der Abwesenheit von Feuer, z.B. ein Teich) und dem Grund *h*[etu] (d.h. Orte der Anwesenheit von Rauch) verwendet:

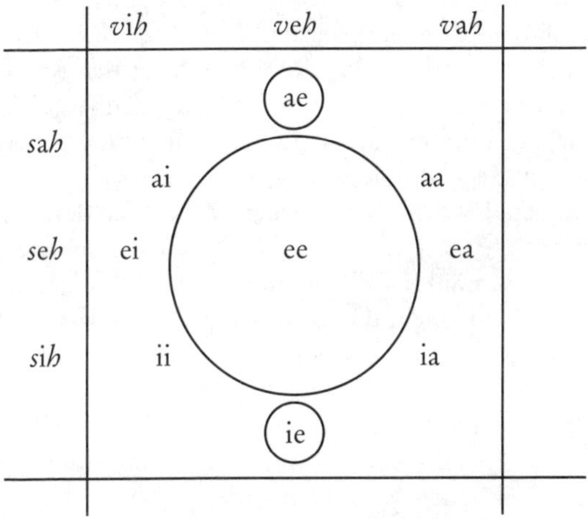

Dann gilt in genau den beiden Fällen *sah* (alle Feuer-Orte sind Rauch-Orte) zusammen mit *veh* (kein Nicht-Feuer-Ort ist ein Rauch-Ort) bzw. *sih* (einige Feuer-Orte sind Rauch-Orte) zusammen mit *veh* (kein Nicht-Feuer-Ort ist ein Rauch-Ort) auch *has* (alle Rauch-Orte sind Feuer-Orte, d.h. überall, wo Rauch anwesend ist, ist auch Feuer anwesend), und der Schluß von $\iota\ p\ \varepsilon\ h$ auf $\iota\ p\ \varepsilon\ s$ ist *formal* gültig. Immer wieder unternommene Versuche, das Rad der Gründe als Beweis für den klassischen Syllogismus *barbara* zu lesen, also für *pah*, *has* < *pas* mit pakṣa (hier: Berg) als Unterbegriff, sādhya (hier: Feuer) als Oberbegriff und hetu (hier: Rauch) als Mittelbegriff, sind abwegig.

Insgesamt handelt es sich vielmehr um die Begründung des modus ponens: A ; $A < B \Rightarrow B$ für Aussagen A, B über jeweils den gleichen Gegenstand, wobei die Implikation $A < B$ eine Instanz der allgemeinen vyāpti ist. Vyapti und pakṣadharmatva zusammen sind die genauen Bedingungen für einen Schluß (anumāna), dessen formale Schlüssigkeit auf den drei Kennzeichen (trairūpya liṅgatva) beruht. Dignāga besteht darauf, daß die vyāpti in ihren beiden Gestalten, als anvayi vyāpti und als vyatireki vyāpti, gesichert sein muß und diese beiden Gestalten nicht, wie es später der buddhistische Logiker Dharmottara (ca. 730–800) ausdrücklich vermerkt, als logisch äquivalent zu behandeln sind. Aus der im Zusammenhang der Anwendung des Schlußfolgerns geschilderten Rolle des apoha geht hervor, warum in der buddhistischen Logik nicht ohne weiteres von der logischen Regel des duplex negatio affirmat:

nicht-nicht-$A < A$ Gebrauch gemacht werden darf.

Der Nyāya hat sich diese auf die logische Form einer Argumentation beschränkte Behandlung des Schlußfolgerns nie zu eigen gemacht, vielmehr die formal-logischen Verhältnisse stets mit einem psychologischen oder epistemisch-logischen Überbau versehen. Zu einer Fortsetzung der Auseinandersetzung zwischen der logischen Schule des Buddhismus und dem am Ende des ersten Jahrtausends durch Verschmelzung mit dem Vaiśeṣika zum Neuen Nyāya gewordenen Nyāya über die mit der Unterscheidung von Logik und Psychologie in der Erkenntnistheorie neu aufgeworfenen Fragen war es wegen des gewaltsamen Endes der buddhistischen Schulen auf dem indischen Subkontinent nicht mehr gekommen.

VI. Śaṃkara (ca. 700-750) und der Advaita-Vedānta. Der substantielle Charakter der Welt hinter den Erscheinungen

1. Der Vedānta

Mit der Tätigkeit der beiden Denker Bhartṛhari und Dignāga hatte eine Verselbständigung philosophischer Reflexion eingesetzt, die als Geburtsstunde einer grammatisch fundierten, eigenständigen Sprachphilosophie bei Bhartṛhari und einer ebenso eigenständigen, logisch fundierten Erkenntnistheorie bei Dignāga angesehen werden kann. Diese Entwicklung fiel in eine Zeit beginnender politischer Instabilität – das Gupta-Reich war zerfallen –, die neben der intensiven Fortsetzung philosophischer Auseinandersetzungen zugleich eine Periode der Rückbesinnung auf die Tradition einleitete, mit der man die scheinbar verlorengegangenen, zumindest in den vielfältigen Aufsplitterungen religiöser Regelungen und philosophischer Ansichten nicht mehr zu erkennenden, praktischen und theoretischen Sicherheiten wiederzugewinnen suchte.

Von den Reiseberichten Hsüan-tsangs aus dem siebenten Jahrhundert wie auch aus anderen Quellen wissen wir (vgl. Pande 1994, 55–71), daß Anhänger ganz unterschiedlicher sowohl orthodoxer als auch heterodoxer Richtungen in der Regel friedlich an den zahlreichen kleinen Fürstenhöfen zusammenlebten und gleichermaßen dort ihr Auskommen fanden. In der aufgeklärten Atmosphäre einer Toleranz gegenüber jeder Art dharma und darśana war das ursprüngliche, den Brahmanismus und die von ihm geprägte indische Gesellschaft grundsätzlich tragende System der Kastengruppen und Lebensstadien (varṇāśrama-dharma) zusammengebrochen. Das dritte Lebensstadium eines Einsiedlers (vānaprastha) war praktisch verschwunden, und zum vierten Lebensstadium eines umherziehenden Mönchs (saṃnyāsin) gab es so viel Konkurrenz durch Wanderasketen nicht- oder antibrahmanischer Herkunft, daß ein orthodoxer, am Veda orientierter saṃnyāsin sich nicht mehr ohne weiteres auszeichnen ließ.

Es kommt hinzu, daß die vorherrschende Religiosität in den Sekten des Vaiṣṇavismus, Śaivismus und Sāktismus ihren Bezug zu den Forderungen und Auffassungen des Veda zunehmend verliert. An die Stelle der traditionellen Orientierung am rituellen Tun (karman) oder Wissen (jñāna) tritt eine sich ausbreitende Bhakti-Frömmigkeit, die im Bewußtsein ihrer von der Bhagavadgītā gestützten Überlegenheit über bloßes Tun und Wissen nur von gläubiger Hingabe (bhakti) an einen Gott lebt.

Angesichts dieser Situation rücken die von den verschiedenen vedischen Priesterschulen (śākhā) getragenen Auslegungstraditionen des Veda deutlich stärker in den Vordergrund auch der in den praktisch-religiösen Kontext wieder stärker sich einbindenden philosophischen Auseinandersetzungen zwischen den Vertretern der verschiedenen Systeme. In dem Maße, in dem man sich in diesen Priesterschulen darauf konzentriert, wie durch das Studium des Veda ein Wissen vom brahman (brahma-jñāna oder brahma-vidyā) gewonnen werden kann, beschleunigen sie die Anerkennung der auf Wissen gerichteten Auslegungstraditionen als ein eigenes System (darśana) der indischen Philosophie. Es tritt auf in Gestalt des von Anfang an vielfältig gegliederten, aber erst viel später auch in eigenen, sich befehdenden Schulen organisierten Vedānta, was wörtlich und bewußt mehrdeutig ‚Ende des Veda' bedeutet. Dabei ist zu beachten, daß noch in der Zeit Nāgārjunas die Auslegung des Veda ohne besonderen Akzent auf seine in den Upaniṣaden konzentrierten, dem Wissen gewidmeten Teile (jñānakāṇḍa oder brahmakāṇḍa) erfolgt ist. Vielmehr wird den rituellen Regeln (vidhi) und der Lehre von deren Bedeutung (arthavāda), also den auf das rituelle Tun bezogenen Teilen (karmakāṇḍa) des Veda, das grundsätzlich den gesamten Bereich alltäglichen Handelns durchzieht, eine größere Aufmerksamkeit eingeräumt.

Es geht ohne Zweifel auch auf die Herausforderung durch die buddhistischen Schulen des Mahāyāna zurück, daß um die Mitte des ersten Jahrtausends eine den Zusammenhang von Handeln und Wissen ausdrücklich thematisierende Neuorientierung im Studium des Veda, seiner „Erörterung" (mīmāṃsā), erfolgte. Es galt, das Verhältnis einer Untersuchung des karmakāṇḍa in der Karma-Mīmāṃsā (auch: Dharma-Mīmāṃsā oder Pūrva[= vorhergehende]-Mīmāṃsā, kurz: Mīmāṃsā) und des jñānakāṇḍa in der Jñāna-Mīmāṃsā (auch: Brahma-Mīmāṃsā oder Uttara[= nachfolgende]-Mīmāṃsā, kurz: Vedānta) bis hin zu ihrer Anerkennung als eigenständiger, wenn auch zunächst einander ergänzender, philosophischer Systeme, ausdrücklich zu bestimmen.

Dieser Prozeß wurde dadurch unterstützt, daß in den Priesterschulen sowohl für die Karma-Mīmāṃsā als auch für die Jñāna-Mīmāṃsā geeignete Texte, in denen die Auffassungen für autoritativ gehaltener Denker zusammengefaßt sind, zu einer beide Mīmāṃsā als jeweils ein philosophisches System konstituierenden verbindlichen Grundlage (prasthāna) erklärt wurden.

Das umfangreiche, schon um die Jahrtausendwende entstandene Mīmāṃsā-sūtra mit seinen als Kriterien für die richtige Ausführung der praktisch-religiösen Pflichten (dharma) dienenden Regeln (vidhi) zur Auslegung des Veda wurde neben dem Veda die verbindliche Textgrundlage der Mīmāṃsā.

Der Vedānta hingegen zählt zu seinen verbindlichen Texten zunächst neben den ausdrücklich – als für ihn relevanter Teil des Veda – insgesamt herausgehobenen und bis auf die jüngeren Upaniṣaden sogar buchstäblich am „Ende" des vedischen Textkorpus stehenden Upaniṣaden zum einen die Bhagavadgītā (= Gesang des Erhabenen). Sie verkörpert als Teil des nahezu 100000 Verse umfassenden und zuweilen auch als fünfter Veda geltenden Epos Mahābhārata (Kapitel 25–42 des 6. Buches unter den insgesamt 28 Büchern) eine Tradition, in der orthodoxe Überlieferungen mit heterodoxen bereits verschmolzen sind. Zum anderen zählt ebenfalls ein für den Vedānta konstitutives Sūtra zu seinen Grundlagen. Es handelt sich hierbei um das von Śaṃkara dem vermutlich ins erste vorchristliche Jahrhundert gehörenden Bādarāyaṇa als Autor zugeschriebene Brahma-sūtra oder Vedānta-sūtra, das aber mit Sicherheit erst später verfaßt wurde und wohl um 400 seine nicht einheitlich überlieferte Textgestalt gefunden hatte. Bādarāyaṇa wird nämlich im Brahma-sūtra unter anderem gegen den etwa um 100 Jahre älteren Jaimini als eine höhere Autorität in der Auslegung des Veda zitiert, der aber gleichwohl nicht immer zu folgen sei (vgl. Nakamura 1983, 404–407). Hauptsächlich auf Jaimini wiederum stützt sich, dabei durchaus auch Bādarāyaṇa anerkennend, das Mīmāṃsā-sūtra, so daß auch Jaimini nicht, wie in der Tradition behauptet, als Autor des Mīmāṃsā-sūtra in Frage kommt. Beide Denker, sowohl Jaimini als auch Bādarāyaṇa, werden durchweg, wenngleich verschieden gewichtet, als Autoritäten in Bezug auf den Veda in allen seinen Teilen und damit für das Mīmāṃsā-sūtra ebenso wie für das Brahma-sūtra angesehen.

In der indischen Tradition ist das Brahma-sūtra schließlich auf den mythischen Weisen Vyāsa, den vermeintlichen Autor des Mahābhārata und damit auch der Bhagavadgītā, zurückgeführt und so Bādarāyaṇa mit Vyāsa identifiziert worden. In den späteren, mit dem Advaita-Vedānta Śaṃkaras konkurrierenden Vedānta-Schulen, die in Verbindung mit religiös bestimmten Auffassungen des Vaiṣṇavismus und Śaivismus einen theistischen Vedānta ausgebildet haben, kommen noch weitere verbindliche Textgrundlagen hinzu.

Das Brahma-sūtra gehört zur Kauthuma-Schule des Sāmaveda und ist deshalb insbesondere der diesem Veda zugeordneten Chāndogya-Upaniṣad verpflichtet. Es trägt den förmlichen Titel ‚Śārīraka-mīmāṃsā-sūtra' (= Sūtra der Erörterung des Verkörperten [ātman]) und besteht in der Zählung von Śaṃkaras Kommentar aus 555 Einzelsūtras, Merksätzen von äußerster Knappheit, mit denen beansprucht wird, das als brahma-vidyā interpretierte Wissen der Upaniṣaden – unter besonderer Berücksichtigung der Chāndogya-Upaniṣad – systematisch zusammenzufassen. Seine Bedeutung läßt sich an der großen Zahl von Kommentaren ablesen, die zu ihm verfaßt wurden und von denen knapp fünfzig auch überliefert sind. Nahezu jede Vedānta-Schule läßt sich inhaltlich weitgehend durch einen Kommentar (bhāṣya) zum Brahma-sūtra seitens des die Schule als Schule begründenden Denkers charakterisieren.

Der älteste überlieferte Kommentar ist der von Śaṃkara. Zusammen mit den beiden nur wenig jüngeren Kommentaren von Gründern konkurrierender Vedānta-Schulen, des zur Schule des Bhedābheda (= Unterschiedenheit und Unterschiedslosigkeit) gehörenden Bhāskara (ca. 750–800) und des zur Schule des Viśiṣṭādvaita (= [durch Binnengliederung] modifizierte Nichtzweitheit) gehörenden Rāmānuja (ca. 1055–1137), ist Śaṃkaras Brahmasūtra-bhāṣya die wichtigste Quelle für eine verläßliche Interpretation des aufgrund seiner bis zum Äußersten verkürzten sprachlichen Gestalt ohne Hilfestellung kaum verständlichen Brahma-sūtra.

Darüber hinaus aber hat Śaṃkaras Bhāṣya nicht nur zentrale Bedeutung für das Verständnis der von ihm vertretenen radikalen Version des Advaita-Vedānta (= Nichtzweitheit-V.), es ist zugleich einer der einflußreichsten Texte der gesamten indischen Tradition. In ihm werden zahlreiche, mit der zuvor üblichen Auslegung des Veda, besonders der Upaniṣaden, verbundene Unterscheidungen schärfer gefaßt und in teilweise aneignender Auseinandersetzung mit den konkurrierenden orthodoxen und heterodoxen philosophischen Systemen zu einem eigenständigen System des von der späteren Tradition auch ‚Kevalādvaita' (= vollständige Nichtzweitheit) genannten Advaita weitergebildet. Diese Bezeichnung wird gewählt, wenn auf eine Verwandtschaft des Advaita Śaṃkaras mit der Position des Yogavāsiṣṭha aufmerksam gemacht werden soll. Der Yogavāsiṣṭha ist ein umfangreiches philosophisch-literarisches Werk, wohl aus dem 12. Jahrhundert, das in einem didaktisch-poetischen Rahmen, bei dem Einflüsse des Vedānta und des Buddhismus eine Verbindung eingegangen sind, die Verwandtschaft alles Lebendigen in den Mittelpunkt stellt.

Śaṃkara selbst nennt sein Advaita ‚abheda-darśana', eine „Philosophie der Unterschiedslosigkeit", weil in ihr von der einzigen, in sich einheitlichen (a-dvaita), wandellosen (nitya) und zugleich um sich wissenden Wirklichkeit, dem brahman, die Rede ist. Das brahman ist eine Einheit von Sein (sat) und Bewußtsein (cit), ohne dabei in (erkennendes) Subjekt und (erkanntes) Objekt aufgespalten zu sein, so daß sich keinerlei Eigenschaften (guṇa) von ihm aussagen lassen: Es ist nirguṇa (= eigenschaftsloses) brahman. Ist gleichwohl vom brahman die Rede, will man ausdrücken, daß es um die Erkenntnis des brahman, die brahma-vidyā, geht, so liegt so lange uneigentliche Rede vor, bis der mit dieser Rede Erkennende seine eigene Ununterschiedenheit von brahman realisiert und damit zugleich die Identität mit dem Ausgesagten vollzogen hat: Die brahma-vidyā tritt als objektloses und subjektloses, also weder objektiv gegenübergestelltes noch subjektiv angeeignetes, Wissen um die Identität von ātman (= das Selbst) und brahman (brahmātmatva, wörtl.: das ātman-Sein des brahman) und damit als gleichwertig mit der ātma-vidyā auf. Wenn auf der Ebene der Beschreibung das brahman durch die Attribute Wahrheit (satya), Wissen (jñāna) und Unendlichkeit (anantatā) – statt auf der Gegenstandsebene als Sein (sat), Bewußtsein (cit) und Wandellosigkeit (nityata) – charakterisiert wird (satyaṃ jñānam anantaṃ brahma), so muß auch dies nach Śaṃkara (Taittirīyopaniṣad-bhāṣya II.1) so verstanden werden, daß Beschreibung hier nur eine hinführende uneigentliche Funktion hat. Es geht nicht darum, einen Gegenstand (durch Unterscheidung) zu „bezeichnen" (viśeṣaṇa), sondern darum, ihn allein mit Worten auf drei gleichwertige Weisen (durch Anzeichen) zu „definieren" (lakṣaṇa) (vgl. Potter 1981, 209–212).

Es ist diese „Einheitslehre" (ekatva-vāda), die von Śaṃkara als *die* Lehre der den Veda als ein Wissen explizierenden Upaniṣaden gegen andere Lesarten verteidigt wird. Das betrifft auch die mit seiner Lesart konkurrierenden Lesarten der anderen, erst nach Śaṃkara eigenständig auftretenden Vedānta-Schulen, weil sich deren Wurzeln, wie Hajime Nakamura (1983) gezeigt hat, allesamt bereits in den verschiedenen Auslegungstraditionen des Veda in der Zeit vor Śaṃkara, des sogenannten „älteren" Vedānta, identifizieren lassen.

2. Zur Überlieferung von Śaṃkaras Leben und Werk

Lebenszeit und Lebensumstände Śaṃkaras sind – ähnlich wie ein halbes Jahrtausend früher bei Nāgārjuna – derart widersprüchlich und von Legenden umwuchert überliefert, daß in der Forschung bisher nur über wenige Tatsachen weitgehende Einigkeit herrscht (vgl. Pande 1994; Alston 1980–89, chap. 1). Fast alle erhaltenen traditionellen, erst viele Jahrhunderte später verfaßten Lebensbeschreibungen (Śaṃkaravijaya, wörtl.: Siegeszug Śaṃkaras) stimmen darin überein, daß Śaṃkara in Kāladi, einem kleinen Dorf im äußersten Süden Indiens im heutigen Staat Kerala, als Spätgeborener zur Welt kam und sein Vater, ein zur Taittirīya-Priesterschule des Yajurveda gehöriger Brahmane, schon bald nach seiner Geburt starb. Śaṃkara soll ein Wunderkind gewesen sein, das schon sehr früh über ein umfassendes Wissen des Veda und des Inhalts der ihn betreffenden „Lehrbücher" (śāstra) verfügte und bereits mit acht Jahren sich dazu entschied, ein aller weltlichen Verpflichtungen lediger saṃnyāsin zu werden. Eine Legende erzählt, wie er dazu die Einwilligung seiner Mutter erreichte: Beim Baden im Fluß schnappt ein Krokodil nach ihm. Er schreit nach seiner Mutter und bittet sie angesichts des unmittelbar drohenden Todes flehentlich um Zustimmung zur noch schnell vollzogenen Weltentsagung. Seine Mutter erlaubt ihm, was sie zuvor immer verweigert hatte: den unmittelbaren Eintritt in das vierte Lebensstadium der Weltentsagung, eine Weltentsagung „im Notfall einer Gefahrensituation" (āpat-saṃnyāsa). Er hätte als Erstgeborener nämlich die in dieser Situation gegenstandslos gewordene Pflicht gehabt, zuvor einen Haushalt zu gründen und zu heiraten. Da aber wird er auf wunderbare Weise von dem Krokodil freigelassen. Zum Dank verspricht Śaṃkara nunmehr seinerseits, zu gegebener Zeit die Bestattungszeremonie nach dem Tode der Mutter zu übernehmen, obwohl dies einem saṃnyāsin eigentlich untersagt ist.

Für Śaṃkara beginnt eine Wanderzeit, die grundsätzlich bis zu seinem nach der Überlieferung frühen Tode mit 32 Jahren

Śaṃkara

dauert. (Diese kurze Lebensspanne wird allerdings angesichts der großen Zahl ihm zuzuschreibender Werke gegenwärtig für unglaubwürdig gehalten.) Er wendet sich zunächst nordwärts und gewinnt Govindapāda, einen Schüler des als Begründer eines radikalen Advaita-Vedānta geltenden Gauḍapāda, am Oberlauf der Narmadā (= Narbadā) zu seinem Lehrer (guru); anschließend zieht er nach Vārāṇasī (= Benares) und beginnt dort seine eigene Lehrtätigkeit. Zu seinen ersten Schülern gehört der für die künftige historische Wirksamkeit von Śaṃkaras Lehre einflußreiche Padmapāda. Das einzige von Padmapāda allerdings unvollständig überlieferte Werk ist ein Kommentar (ṭīkā) zu Śaṃkaras Brahmasūtra-bhāṣya, die Pañcapādikā (= Fünfpāda[-Kommentar]). Er trägt diesen Namen, weil es sich um einen Kommentar zu den vier Abschnitten (pāda, wörtl.: Fuß) von Buch I und dem ersten Abschnitt von Buch II des Brahma-sūtra samt Bhāṣya handelt, wobei nur der Kommentar zu den generell im Vedānta als Quintessenz des gesamten Brahma-sūtra angesehenen vier ersten Sūtras von Buch I samt Bhāṣya erhalten ist. Nach einer auf ihre Glaubwürdigkeit nicht überprüfbaren Überlieferung soll die vollständige, das gesamte Bhāṣya Śaṃkaras kommentierende Ṭīkā Padmapādas verbrannt sein, woraufhin Śaṃkara aus dem Gedächtnis Padmapāda die ersten fünf pāda wieder diktiert habe.

Śaṃkara zieht mit Padmapāda weiter nach Norden bis Badarīnātha an einem Quellfluß des Ganges (heute nahe der tibetischen Grenze in Uttar Pradesh Nord) und soll dort während nur vier Jahren einen Großteil seiner Werke verfaßt haben. Beide kehren dann für längere Zeit nach Benares zurück, wo Śaṃkara zahlreiche weitere Schüler gewinnt. Während eines Abstechers nach Prayāga (= Allahabad) soll er dem führenden Mīmāṃsā-Lehrer Kumārila begegnet sein, der aus Altersgründen den fälligen öffentlichen Disput mit Śaṃkara seinem Schüler Maṇḍana übertragen habe. Maṇḍana unterliegt in diesem argumentativen Wettstreit und wird nach den geltenden Regeln für solche Dispute ein Anhänger Śaṃkaras. Die tradierte Meinung, Maṇḍana habe von da an unter dem Namen Sureśvara weitergelebt, wird allerdings von der Forschung heute mehrheitlich für unzutreffend gehalten. Maṇḍana Miśra – ‚Miśra' (= Mannigfaltiger) ist ein Ehrentitel ebenso wie ‚Ācārya' (= Meister), wenn Śaṃkara als ‚Śaṃkarācārya' bezeichnet wird – und Sureśvara sind zwei verschiedene Personen und stehen am Beginn zweier deutlich unterschiedener Zweige des Advaita: Maṇḍana wird mit seiner Brahmasiddhi (= Vollendung des Brahma[-Studiums]) zum Begründer der Bhāmatī-Schule. Diese Schule verdankt ihren Namen einem gleichnamigen Kommentar zu Śaṃkaras Brahmasūtra-bhāṣya, der von Vācaspati Miśra (ca. 900–980) in der Nachfolge von Maṇḍanas Brahmasiddhi verfaßt wurde und bis heute als der bedeutendste Kommentar zu Śaṃkaras Hauptwerk gilt. Sureśvara hingegen führt mit seiner Naiṣkarmyasiddhi (= Vollendung der Werklosigkeit) die Position Śaṃkaras im engeren Sinne weiter. Der mit Padmapādas Pañcapādikā beginnende Advaita-Zweig wiederum ist ein seinerseits von den ersten beiden Zweigen verschiedener dritter und bildet den Anfang der Vivaraṇa-Schule. Auch hier geht der Name der Schule auf einen Kommentar zurück, nämlich das Vivaraṇa des Prakāśātman (10. Jh.) zur Pañcapādikā von Padmapāda. Sureśvara steht inhaltlich zwischen den Positionen der beiden anderen Schulen, wenngleich auch diese vermittelnde Position sich in den folgenden Jahrhunderten in wiederum drei Teilzweigen verselbständigt hat.

Im Zusammenhang mit der Rückkehr an seinen Geburtsort, wo er die Bestattungszeremonien nach dem Tode seiner Mutter vollzieht, soll Śaṃkara ausgedehnte Pilgerreisen unternommen haben, in deren Verlauf er die vier führenden Advaita-Klöster (maṭha) als Rast- und Studienzentren für Wanderasketen gegründet habe: in Śṛṅgeri (Karṇāṭaka; Südwesten), in Purī (Orissa; Osten), in Dvārakā (Gujarāt; Westen) und in Badarīnātha (Uttar Pradesh; Norden). Zur Leitung habe er jeweils einen seiner Schüler eingesetzt (z.B. Sureśvara in Śṛṅgeri, Padmapāda in Purī), während er selbst an der Spitze einer letzten fünften Gründung in Kāñcī (= Conjeeveram) im Südosten gestanden habe. Obwohl Tempel für Wanderasketen keine Rolle spielen, sind in späterer Zeit im Umkreis der Advaita-Klöster auch Tempelanlagen (pīṭha) errichtet worden. Der Kāmakoṭi-Tempel in Kāñcī wird dabei ein in Vergangenheit und Gegenwart mit Śṛṅgeri konkurrierendes Zentrum des Advaita. Entsprechend widersprüchlich sind die in beiden Klöstern aufbewahrten Zeugnisse. Dazu gehört auch, daß nach der Śṛṅgeri-Überlieferung Śaṃkara in Kedārnātha, einem Ort im Himalaya nahe Badarīnātha gestorben ist, während die Kāñcī-Überlieferung Kāñcī selbst zum Ort seines Todes erklärt (vgl. Pande 1994, 337–371).

Die immer noch häufig angegebenen Lebensdaten Śaṃkaras von 788–820 beruhen auf Überlieferungen, die aus dem 16. Jahrhundert stammen und nach dem gegenwärtigen Stand der Forschung keinerlei Verläßlichkeit beanspruchen können (vgl. Pande 1994, 41–54). Dies um so weniger, als die Verweise, die sich auf Personen der fraglichen Zeit in den Werken Śaṃkaras und in denjenigen ebendieser Personen, aber auch anderer Denker seiner zeitlichen Umgebung, finden, mit einer Datierung Śaṃkaras zwischen 788 und 820 nicht verträglich sind.

Neben Gauḍapāda (2. Hälfte 6. Jh.), als dessen Enkelschüler sich Śaṃkara bezeichnet, gehören sowohl die Mīmāṃsā-Lehrer Kumārila (ca. 620-680) und Prabhākara (ca. 650–720) als auch Bhartṛhari und der Enkelschüler Dignāgas, Dharmakīrti (ca. 600-660), zu dem von Śaṃkara vorausgesetzten Personenkreis; andererseits beziehen sich sowohl Bhāskara als auch der „Meister aller Systeme", der aus Mithilā (Bihār), einem Zentrum des philosophischen Systems des Nyāya, stammende und auf Bhāskara Bezug nehmende Vācaspati Miśra (ca. 900–980), auf Śaṃkara. Zusammen mit hier nicht genannten weiteren Bezügen ergeben sich die in Klammern bereits hinzugefügten ungefähren Lebensdaten von Denkern vor und nach Śaṃkara. Für Śaṃkara selbst bleibt dann nur noch die Zeit der zweiten Hälfte des siebenten und der ersten Hälfte des achten Jahrhunderts, von Nakamura fixiert auf 700–750, auch wenn mit Rücksicht auf eine mögliche Zeitgenossenschaft mit Kumārila und auf eine größere zeitliche Nähe zu Gauḍapāda der Zeitraum 670–740 als noch wahrscheinlicher gelten mag (vgl. Nakamura 1983, 65–89; Potter 1981, 115 ff.).

Natürlich hängen diese Datierungen wesentlich davon ab, welche der überaus zahlreichen unter dem Namen Śaṃkaras überlieferten Werke – es sind mehr als dreihundert – wirklich ihm zuzuschreiben sind. Hier ist es vor allem den Forschungen Paul Hackers (1950) zu danken, daß sich mit Hilfe stilistischer und die Terminologie der Werke betreffender Kriterien die Übereinstimmung des jeweiligen Autors einiger dieser Werke mit dem Autor des Brahmasūtra-bhāṣya und damit Śaṃkaras selbst mit einiger Zuverlässigkeit bestimmen läßt (vgl. Vetter 1979). Ungeachtet noch andauernder Auseinandersetzungen in der Forschung werden seither jedenfalls die folgenden überlieferten Werke mehrheitlich als echt anerkannt: Neben dem Brahmasūtra-bhāṣya noch vier weitere Kommentarwerke, darunter ein Vivaraṇa zu einem Bhāṣya, das Vyāsa (5./6. Jh.) zum Yoga-sūtra von Patañjali (4./5. Jh.), der Grundlage des philosophischen Systems des Yoga, verfaßt hat und das für Hacker (1968) ein Beleg dafür ist, daß Śaṃkara anfangs ein Anhänger des Yoga gewesen sei; unter den übrigen als echt anerkannten

Kommentarwerken sind ein Bhāṣya zur Bhagavadgītā und ein Bhāṣya zur Kārikā von Gauḍapāda hervorzuheben. Dabei wird die Gauḍapādīya-kārikā zugleich mit der im ersten der vier Teile (prakaraṇa) der Kārikā enthaltenen und von Śaṃkara noch nicht als Upaniṣad anerkannten Māṇḍūkya-upaniṣad kommentiert. Weiter sind Śaṃkara zehn Kommentare (bhāṣya) zu Upaniṣaden zuzuschreiben, darunter die bedeutenden zur Bṛhadāraṇyaka, zur Chāndogya und zur Taittirīya. Schließlich gelten die 22 Traktate – 19 in Versen und 3 in Prosa – der Upadeśa-sāhasrī (= tausend Unterweisungen) als die einzigen selbständigen, nicht als Kommentar konzipierten Arbeiten (prakaraṇa) Śaṃkaras. Von den Werken Śaṃkaras ist bisher allein die Upadeśa-sāhasrī kritisch ediert worden (Mayeda 1973).

3. Die Wiederherstellung des Wissens der Upaniṣaden als Alleinheitslehre (ekatvavāda)

Die besonderen Schwierigkeiten im Verständnis der Lehre Śaṃkaras, wie sie die bis heute andauernden Auseinandersetzungen um sie bezeugen, haben vor allem mit dem folgenden Problem zu tun. Auf der einen Seite betont Śaṃkara immer wieder seine Bindung an die Autorität des Veda, die śruti (= das Gehörte), und doch verfährt er auf der anderen Seite in vielen Zusammenhängen rein argumentativ, ohne von einem „Schriftbeweis“ Gebrauch zu machen (vgl. Halbfass 1983, 27–84).

In dieser Situation hilft es weiter, sich klar zu machen, daß Śaṃkara – nicht anders als Nāgārjuna, der die ursprüngliche Lehre Buddhas wiederherstellen wollte – ebenfalls eine ursprüngliche Lehre wiederherstellen will. Es ist die von ihm als Lehre des Veda, und zwar in den Upaniṣaden, verstandene Wesensgleichheit des nur scheinbar als individuell auftretenden Selbst, des ātman, mit dem ebenfalls nur scheinbar als zugleich materiale und bewirkende Ursache der Welt auftretenden brahman. Dies ist auch der Grund dafür, daß die Wesensgleichheit von ātman und brahman als eine Einheit von Bewußtsein und Sein bestimmt wird.

Die Lehre des Veda unterscheidet sich nun aber von der Lehre Buddhas dadurch, daß sie als autorlos (apauruṣeya) gilt, auf keine Weise zu irgendeiner Zeit durch eine Redehandlung in die Welt kam. Sie ist ein zeit- und ortloses Wissen (vidyā), dessen Verkörperung in gesprochenen oder geschriebenen Sätzen dieses zugleich verhüllt und deshalb als Nichtwissen (avidyā) erscheinen läßt. Liest man dies vom Nichtwissen her, so ist Wissen nichts anderes als „Verbrennen" des Nichtwissens und weder selbst eine eigenständige Handlung noch das Ergebnis einer eigenständigen Handlung mit dem Ziel, das Nichtwissen zu beseitigen. Erlösung (mokṣa) im Sinne des befreienden Wissens kann daher unter keinen Umständen das Ergebnis einer Handlung sein (Bṛhadāraṇyakopaniṣad-bhāṣya III, 3.). Śaṃkara macht im Kontext einer Auseinandersetzung mit Einwänden, die auf der Unentbehrlichkeit von Handlungen oder Unterlassungen als Weg zum Wissen bestehen (Bṛhadāraṇyakopaniṣad-bhāṣya I, 4.10) darauf aufmerksam, daß in der ātma-vidyā, die das brahman auszeichnet, der ātman kein Erkenntnisobjekt (viṣaya) des brahman sein kann. Darüber hinaus kann auch umgekehrt in der brahma-vidyā das brahman kein Erkenntnisobjekt des ātman sein (vgl. Potter 1981, 186–189). Die um sich wissende Bewußtheit des brahman (= ātman) darf daher nicht als eine auf sich selbst gerichtete Kognition verstanden werden. Dies ist zusammen mit der an anderer Stelle (Brahmasūtra-bhāṣya I, 1.11; vgl. Bhāṣya zur Māṇḍūkya-upaniṣad 1–6) gegebenen Erklärung, daß das brahman als Erkenntnis*objekt* nur des *Nicht*wissens (avidyā) auftreten kann, ein deutlicher Hinweis darauf, daß mit dem Wissensbegriff Śaṃkaras die Unterscheidung von Gegenstand (das ist grundsätzlich das brahman als kosmologisches „Prinzip") und Darstellung des Gegenstandes (das ist grundsätzlich der ātman als anthropo- oder bio-logisches „Prinzip") unterlaufen werden soll (vgl. Potter 1981, 310). Ontologie und Epistemologie lassen sich auf der Ebene des so verstandenen Wissens nicht mehr auseinanderhalten.

Die Aneignung eines solchen Wissens kann daher auch nicht in einem Erkenntnisakt bestehen, vielmehr nur in einem „Erlebnis" (anubhava) der Erkenntnis. In der Aneignung zählt nicht die Ich-Rolle, die jemand beim Reden und dadurch Etwas-Sagen einnimmt, sondern allein die Du-Rolle, also die Rolle beim Hören, sofern man sich auf den Handlungscharakter des Redens der Gegenseite beschränkt, und beim Verstehen, wenn auch der Zeichencharakter des Redens betroffen ist.

Im Mahāyāna-Buddhismus, sowohl im Madhyamaka als auch im Yogācāra, war es genau umgekehrt: In der Aneignung der Lehre kommt es allein auf die dem Vorbild Buddhas folgende Ich-Rolle im aktualisierenden Vollzug an, die Du-Rolle der Schematisierung führt in die Irre. Dabei gehörten ursprünglich beide Rollen in Gestalt der beiden Aufforderungen ‚seid selbst eure Insel' und ‚habt die Lehre als Insel' zur Lehre Buddhas. Sie sind jedoch in den beiden Schulen des Mahāyāna, dem Madhyamaka und dem Yogācāra, derart in der Ich-Rolle der Metastufe zusammengefaßt worden, daß im Madhyamaka die den Erkenntnisprozeß ausmachende argumentierende Praxis zugleich jede Art Handeln im Sinne einer Praxis der ersten Stufe vertritt: Meditierend wird die Form der Argumentation inhaltlich erprobt. Im Yogācāra hingegen soll umgekehrt die Artikulation des in der Meditation verkörperten Erkenntnisprozesses jede Art Reden und damit Theorie der ersten Stufe vertreten: Argumentierend wird der Inhalt der Meditation formal artikuliert.

Während im Madhyamaka eigenes Reden, also ein Zeichen, darüber hinaus auch als subjektlose Handlung in Ich-Rolle „angeeignet" wird, wird im Yogācāra eigenes Handeln darüber hinaus auch als subjektloses Denken in Ich-Rolle „angeeignet". Dabei löst sich der scheinbare Widerspruch zwischen Subjektlosigkeit und Ich-Rolle in der Aneignung auf, wenn man sich klarmacht, daß im rein singularen Vollzug des Handelns, also intentionsloser Bewußtheit, und im rein singularen Vollzug des Denkens, also vorstellungsloser Bewußtheit, von einem ‚Subjekt' als gleichbleibendem Träger vieler singularer Vollzüge nicht die Rede sein kann.

In beiden Fällen, dem des praktisch-meditativ zu vollziehenden Charakters der argumentativen Theorie im Madhyamaka und dem des theoretisch-argumentativ zu artikulierenden Charakters der meditativen Praxis im Yogācāra, geht es um Denken als Handeln mit der Einübung in intentionsfreies Handeln.

Auf dieser Folie läßt sich jetzt die im Advaita Śaṃkaras vertretene, das Mahāyāna umkehrende Auszeichnung der Du-Rolle verstehen. In ihr liegt eine auf der Metastufe vorgenommene Zusammenfassung beider Rollen der Objektstufe vor, der Ich-Rolle in der handlungsorientierten Mīmāṃsā und der Du-Rolle im wissens- und daher zeichenorientierten Vedānta der Śaṃkara voraufgehenden Tradition. Dem Denken als Handeln, wie es mit der Einübung in Subjektlosigkeit realisierendes intentionsfreies Handeln auftritt, soll Denken als Zeichen, realisiert im objektlosen Erlebnis perzeptionsfreien Erkennens, entgegengesetzt werden. Dabei sind Perzeptionen oder Vorstellungen ausschließlich resultatbezogen zu verstehen, betreffen also den Inhalt von Wahrnehmungshandlungen. In beiden Fällen geht es am Ende darum, die Polarität von Ich-Rolle und Du-Rolle überhaupt aufzuheben, wenngleich auf verschiedenen Wegen, einer rein singularen, auch keine Spur (vāsanā) von Schematisierungen enthaltenden Aktivität im anātmavāda des Mahāyāna, und einer rein universalen, keinerlei Spezifikationen (viśeṣaṇa) enthaltenden Passivität in der Alleinheitslehre des Advaita-Vedānta.

Um diese Einsicht durchzusetzen, gehörte es zur Aufgabe Śaṃkaras, auf der einen Seite die sowohl mit der Ich-Rolle im Handeln als auch mit der Ich-Rolle im Denken verbundenen Irreführungen der orthodoxen Systeme des ātmavāda, ganz besonders auch in den beiden Mīmāṃsās, aufzuzeigen und zu korrigieren, und auf der anderen Seite entschieden gegen die Aufhebung der Du-Rolle im heterodoxen Mahāyāna Stellung zu beziehen. Die durch Systematisierung der Polarität von Ich-Rolle und Du-Rolle sich theoretisch auszeichnende Position der jainistischen Philosophie, die in Gestalt ihrer Vermittlung zwischen ātmavāda und anātmavāda auch praktisch geworden ist, war für Śaṃkara natürlich keine Alternative, vielmehr erst recht zu bekämpfen.

Alle diese Auseinandersetzungen werden – außer in der Upadeśa-sāhasrī – im Zusammenhang kommentierender Auslegung von Texten der Überlieferung, der autoritativen śruti und der an ihr zu messenden smṛti (= das Erinnerte), geführt. Ein Denker nämlich, der über keine Tradition (sampradāya) verfügte, bliebe in Śaṃkaras Augen, weil auf sich allein gestellt, ein Narr. Ausdrücklich erklärt Śaṃkara, daß auf das Aufdekken innerer Widersprüchlichkeit von Auffassungen gerichtete Überlegungen (tarka) für sich allein keine Sicherheit verbürgen, weil auch dergleichen Überlegungen grundsätzlich nicht endgültig sein können. Die Instabilität (apratiṣṭhitatva) der Vernunft (yukti) für positiv zu halten, weil sie die Offenheit für Revision markiere, das sei seinerseits fehlerhaft (Brahma-sūtra-bhāṣya II, 1.11; vgl. Halbfass 1983, 41).

Auf diese Weise gewinnt Śaṃkara auch ein systematisches Verständnis für die im Brahma-sūtra (z.B. I, 3.28) auftretende Behandlung der Überlieferung als Erkenntnismittel (pramāṇa), und zwar der śruti als Wahrnehmung (pratyakṣa) und der smṛti als Schlußfolgerung (anumāna): Die beiden aus der Ich-Rolle des Handelns und Denkens erster Stufe betrachteten Erkenntnismittel Wahrnehmung und Schlußfolgerung werden in die Du-Rolle zweiter Stufe des Hörens und Verstehens dessen, was sich wahrnehmen und erschließen läßt, verwandelt. Das normalerweise in den Systemen des ātmavāda der Wahrnehmung und Schlußfolgerung nebengeordnete weitere Erkenntnismittel zuverlässige Mitteilung oder Überlieferung (śabda) wird zu einem diesen beiden übergeordneten Erkenntnismittel.

Aus dem die Aufklärungsbewegung gegen den vedischen Mythos speisenden Gegensatz von Vernunft (yukti) und Offenbarung (śruti) ist eine dem Veda selbst innewohnende Aufklärung geworden. Und zwar ganz wörtlich eine Aufklärung über das mit Worten und Sätzen verhüllte erlösende Wissen, das sich hören und verstehen läßt, wenn jede mit Worten oder auch anderen Zeichen – etwa den das Handeln leitenden Intentionen – vorgenommene Schematisierung ihrerseits als Zeichen für das aller Spezialisierungen bare Universalschema „Sein“ erlebt wird. Die Überlieferung ist das Mittel, das unwissend sich selbst zugeschriebene Handeln und Denken als Zeichenhandlung zweiter Stufe zu begreifen, bei der es nur auf deren Inhalt (Du-Rolle!) und nicht auf den Träger des Inhalts, die Eigentätigkeit (Ich-Rolle!), ankommt. Dabei hat die Realisierung einer von der Differenz zwischen erkennendem Subjekt und erkanntem Objekt freien, in sich ungegliederten Erkenntnis der „Alleinheit“ den Zustand gewöhnlicher, in Handeln, Sprechen und Denken gegliederter Weltauffassung (vyavahāra) zur transzendentalen, also seine Möglichkeit ausmachenden Bedingung. Anders ließe sich nicht begreifen, daß die Charakterisierungen des eigenschaftslosen brahman (nirguṇa brahman) durch „ohne Bewegung“ (niṣkriya), „ohne Teile“ (niravayava), „ohne einschränkende Bedingung“ (nirupādhika), „ohne Binnengliederung“ (nirviśeṣa), u.a., keine prädikative Rolle, also etwas sagend, sondern eine ostensive Rolle, also etwas zeigend, spielen.

Der Zustand des vyavahāra (= die gewöhnliche Weltauffassung), der von der Ich-Du-Polarität zusammen mit der von ihr implizierten Unterscheidung in Erkennen und Sein bestimmt ist, wird subjektiv-anthropologisch als Unwissenheit (avidyā oder ajñāna) und objektiv-kosmologisch als Täuschung (māyā) im Sinne eines Ergebnisses und nicht etwa eines Aktes charakterisiert, und er hat in dieser Täuschung seine eigene, aus kausalen und finalen Zusammenhängen bestehende „Name-und-Gestalt“ (nāmarūpa), ist also keineswegs schlechthin nichtseiend (vgl. Halbfass 1983, 46). Hacker (1950, 260) hat dabei nachgewiesen, daß ‚nāmarūpa‘ der von Śaṃkara gewählte Ausdruck für die gewöhnliche Welt der Erscheinungen ist, wobei sich diese weder als mit brahman identisch noch als von ihm verschieden nachweisen läßt. Der transzendentale Charakter der gewöhnlichen Weltauffassung (vyavahāra) wird von Śaṃkara deshalb mit dem Ausdruck ‚anirvacanīya‘ (= [hinsichtlich seiend oder nichtseiend] unbestimmbar) wiedergegeben (Hacker 1950, 261ff.). Die Unwissenheit ist anfangslos (anādi) wie das brahman selbst und doch bloß eine Bedingung für die brahmavidyā (= Wissen des brahman), bei deren nicht zeitlich zu verstehender Realisierung sie gleichwohl aufgehoben ist. Der Terminus ‚anādi' wird allerdings erst von den Advaitins nach Śaṃkara im Zusammenhang einer Vergegenständlichung der avidyā zu deren Charakterisierung verwendet; Śaṃkara selbst nennt nur den saṃsāra, also das Ergebnis des Wirkens der avidyā „anfangslos" (z.B. Brahmasūtra-bhāṣya II, 1.36; vgl. Hacker 1950, 255). Hackers sorgfältige terminologische Untersuchungen beweisen, daß die Beziehung zwischen dem Nichtwissen (avidyā) und der Welt der Erscheinungen (nāmarūpa) als eine semiotische verstanden werden muß und keine gegenständliche, etwa kausale, ist. Die Verwendung von „Namen", also das Erbringen von Unterscheidungsleistungen, *ist* das Wesen der avidyā und damit die Konstitution des nāmarūpa, in dem Erkennender und Erkanntes auseinanderfallen, so daß wahres Erkennen verhüllt bleibt. Der im Vedānta vor und auch nach Śaṃkara verbreiteten Identifizierung der avidyā mit dem nāmarūpa, die auf eine Einebnung oder Nichtbeachtung der semiotischen Differenz hinausliefe, fällt Śaṃkara nicht zum Opfer; er vermeidet daher auch jede Vergegenständlichung der avidyā.

Damit findet auch die bei Śaṃkara im Unterschied zu den späteren Advaitins auffällige Seltenheit der Verwendung des Ausdrucks ‚māyā' als (objektives) Gegenstück zur (subjektiven) ‚avidyā' eine natürliche Erklärung. Täuschung nämlich im Sinne einer Vortäuschung von etwas, das „in Wirklichkeit" etwas anderes ist (z.B. eines Seils als Schlange im berühmten Schlangenzauber) verlangt einen Urheber, den „Zauberer". Das brahman derart mit einer „Schöpferkraft" (śakti) als materiale und bewirkende Ursache (upādāna kāraṇa und nimitta kāraṇa) der Welt als Erscheinung (namarupa) auszustatten, macht es zum Objekt des *Nicht*wissens und damit zum Objekt der zur śakti konversen Beziehung gläubiger Hingabe (bhakti): Das eigenschaftslose brahman (nirguṇa brahman) wird zum brahman mit Eigenschaften (saguṇa brahman), dem „höchsten Herrn" (parama-īśvara), einer „aus māyā bestehenden Gestalt" (māyāmayam rūpam, Brahmasūtra-bhāṣya I, 1.20):

> The change in brahman due to its creative capacities is not a matter of transforming itself either in whole or in part, but rather it is a matter of illusory plurality produced from ignorance, as two moons are produced by double vision but the moon is not thereby changed either totally or partly (Brahmasūtra-bhāṣya II, 1.27, zitiert nach: Potter 1981, 152).

Es ist diese Gestalt, eben die Welt der Erscheinungen, die im moralischen Kontext, also auf die empirischen Subjekte bezogen, als Kreislauf der Wiedergeburten (saṃsāra) erscheint, und im physischen Kontext, also auf die empirischen Objekte bezogen, als der vertraute Bereich von „Name-und-Gestalt" (nāmarūpa). Sie erlaubt es deshalb, ihren Urheber, dabei seine Tätigkeit als Scheintätigkeit durchschauend, zu erleben. Für diese Scheintätigkeit des Parameśvara wählt Śaṃkara den Terminus ‚līlā' (= Spiel): Alle Schematisierungen, gleichgültig ob sie Unterscheidungen im Handeln, Sprechen oder Denken betreffen, sind ihrerseits nur Zeichen des Universalschemas, das wahlweise mit „Sein" (sat), seine Universalität und damit Uneingeschränktheit hervorhebend, oder mit „Bewußtsein" (cit), seinen schematischen und damit ungegliederten Charakter hervorhebend, wiedergegeben werden kann.

Eine dritte gleichwertige, in den Upaniṣaden häufig auftretende Charakterisierung, nämlich brahman als „Wonne" (ānanda), wird von Śaṃkara nur sehr zurückhaltend aufgegriffen, weil der ānanda-Aspekt brahmans in der gewöhnlichen Erfahrung, anders als die Aspekte sat und cit, für die es in der gewöhnlichen Erfahrung die Analoga des erkannten Objekts und des erkennenden Subjekts gibt, keine Entsprechung habe: Die Erfahrung des ānanda, dessen Paradigma der Orgasmus ist, ist an seine zeitliche Begrenzung gebunden, weil es zum Gegenstand dieser Erfahrung gehört, etwas Begehrtes zu sein, ein Begehren aber in seiner Existenz von der Abwesenheit des Begehrten abhängt. Der ānanda, soll er wesensgleich mit brahman sein, darf kein Erfahrungs*objekt* sein (vgl. Bṛhadāraṇyakopaniṣd-bhāṣya III, 9.28(7)). Auch aus diesem Grunde hält Śaṃkara die berühmte negative Charakterisierung des ātman durch Yājñavalkya in der Bṛhadāraṇyaka-upaniṣad (VI, 5.15; dem entspricht im Bhāṣya die Stelle II, 3.6) mit den Worten

‚neti neti', d.h. ‚nicht dies, nicht dies', für geeigneter, auf die Nichtobjektivierbarkeit der wahlweise mit ātman oder brahman bezeichneten Alleinheit hinzuweisen.

Ungeachtet der begrifflichen Probleme, die sich auch bei weiteren Versuchen einer Gleichbehandlung von ānanda mit sat und cit ergeben und die mit den dann unvermeidlichen Schwierigkeiten zu tun haben, das apersonale nirguṇa brahman vom personalen saguṇa brahman noch trennscharf zu unterscheiden, ist die Wesensbestimmung des brahman durch sat-cit-ānanda (= saccidānanda) advaitistisches Gemeingut geworden. Das liegt zweifellos auch daran, daß mit dieser Formel sowohl Philosophie als auch Religion in der Lebensführung eines saṃnyāsin zur Geltung gebracht werden konnten: Theoretische Erkenntnis und praktische Frömmigkeit, also nirguṇa brahman als der Inhalt des jñāna und saguṇa brahman als das intentionale Objekt der bhakti, sind nicht schlechthin wie Wissen und Nichtwissen voneinander geschieden, sondern die zum Bereich der Unwissenheit gehörende Frömmigkeit ist eines der Mittel, mit dessen Hilfe sich das Erlebnis des Wissens herbeiführen läßt (vgl. Deutsch ^{2}1973, chap. 1).

Es waren, wie wir gesehen haben, ganz ähnliche begriffliche Probleme wie im Falle des ānanda, die auch schon zur Zurückhaltung Śaṃkaras dem Begriff der māyā gegenüber geführt hatten. Schließlich gehört es zu Śaṃkaras herausragenden Leistungen, die in Gauḍapādas ajāti-vāda (= Lehre vom Nichtentstehen) auch terminologisch noch ungeschiedenen Gesichtspunkte des Täuschung-Seins (māyā) und des Täuschung-Hervorbringens (avidyā) – Gaudapada verwendet nur ‚māyā' und noch nicht ‚avidyā' – derart voneinander gesondert zu haben, daß sich der Scheincharakter des Etwas-Hervorbringens begreifen läßt. Śakti selbst ist māyā, und in diesem Sinne „produziert" avidyā dann auch māyā, und zwar weder material noch kausal, sondern durch Herstellen der semiotischen Differenz zwischen Gegenstand und Bezugnahme auf ihn mit Hilfe eines Zeichens. Bei der Verwendung dieser semiotischen Differenz, von der die epistemologische Differenz zwischen erkennendem Subjekt und erkanntem Objekt impliziert wird, fußt

Śaṃkara auf Einsichten des Mahāyāna (vgl. Hacker 1950, 271f.). Hacker macht überdies darauf aufmerksam (1953, 23), daß ein schon den ajāti-vāda Gauḍapādas charakterisierender Satz, wie der in der Māṇḍūkya-kārikā II, 32 – „Nicht Vergehen (nirodha) und nicht Entstehen (utpatti): das ist die höchste Wirklichkeit (paramarthata)" – sogar in der Wortwahl mit zentralen Thesen des buddhistischen Laṅkāvatāra-sūtra übereinstimmt.

Es wäre völlig irreführend, unterstellte man Śaṃkara, wie es immer wieder geschah und noch geschieht, er habe mit dem māyā-Charakter der Erscheinungswelt diese als bloße Illusion hinstellen wollen, gleichsam als fata morgana, die beim Näherkommen verschwindet. Diese These ist zwar vom Advaitin Prakāṣānanda (um 1500) in Gestalt eines dṛṣṭi-sṛṣṭi-vāda (= Lehre davon, daß Schöpfung dasselbe wie Wahrnehmung ist) vertreten worden, aber ein solcher radikaler Solipsismus, bei dem die Welt zum Inhalt eines bloßen Traums erklärt wird, aus dem man im Zustand der brahma-vidyā aufwacht und um die Existenz nur eines jīva, des mit brahman identischen ātman, weiß, entstellt Śaṃkaras Advaita grundlegend. Worauf mich N. Rao in Gesprächen aufmerksam gemacht hat, entsteht ein derartiges Mißverständnis, an dem sich auch die ausschließlich von Gegnern des Advaita-Vedānta verwendete und dabei durchaus abschätzig gemeinte Bezeichnung ‚māyāvāda' orientiert, erst dann, wenn der von Śaṃkara herausgestellte semiotische Charakter des Zusammenhangs von Nichtwissen und Welt der Erscheinungen fälschlich als ein kausaler Zusammenhang interpretiert wird.

Die Welt als Produkt einer Fähigkeit zur Fiktion würde sie ihres Status berauben, als Zeichen der Alleinheit zu dienen, und genau das auch unterstellt Śaṃkara der Lehre vom „Nur-Geist" (cittamātra) im Yogācāra, weshalb er diese Lehre bekämpft. Die Welt wäre in diesem Fall nur noch subjektiver Ausdruck des tätigen Ich, also das Objekt *allein* einer Zeichenhandlung, statt subjektive Form eines objektiven Inhalts und damit *auch* das Objekt einer gewöhnlichen Handlung. Vielmehr besteht die Täuschung generell darin, irgendetwas als

Ergebnis einer Tätigkeit aufzufassen, mithin sich selbst etwas zuzuschreiben, was nach Konstruktion, nämlich der semiotischen Differenz, gerade von einem selbst verschieden ist. Es wäre drastisch formuliert so, als würde man deshalb, weil man über das Zeichen einer Sache, ihre „Form“, verfügt – sei es ein Wort oder seine (intensionale) Bedeutung, d.i. bei Śaṃkara die Form (ākṛti) im engeren Sinne –, auch über die Sache selbst, ihren „Inhalt“ (artha; eigentlich der von einem Zeichen bezeichnete Gegenstand), verfügen. Genau so aber verfährt man in der gewöhnlichen, durch die Überzeugung von Eigentätigkeit und deshalb durch Unwissenheit geprägten Weltauffassung.

Śaṃkara besteht gegen die aufklärerische, auf Selbständigkeit und damit die Ich-Rolle im Handeln und Zeichenhandeln setzenden Haltung in den meisten buddhistischen Schulen darauf, daß der dabei in den Hintergrund verbannten Du-Rolle im Handeln und Zeichenhandeln wieder der Vorrang eingeräumt wird. Genauer noch geht es darum, das gesamte Verfahren der Mahāyānin umzukehren, das darin besteht, die beim Übergang zu distanzierender Darstellung des Handelns und Zeichenhandelns erneut ins Spiel gebrachte Du-Rolle in Gestalt der schematischen Züge des Dargestellten durch die zu ihr komplementären, rein singularen und daher „inhaltlosen“ Darstellungs*vollzüge* zu ersetzen.

4. Grundzüge der Theorie der Überlagerung

Im Advaita Śaṃkaras geht es daher darum, sicherzustellen, daß es bei der Aneignung der Lehre, und das heißt bei den dann in Ich-Rolle, also Eigentätigkeit, auftretenden Handlungen und Zeichenhandlungen, nur auf das zur Ich-Rolle komplementäre, rein universale und daher „formlose“, weil keine Gliederungen aufweisende Aneignungs*erlebnis* ankommt. Diesem Ziel dienen die Werkzeuge philosophischer Analyse (tattvārtha-vicāra; wörtl.: Prüfung, ob der Gegenstand [eines bezeichnenden Ausdrucks] wirklich ist) und der Text-Exegese (vedavākyavicāra; wörtl.: Prüfung der Aussage des Veda), wie sie hauptsächlich jeweils den philosophischen Systemen des Nyāya und der Mīmāṃsā entnommen wurden.

Das Ergebnis wird in Śaṃkaras Erklärungen so wiedergegeben, daß das Selbst (ātman) weder als Täter (kartṛ) noch als Genießer (bhoktṛ) auftritt. Als Täter verstünde man sich in der Ich-Rolle beim Umgang mit seinen Aktivitäten, als Genießer hingegen in der Ich-Rolle beim Umgang mit seinen Widerfahrnissen; die Reflexion wäre ein Darstellungsvollzug, also „Denken als Handeln", und nicht ein Aneignungserlebnis und damit „Denken als Zeichen", wie es die Advaita-Perspektive verlangt. In dieser Perspektive soll die Nichtobjektivierbarkeit des Erkenntnissubjekts im Sinne des Spiritualismus von Yājñavalkya in der Bṛhadāraṇyaka-upaniṣad begreifbar werden; darin unterscheidet sie sich von der Mahāyāna-Perspektive, die mit ihrem Akzent auf der Nichtdarstellbarkeit singularer Handlungsvollzüge eine der Konsequenzen des Naturalismus von Uddālaka in der Chāndogya-upaniṣad gezogen hat.

Ein Verständnis des Selbst als tätig würde den ātman mit der buddhi, der auch als Organ verstandenen Erkenntnisfähigkeit, verwechseln, während er doch ausschließlich in der Du-Rolle auf der Reflexionsstufe auftritt: Er ist der „Zeuge" (sākṣin) und kann mangels eines von ihm unterschiedenen „Bezeugten" nur noch metaphorisch als unbeteiligter und unbeeinflußter „Zuschauer" bezeichnet werden. Im grundlegenden Traktat 18 des Versteils der Upadeśa-sāhasrī (vgl. Vetter 1979, Kap. IV) wird die Verwechslung des ātman mit der buddhi und damit die Nichtunterscheidung von (passiver) Du-Rolle auf der Reflexionsebene und (aktiver) Ich-Rolle auf der Ebene gewöhnlichen Handelns und Zeichenhandelns als gleichwertig mit dem Wirklichsein des saṃsāra bezeichnet, also des Kreislaufs der Wiedergeburten, dessen Kennzeichen das „Täter- und Genießersein" (kartṛbhoktṛtva) ist.

In der zusammen mit dem Kommentar zu den ersten vier Einzelsūtras des Brahma-sūtra systematisch ebenso wie wirkungsgeschichtlich zentralen Einleitung des Brahmasūtrabhāṣya setzt Śaṃkara auseinander, wie es zu diesen Irreführrungen kommt und daß sie sich durch ein Studium der Texte des Vedānta beheben lassen. Der Stil des Bhāṣya ist streng nominal; erst in einer in Teilsätze aufgelösten Übersetzung kann dem ersten Satz des Bhāṣya die Form eines modus-ponens-Schlusses ‚weil *A*, deshalb *B*' – dies ist die sprachliche Zusammenfassung von: ‚wenn *A* dann *B*, nun aber *A*' also ‚*B*' – gegeben werden:

A: Objekt (viṣaya) und Subjekt (viṣayin), wie sie jeweils zum Bereich der Vorstellung des Du und der Vorstellung des Ich (yuṣmad-asmat-pratyaya) gehören, sind einander in ihrer Eigennatur (svabhāva) wie Finsternis (tamas) und Licht (prakāśa) entgegengesetzt (viruddha), so daß das Sein (bhāva) des einen beim anderen [anzutreffen] unmöglich ist (anupapatti), erst recht nicht die Attribute (dharma) des einen beim anderen.

B: Die Überlagerung (adhyāsa) des zum Bereich der Vorstellung des Ich gehörenden Subjekts, dessen Wesen Bewußtsein (cit) ist, mit dem zum Bereich der Vorstellung des Du gehörenden Objekt und seinen Attributen ist verkehrt (viparyāya), und auch umgekehrt erweist sich die Überlagerung des Objekts mit dem Subjekt und seinen Attributen als falsch (mithyā) (zitiert nach: Deussen ²1906, 55).

Die verschiedenen Definitionen der „Überlagerung", wie sie im folgenden von Śaṃkara erörtert werden, stimmen in der Erklärung überein, daß ein Gegenstand mit den Attributen eines anderen Gegenstandes ausgestattet erscheint (ābhāsa, wörtl.: Widerschein). Gerade das aber macht Unwissenheit (avidyā) aus, während Wissen (vidyā) im Auffassen der „Eigengestalt des Gegenstandes" (vastu-svarūpa) durch Unterscheidung (viveka) von dem, mit dem er überlagert wurde, besteht. Hier nun gibt es eine im Text als Einwand (pūrva-pakṣa, wörtl.: vorhergehende Behauptung) eines Opponenten vorgetragene Schwierigkeit: Das wahre „innere Selbst" (pratyagātman) gehört gerade nicht zum Bereich der Vorstellung des Du, es ist kein Objekt, weder ein wahrgenommenes noch ein erschlossenes. Wie also sollte es aufgrund von Überlagerung einen Widerschein tragen und damit als etwas anderes erscheinen?

Śaṃkaras auf den ersten Blick überraschende und bei genauerem Hinsehen geniale Antwort lautet: Jeder ist doch mit dem Selbst als dem *Objekt* der Vorstellung des Ich (asmat-pratyaya-viṣaya) vertraut, und zwar dadurch, daß man umgekehrt über einen Widerschein des Selbst verfügt. Dieser Widerschein wird nämlich von dem zum „Binnenvermögen" (antaḥkaraṇa) gehörigen „Ichvorsteller" (ahaṃ-pratyayin) erzeugt und erhält die Gestalt des (empirisch) erkennenden Ich. Dabei verweist der auch mit ‚Innenorgan' übersetzte Ausdruck ‚antaḥkaraṇa" auf Śaṃkaras Verwendung der Terminologie des Sāṃkhya. Dort steht ‚antaḥkaraṇa' für den Inbegriff der mentalen Fähigkeiten, nämlich Bestimmen (adhyavasāya; das Charakteristikum der Erkenntnisfähigkeit: die buddhi), Sich-für-etwas-Eigenständiges-Halten (abhimāna; das Charakteristikum des „Ichmachers": der ahaṃkāra) und Überlegen (saṃkalpa; das Charakteristikum der wie im Falle der fünf sensorischen Fähigkeiten auch als Organ behandelten Denkfähigkeit: das manas). Das so charakterisierte Ich bedient sich gegenüber den (rational) zu erkennenden Gegenständen, zu denen auch sein eigener Körper sowie dessen Ausstattung mit motorischen, sensorischen und mentalen Fähigkeiten gehört, der üblichen Erkenntnismittel (pramāṇa) Wahrnehmung und Schlußfolgerung. Aber dabei ist das Ich gleichwohl in der Lage zu begreifen, daß eine Erkenntnis, soll sie wirklich Erkenntnis und als etwas durch Tätigkeit (bloß) Bezeichnetes bleibend sein, entgegen dem Anschein nicht hervorgebracht worden sein kann, sondern schon immer bestanden haben muß und daher nur aus ihrer Verhüllung zu schälen ist (vgl. Upadeśa-sāhasrī I, 2.108). Der Grund dafür ist in der Übertragung des Selbst auf die buddhi zu suchen: Das Ergebnis der Tätigkeit der buddhi, also die Wirkung eines kognitiven Aktes, die zugleich als eine „Umwandlung" (pariṇāma) der buddhi gilt (vgl. Taittirīyopaniṣad-bhāṣya II, 10), heißt deshalb ‚Erkenntnis', weil sie den Widerschein des „inneren Selbst" trägt; dieses Selbst aber erlaubt gerade nicht mehr die Unterscheidung in Erkennen (jñāna), Erkennenden (jñātṛ) und Erkanntes (jñeya) (vgl. Upadeśa-sāhasrī I, 2.77, wo ‚upalabdhi' [= Auffassen] als Terminus für Erkennen oder Wissen auftritt).

Es bedarf des Fremdwerdens des Eigenen – des Widerscheins des Selbst im Nichtselbst –, um des Eigenen gewahr zu werden. Streng systematisch wird damit zum Ausdruck gebracht, daß das Universalschema „Sein" bzw. „Bewußtsein" nur auf dem Wege indirekter, nämlich indexischer Bezeichnung durch spezifische Schemata zugänglich ist: Allein im Spiegel einschränkender „Bedingungen" (upādhi) kann auf den ātman oder das brahman Bezug genommen werden, zum Beispiel körperlicher, etwa sich ‚gehen' zuschreibend, oder sensorischer, etwa sich ‚taub' zuschreibend, oder auch mentaler, etwa sich ‚zweifeln' zuschreibend (vgl. Brahmasūtra-bhāṣya I, 1. Einleitung). Der ātman erscheint dann als Vielfachheit individueller Lebewesen (jīva oder jīvātman) – mit ihnen teilt er das Bewußtsein (cit) –, und das brahman erscheint als die vielfältig gegliederte Welt der Gegenstände (nāmarūpa) – mit ihr teilt es das Sein (sat).

Dabei spielt bei Śaṃkara zum einen die epistemologisch-anthropologische Gliederung in erkennendes Subjekt und erkannte Objekte, wie gleich zu Beginn des Brahmasūtra-bhāṣya, eine besondere Rolle, und zwar deshalb, weil hierbei das Subjekt zugleich den ātman indiziert: Der ātman wird als „selbstgegeben" (svayaṃsiddhā, Upadeśa-sāhasrī I, 2.109) wahrgenommen (vgl. Vetter 1979, 87). An dieser Ausdrucksweise läßt sich wiedererkennen, daß der von der Erkenntnis des ātman (ātma-vidyā) ununterschiedene ātman ein „Erlebnis" (anubhava) und nicht das Objekt eines Wahrnehmungsaktes und erst recht nicht etwas Außerweltliches (parokṣa) ist. Mit Worten kann nur auf Objekte Bezug genommen werden, nicht aber auf den ātman; hingegen können Worte den ātman zeigen – ‚lakṣaṇā' ist der Ausdruck für die Indexfunktion –, indem sie einen allein vom Spiegel und damit vom empirischen Ich bestimmten Widerschein (ābhāsa) des ātman benennen (abhidhā) (vgl. Upadeśa-sāhasrī II, 18.24 und 18.29–31).

Eine ebenso wichtige Rolle aber spielt zum anderen für Śaṃkara die ebenfalls in seinem Bhāṣya ausführlich erörterte ontologisch-kosmologische Gliederung in transzendente Ursache und immanente Wirkungen. Das liegt daran, daß aus der Bestimmung der Gegenstände als (leblose) Wirkungen eine (lebendige) Ursache erschlossen werden kann. Das ist der mit

Schöpferkraft ausgestattete Parameśvara oder das brahman mit Eigenschaften. Diese Schlußfolgerung läßt daher das brahman als eine Ursache auftreten, und das bedeutet in der Terminologie Śaṃkaras, daß das brahman unter zwei einschränkenden Bedingungen (upādhi) erscheint, zum einen unter der für das Ursachesein verantwortlichen Namen[gebung] (nama) und zum anderen unter der für das Wirkungsein verantwortlichen Gestalt[gebung] (rūpa). Diese einschränkenden Bedingungen sind spezifische Schematisierungen oder Zeichenbildungen zum einen auf der Sprachebene und zum anderen auf der Gegenstandsebene, verantwortlich für das Auftreten der Welt der Erscheinungen (nāmarūpa). Aber genau deshalb, weil aufgrund der Schlußfolgerung das brahman für eine Ursache gehalten wird, bleibt das brahman ein Objekt der Unwissenheit. Erst, wenn von der Schlußfolgerung jede Eigentätigkeit abgezogen und nur noch das Erschlossene erlebt und damit gewußt wird, ist das ātman-Sein des brahman, das eigenschaftslose brahman, wirklich: „The Self is its own pramāṇa; that is, it is self-known" (Upadeśa-sāhasrī II, 18.203; zitiert nach: Potter 1981, 253).

Auf diese Weise haben wir systematisch gestützt bestätigen können, was anfangs als eines der besonderen, weil schwer verständlichen Merkmale für Śaṃkaras Advaita-Vedānta hervorgehoben worden war: die Verwandlung von Wahrnehmung und Schlußfolgerung in ein Hören und Verstehen dessen, was sich wahrnehmen und erschließen läßt, und damit die Unterordnung dieser beiden Erkenntnismittel unter das Erkenntnismittel Überlieferung (śabda). Eher zwanglos und ohne neuerliche Probleme läßt sich auf dieser Grundlage ein Verständnis der wichtigsten Konsequenzen gewinnen, die Śaṃkaras Theorie der Überlagerung zur Voraussetzung haben.

Zunächst einmal liegt es nahe, angesichts der unmißverständlich herausgearbeiteten Abhängigkeit, in der sich das Wissenserlebnis von der Alleinheit gegenüber dem Können, Kennen und Wissen innerhalb der gewöhnlichen, nach Handeln, Sprechen und Denken gegliederten Weltauffassung befindet, zwei Ebenen des Wissens anzuerkennen. Das geschieht bei

Śaṃkara in offensichtlicher Anlehnung an die im Mahāyāna übliche Unterscheidung in „verhüllte Wahrheit" (saṃvṛti satya) und „höchste Wahrheit" (paramārtha satya) durch eine Abgrenzung des „niederen Wissens" (aparā-vidyā) der gewöhnlichen Weltauffassung (vyavahāra), wie es insbesondere wahrnehmend und schlußfolgernd gewonnen wird, vom „höheren Wissen" (parā-vidyā) um die Alleinheit. Schon Gauḍapāda hatte vom „niederen" und „höheren" brahman gesprochen, was Śaṃkara mit den Erläuterungen zum Verhältnis von saguṇa brahman und nirguṇa brahman präzisieren konnte.

Und weil nur im Bereich der aparā-vidyā, die vom Standpunkt der parā-vidyā natürlich Unwissenheit (avidyā) ist, der Weg zum höheren Wissen gefunden werden kann, darf keine der üblichen theoretischen und praktischen Disziplinen, seien es Grammatik oder Logik, Rituallehre oder Regierungskunst, gering geachtet werden. Gleichwohl gibt es hilfreiche und weniger hilfreiche Ausgangspunkte und Schrittfolgen, denen im dreistufigen Vedānta-Kurs der Lehre des jñāna-yoga oder jñāna-mārga (= Weg [zur Erlösung] durch Wissen) Rechnung getragen wird.

Der „Weg durch Wissen" beginnt mit der vom Ende her als ein Nichtwissen begreifbaren Erfahrung von den schon in den Upaniṣaden behandelten drei Bewußtseins-Zuständen des Wachseins, des Träumens und des Tiefschlafs, weil deren Einheit, eben die Alleinheit, in einem ihnen zugrundeliegenden „vierten" (turīya) Zustand der Tieftrance erlebt werden kann. Dieser vierte Zustand war in der Māṇḍūkya-Upaniṣad im Anschluß an die Meditation über die heilige Silbe Om (= A-U-M), deren drei Buchstaben die drei Bewußtseins-Zustände symbolisieren, als Einheitserfahrung beim Hintersichlassen der drei Zustände artikuliert worden:

They consider the fourth (turīya) to be that which is not conscious of the internal [world] (antahprajñā), nor conscious of the external [world] (bahiḥprajñā), nor conscious of both the worlds, nor a mass of consciousness (prajñāna), nor simple consciousness, nor unconsciousness; which is unseen, beyond empirical determination, beyond the grasp [of manas], undemonstrable, unthinkable, indescribable; of the nature of consciousness alone wherein all phenomena cease, unchanging, peaceful and non-dual (Māṇḍūkya-upaniṣad 7; zitiert nach: Deutsch [2]1973, 62).

Śaṃkara hat die Abhängigkeit dieser Artikulation allein von Negationen in seinem Māṇḍūkyopaniṣad-bhāṣya dazu als Beleg dafür angesehen, daß die im Durchlaufen der drei Zustände und ihrem sie schließlich Hintersichlassen erfahrbare Alleinheit auf keinerlei Eigentätigkeit mehr beruht, sich vielmehr ereignet: „Realisieren" des höchsten Wissens ist kein Vollzug (Ich-Rolle) wie im Mahāyāna, sondern ein Erlebnis (Du-Rolle).

Bevor allerdings der „Weg durch Wissen" eingeschlagen werden kann, gilt es, den dafür Geeigneten (adhikārin) zu bestimmen. Hier nun macht sich mit der Einschränkung auf Schüler brahmanischer Abstammung ein Traditionalismus Śaṃkaras bemerkbar, der noch hinter die Offenheit selbst der Upaniṣaden zurückfällt. So wird zum Beispiel gleich zu Beginn des ersten Prakaraṇa aus dem Prosateil der Upadeśa-sāhasrī – das dem Verfahren gewidmet ist, den „Weg durch Wissen" zu lehren – die Überprüfung der Herkunft als zu den Voraussetzungen der Lehre gehörig behandelt (I, 1.2). Und dies obwohl Śaṃkara schon wenige Sätze später (I, 1.13–17) in Übereinstimmung mit dem systematisch zu Erwartenden lehrt, daß zwar das empirische Ich, nicht aber der ātman den einschränkenden Bedingungen von Kaste, Familie und rituellem Handlungsvollzug unterworfen ist. Dieser Traditionalismus kann wohl nur aus der Angst erklärt werden, daß ohne ausnahmslose Anerkennung der mit dem sich auflösenden System der Kastengruppen und Lebensstadien ursprünglich verbundenen sozialen Regeln die praktische Verankerung und damit Selbstbehauptung des wiedergewonnenen Wissens der Upaniṣaden mißlingen würde.

Im übrigen muß ein Anfänger, soll er Schüler (śiṣya) eines Lehrers (guru) des jñāna-mārga werden können, die folgenden vier Bedingungen erfüllen: Er kann Bleibendes vom Vergänglichen unterscheiden; er haftet nicht an gegenwärtigen oder künftigen Erfahrungen; er verfügt über die moralischen Tugenden der Gelassenheit (śama), der Beherrschung (dama), des Vertrauens (śraddhā), der Konzentration (samādhana) und der Ausdauer (titikṣā); er begehrt Befreiung (mokṣa) vom Kreislauf der Wiedergeburten (saṃsāra).

Mit diesem Hintergrund kann die erste Stufe des „Hörens" (śravaṇa), also des Studiums der Überlieferung (śruti und smṛti), im Vedānta-Kurs durchlaufen werden. Ihr folgt die zweite Stufe des „Denkens" (manana), die aus logischen Übungen in Gestalt geregelter Argumentationen (nyāya oder tarka) zwischen Lehrer und Schüler bestehen, um selbständige Einsicht in die Richtigkeit des zuvor Gehörten zu ermöglichen. Auf der dritten Stufe schließlich wird „anhaltende Betrachtung" (nididhyāsana) geübt, eine der Realisierung dienende Aneignung des zuvor Gehörten und Durchdachten in ununterbrochener Meditation; dabei kommt es darauf an, den aktiven Modus des Tuns so zu intensivieren, bis im passiven Modus des Erlebens (anubhava), der auch als vierte Stufe bezeichneten Tieftrance (samādhi), die Einheit aller drei Stufen erlebt ist. Śaṃkara macht im übrigen mehrfach unter Berufung auf Upaniṣaden und das Brahma-sūtra von der dreifachen Gliederung der Lehre in Hören, Denken und Betrachten Gebrauch, wobei Schauen (darśana) der Terminus für die vierte Stufe ist:

Deshalb soll der ātman geschaut werden. Und: Man soll über ihn hören, über ihn nachdenken, über ihn meditieren; damit sind die Arten der Schau genannt worden. Dabei [bedeutet] ‚Man soll über ihn hören', daß man durch einen Meister und durch die sruti [von ihm hören soll]. Man soll über ihn nachdenken [heißt] auf der Grundlage logischer Überlegung. Und in dem Zusammenhang wird als logische Überlegung bezeichnet die Nennung des Grundes für das [, was in der śruti-Aussage] ‚Dieses Alles ist nur der ātman' [Chāndogya-upaniṣad VII, 25.2] behauptet worden ist, nämlich, daß alles allein mit dem ātman identisch ist, daß ein Entstehen allein aus dem ātman stattfindet und daß [sich alles] allein in den ātman auflöst [...] Die Meditation wird so durchgeführt, wie es auf der Grundlage logischer Überlegung gedanklich entworfen und mittels logischer Überlegung und Überlieferung endgültig festgestellt worden ist; auf diese Weise ist eine Meditationsanweisung für sich allein sinnlos (Bṛhadāraṇyakopaniṣad-bhāṣya II, 5. Einleitung; zitiert nach: Brückner 1979, 179 ff.).

Die drei Stufen des Hörens, Denkens und der Betrachtung entsprechen dabei den drei zur Welt der Erscheinungen gehörigen Bewußtseins-Zuständen des Wachseins, Träumens und des Tiefschlafs, indem sie jeweils deren Erfassen dienen, wobei aber zwischen der vierten Stufe und dem auf ihr erfaßten vierten Zustand kein Unterschied mehr besteht. Der auch als „Enstase" bezeichnete samādhi, das Erleben des ātman-Seins des brahman oder der Alleinheit, ist frei von vorstellenden Unterscheidungen (vikalpa), und zwar deshalb, weil die Eigennatur des brahman unveränderlich, rein, erleuchtet und erlöst ist (nitya-śuddha-buddha-mukta-svabhāva, Brahmasūtrabhāṣya I, 1.1). Der Ausdruck ‚Enstase', der sich im Deutschen mit ‚Verinnerung' wiedergeben ließe und auf Mircea Eliade (1958) zurückgeht, eignet sich dabei besser als ‚Ekstase' oder ‚Entäußerung' zur Charakterisierung des Zustandes der Aufhebung aller motorischen, sensorischen und mentalen Tätigkeiten auf der höchsten Stufe der Meditation im Yoga, dem vollständigen samādhi. Im späteren Advaita wird daraufhin der samādhi als nirvikalpa samādhi von der auf der Stufe der Betrachtung erreichten Enstase „mit Unterscheidungen" (savikalpa) abgegrenzt. Beim savikalpa samādhi liegt noch Objektbewußtheit vor, und zwar des ātman, der dabei allerdings um die Virtualität des Objektseins weiß, so daß auf der dritten Stufe eine Unterschiedenheit zum in ihr erfaßten Bewußtseins-Zustand des Tiefschlafs als Zustand (avasthā) des empirischen Ich (jīva) bestehen bleibt.

Der „Welt an sich", der eigentlichen Wirklichkeit des brahman (pāramārthika-sattā), stehen zum einen die „Welt als Erscheinung", die scheinbare Wirklichkeit der māyā, und zum anderen die Unwirklichkeit des Widersprüchlichen (tuccha-sattā, = leer/nichtig-Seiendes) gegenüber. Dabei ist die Welt der Erscheinungen entsprechend den beiden Bewußtseins-Zuständen des Wachseins und des Träumens eingeteilt in die Welt des empirischen (Tätig-)Seins (vyāvahārika-sattā) und die Welt des empirischen, aus Halluzinationen, Träumen und so weiter gebildeten Scheins (prātibhāsika-sattā). Erst im radikalen dṛṣṭi-sṛṣṭi-vāda des Prakāśānanda wird die Welt der Erscheinungen auf den Bereich des empirischen Scheins reduziert. Der Erfassung dieser Welt der Erscheinungen im Blick darauf, daß sie die eigentliche Wirklichkeit anzeigen, dienen die beiden Stufen des Hörens und des Denkens, auf denen als Hilfsmittel „die Schriften des Veda“ (śāstra) und „vernünftige Auseinandersetzung“ (yukti) eingesetzt werden. Śaṃkara nimmt in diesem Zusammenhang noch eine Art „Aufgabenteilung“ vor (Brahmasūtra-bhāṣya IV, 1.2): Das śāstra ist für die Ermittlung der Bedeutung von ‚das‘ (tat) und die yukti für diejenige von ‚du‘ (tvam) im „großen Ausspruch“ ‚tat tvam asi‘ (= das bist du) zuständig. Die sich daran anschließende Frage, ob diese Aufgabenteilung so gelesen werden dürfe, daß Śaṃkara Offenbarung und Vernunft als voneinander unabhängige Quellen für die Begründung von Wissen akzeptiert habe, oder nicht, wird derzeit streitig erörtert (vgl. Vetter 1979, 117–129; Halbfass 1983). Im Lichte der oben als Absicht Śaṃkaras auseinandergesetzten logischen Unterordnung der Erkenntnismittel Wahrnehmung und Schlußfolgerung unter das pramāṇa Überlieferung dienen alle Eigentätigkeiten – wie die kognitiven Akte Wahrnehmen und Schlußfolgern und damit śāstra und yukti – dem Tätigen letztlich nur dazu, vorgeführt zu bekommen, daß wirklich und nicht nur scheinbar bleibendes Wissen oder gar endgültige Befreiung nicht „aktiv“ erzeugt, sondern nur „passiv“ erlebt werden können. Wahrnehmung und Schlußfolgerung werden jeweils auf den Stufen des Hörens und Denkens eingesetzt, verweisen also auf die Hermeneutik der Mīmāṃsā zur Auslegung des Veda und die Logik des Nyāya zur Kontrolle des Denkens. Sie können aber bei aller „Gleichsinnigkeit“ von Tradition (āgama) und Selbstdenken (upapatti) für sich allein nur das „niedere Wissen“ (aparā-vidyā) herbeiführen. Das mit dem unverhüllten Wissen des Veda gleichgesetzte „höchste Wissen“ (parā-vidyā) ist „unvermittelt“, nämlich sein eigenes Erkenntnismittel. Konsequenterweise „erlebt“ Śaṃkara sein eigenes Vorgehen in Bezug auf die Texte des Veda als vom Veda in umgekehrter Reihenfolge der Schritte ausgelöstes Widerfahrnis. Der Veda selbst übersetzt „its proclamation of ultimate identity into the language of *vyavahāra*, of worldly practice and orientation (Halbfass 1983, 52). Die Anstrengungen konzentrieren sich deshalb auf die Auslegung und die Rechtfertigung der den Kern der Alleinheitslehre umhüllenden „großen Aussprüche“ (mahāvākya) der Upaniṣaden als Weg zum „ātman-Erlebnis“ (ātmānubhava).

Zumeist wird von einem solchen mahāvākya in jedem der vier Veden gesprochen: ‚Das brahman ist Erkennen‘ (prajñānam brahma) in Aitareya-upaniṣad III, 5.3 (Ṛgveda), ‚Ich bin das brahman‘ (ahaṃ brahmāsmi) in Bṛhadāraṇyaka-upaniṣad I, 4.10 (Yajurveda), ‚Das bist du‘ (tat tvam asi) in Chāndogya-upaniṣad VI, 8.7 (Sāmaveda) und ‚Das brahman ist dieser ātman‘ (ayam ātmā brahma) in Māṇḍūkya-upaniṣad IV, 2 (Atharvaveda).

Es ist insbesondere der neunmal in der Chāndogya-upaniṣad von Uddālaka im Zusammenhang der Belehrung seines Sohnes Śvetaketu geäußerte Satz ‚tat tvam asi‘, der für Śaṃkara zu einem der Anlässe wird, seine „erlebte“ und deshalb nicht als Ergebnis eigener Anstrengung verstandene Lehre von der Selbigkeit des ātman und des brahman auseinanderzusetzen. Während in einem gewöhnlichen elementaren Satz (vākya) eine Verbindung der von Subjekt und Prädikat artikulierten Gegenstände ausgesagt wird, wobei das Subjekt von etwas unmittelbar Gegebenem, das Prädikat von etwas mittelbar, nämlich in der Vorstellung Gegebenem, handelt, liege im Falle des ‚tat tvam asi‘ – ‚tvam‘ (= du) ist das Subjekt und ‚tat‘ (= das) das Prädikat – ein „nicht-satzartiger Inhalt“ (avākyārtha) vor. Śaṃkaras Schüler Sureśvara wird in seiner als gute Einführung in die Lehren Śaṃkaras geltenden Naiṣkarmyasiddhi die avākyārthatā sogar zum Inhalt des brahman-Erlebens erklären (II, 4-8). Das ist deshalb so, weil nur scheinbar von zwei Gegenständen die Rede ist, in Wirklichkeit jedoch, da ‚tat‘ das brahman und ‚tvam‘ den ātman bezeichne, nur zwei Namen für „dasselbe“ auftreten.

Der Nachweis der Identität von brahman und ātman auf der Stufe des Denkens, nachdem man das brahman auf der Stufe des Hörens mit dem gewöhnlichen Erkenntnismittel Wahrnehmung kennengelernt hat, geschieht mit dem anderen gewöhnlichen Erkenntnismittel Schlußfolgerung; in beiden Fällen geht es um die Aneignung fremden Wissens in eigenes Wissen angesichts des verhüllten Wissens der Überlieferung, wie es paradigmatisch die mahāvākya verkörpern. Daher kann Śaṃkara auch erklären, daß die Upaniṣaden die doppelte Funktion haben, erstens das Wesen des höchsten Selbst zu bestimmen (paramātma-svarūpa-nirūpaṇa) und zweitens die Übereinstimmung des erkennenden Selbst mit dem höchsten Selbst zu lehren (vijñānātmanaḥ paramātmaikatva-upadeśaḥ) (vgl. Vetter 1979, 122).

Die von Śaṃkara und seinen Schülern befolgte Methode zum Einsatz des Erkenntnismittels Schlußfolgerung tritt unter der Bezeichnung ‚anvaya-vyatireka‘ auf. Es handelt sich dabei um eine Zusammensetzung zweier Termini, jeweils mit den Bedeutungen ‚Zusammen-vorkommen‘ und ‚Einander-ausschließen‘, die in der alten Schule der Grammatiker für das Implikationsverhältnis und für das bei Konversion Nicht-Implikationsverhältnis von sprachlichem Ausdruck (śabda) und dem von ihm Bezeichneten (artha) verwendet werden, also ‚$A < B$‘ (anvaya) und ‚$B \not< A$‘ (vyatireka). Ursprünglich war das Zusammen-vorkommen wohl als Implikationszusammenhang in beiden Richtungen verstanden worden: $A >\!< B$ (d.i. $A < B$ *und* $B < A$), und entsprechend das Einander-ausschließen als ein Implizieren des Gegenteils in beiden Richtungen: B < nicht-*A* *und* nicht-*B* < A (also $A \curlyvee B$), weil dann tatsächlich ‚$A >\!< B$‘ und ‚$B >\!<$ nicht-*A*‘, d.s. Äquivalenz und (vollständige) Disjunktion, logische Gegensätze bilden, also durch Negation auseinander hervorgehen. Für die einfachen Implikationen gilt das natürlich nicht: Es ist nicht ‚$B <$ nicht-*A*‘ gleichwertig mit der Nicht-Implikation ‚$B \not< A$‘, sondern das stärkere ‚*B und* nicht-*A*‘. Wie es dazu kommt, daß ‚vyatireka‘ gegenüber der anvaya-Implikation ‚$A < B$‘ sowohl Nicht-implizieren bei Konversion, also ‚$B \not< A$‘ – insbesondere in grammatischen Kontexten –, als auch kontraponiertes Implizieren, also ‚nicht-*B* < nicht-*A*‘ – insbesondere in logischen Kontexten –, bedeutet, ist trotz der Pionierarbeit von George Cardona (1967/68) noch weitgehend ungeklärt. Auch als in der

Logik, im Nyāya ebenso wie in der logischen Schule des Buddhismus, die beiden Ausdrücke schließlich für eine (positive) Implikation und ihre (negative) Kontraposition verwendet und unter der Bezeichnung ‚vyāpti‘ (= Durchdringung) oder ‚avinābhāva‘ (= Nicht-Getrenntsein) zusammengefaßt wurden, blieb es grundsätzlich bei Beziehungen zwischen Gegenstandstypen, um von einem Satz der Form ‚eine Instanz des Typs x ist anwesend‘ auf einen Satz der gleichen Form schließen zu können. Zum Beispiel besteht eine anvaya-Implikation zwischen dem Worttyp ‚vṛkṣa‘ (= Baum) und dem Gegenstandstyp Wurzel-Zweige-Früchte-Blätter-besitzend (vgl. Scharfe 1961, 94), ebenso zwischen dem Erkannten (jñeya) und dem Erkennen (jñāna), aber nicht umgekehrt: Das Erkannte kann vom Erkennen „fehlgehen“ (vyabhicāra; mit ‚vyatireka‘ im Sinne von ‚konvers nicht-implizieren‘ synonymer Ausdruck); das aber bedeutet, daß sowohl ‚jñeya $<$ jñāna‘ als auch ‚jñāna $\not<$ jñeya‘ gelten. Im übrigen kann nach Śaṃkara der vierte Bewußtseins-Zustand niemals von den anderen drei Zuständen fehlgehen, d.h., seine Anwesenheit kann niemals von der Anwesenheit eines der drei anderen Zustände impliziert werden (vgl. Halbfass 1983, 58f.).

Wird diese Methode nun auf die beiden bezeichnenden Ausdrücke ‚tat‘ und ‚tvam‘ im mahāvākya ‚tat tvam asi‘ angewendet, so beginnt ein für die Behandlung beliebiger Identitätsaussagen im Advaita charakteristischer Prozeß. So darf etwa im Standardbeispiel ‚dieser [Mann vor dir] ist jener Devādatta [den du, z.B. als Kind, kanntest]‘ das jeweils mit ‚dieser‘ und ‚jener‘ Bezeichnete nicht einfach identifiziert werden; vielmehr ist das, was verschieden ist, zuvor zu negieren, um die Identität der mit den beiden Nominatoren ‚dieser‘ und ‚jener‘ nur indirekt, durch „Andeutung“ (lakṣaṇā) bezeichneten „Substanzen“ zu gewinnen: Es findet eine „Argumentation durch Aufhebung“ (apavāda-nyāya) statt.

Im Falle des ‚tat tvam asi‘ müssen von dem durch ‚tvam‘ direkt bezeichneten Individuum (jīva) alle individuierenden Bestimmungen abgezogen werden, um zum Kern, dem ātman oder „Bewußtsein“ (cit), als dem nicht mehr gegenständlichen und nur indirekt über diese „einschränkenden Bedingungen" (upādhi) eigentlich Bezeichneten zu gelangen; desgleichen müssen von dem durch ‚tat' direkt vorgestellten Allgemeinen alle spezifizierenden Bestimmungen abgezogen werden, um den Kern, das brahman oder „Sein" (sat), als das einem Subjekt nicht mehr Gegenüberstehende und ebenfalls nur indirekt in Gestalt seiner „Wirkungen" Erkannte zu erhalten: Identisch sind der „höchste ātman" (parama-ātman) und das „höchste brahman" (param-brahma), ihre Übereinstimmung macht den „höchsten Gegenstand" (paramārtha) aus. Zu den bedeutendsten Erörterungen des ‚tat tvam asi' durch Śaṃkara, im wesentlichen beschränkt allerdings auf die Bestimmung des ‚du' bzw. ‚ich', gehört das Kapitel 18 des Versteils der Upadeśasāhasrī (vgl. Vetter 1979, Kap. IV). Was damit gewonnen ist, wird in einem Satz des Brahmasūtra-bhāṣya (II, 1.22; zitiert nach Deussen [2]1906, 114) zusammengefaßt:

Wenn durch Bezeichnungen der Nichtverschiedenheit (abheda), wie ‚tat tvam asi', die Nichtverschiedenheit zur Erkenntnis (pratibodhi) gebracht ist, dann ist das Wanderersein des empirischen Ich (jīvasya saṃsāritvam) und das Schöpfersein des brahman (brahmaṇaś [ca] sraṣṭṛtvam) verschwunden.

Es ist daher auch nicht verwunderlich, daß Śaṃkara in seiner Kommentierung des Brahma-sūtra den dort eine wichtige Rolle spielenden kosmologischen Aspekt des brahman als „Schöpfer" nicht zum Bereich des höheren Wissens zählt. Die Vorstellung einer selbst veranlaßten Umwandlung (pariṇāma) des brahman, es derart zur causa materialis (upādāna kāraṇa) und zur causa efficiens (nimitta kāraṇa [= karaṇa]) der Welt der Erscheinungen machend, gehört in den Bereich des niederen Wissens, ist also vom Standpunkt des höheren Wissens Unwissenheit. „In Wirklichkeit" ist die Wirkung nicht verschieden von der Ursache:

Wenn auch Ursache (kāraṇa) und Wirkung (kārya) identisch sind, so ist doch [nur] die Wirkung die Ursache, nicht aber ist die Ursache die Wirkung (Brahmasūtra-bhāṣya II, 1.9, zitiert nach Hacker (1953, 28f.).

Die Wirkung erscheint als verschieden „nur durch das Sichstützen auf das Wort" (vāc-ālambana-mātra). Was auf der Stufe des niederen Wissens für eine gegenständliche Umwandlung (pariṇāma) der Ursache gehalten wird, ist auf der Stufe des höheren Wissens bloß eine Erscheinung (vivarta; wörtl.: Wirbel) der Ursache, die dadurch erzeugt wird, daß man sich auf die Ursache mit Hilfe von Zeichen bezieht; dazu gehört auch, daß man sie durch Benennung mit ‚Ursache' erst zur Ursache macht.

Auch wenn Śaṃkara selbst den im späteren Advaita üblichen Ausdruck ‚vivarta' noch nicht verwendet, so ist die sachliche Differenz zum pariṇāma-vāda, wie er als Fassung der „Lehre vom [Enthalten-]Sein der Wirkung [in der Ursache]" (satkārya-vāda) sowohl im Sāṃkhya als auch in anderen Vedānta-Schulen vertreten wird, klar artikuliert: Es ist nicht die Wirkung, die existiert, sondern die Ursache, und auch die nicht *als Ursache*, weil die Unterscheidung von Ursache und Wirkung allein durch die Gegebenheitsweise der Gegenstände, also deren Erfassung mit Hilfe von Zeichen, zustandekommt. Der im Advaita vertretene vivarta-vāda ist ein satkāraṇa-vāda (= Lehre vom Sein der Ursache) eher als ein satkārya-vāda.

Vom Standpunkt des höheren Wissens gehören die physische Kausalität auf der Gegenstandsebene ebenso wie die moralische Kausalität auf der Zeichenebene zum Bereich der Täuschung (māyā), hervorgebracht vom Nichtwissen (avidyā) um die semiotische Differenz zwischen Gegenstand und Zeichen. Sie ist es, die Einheit als Vielheit erscheinen läßt. Dabei sind Wissen (vidyā) und Nichtwissen (avidyā), also auch die beiden Ebenen des Wissens, nicht etwa Eigenschaften des ātman, vielmehr eine Unterscheidung innerhalb der Welt der Erscheinungen (nāmarūpa), die dem Binnenvermögen (antaḥkaraṇa) als dessen Konstruktion (kalpita) zuzuschreiben ist (vgl. Taittirīyopaniṣad-bhāṣya II, 32).

VII. Rāmānuja (ca. 1055–1137) und Madhva (ca. 1238–1317). Wortführer zweier Varianten des Vedānta

1. Theistischer Vedānta in der Gestalt philosophischer Theologien

Es sind die radikalen Konsequenzen aus Śaṃkaras Advaita, die parallel zum Siegeszug seiner sich in mehreren Zweigen entfaltenden Schule schon bald eine stetig stärker werdende Opposition nährten, die besonders von Kreisen innerhalb des Vedānta selbst getragen wurde.

Zum einen war das kompromißlose Denken Śaṃkaras wenig geeignet, denjenigen Brahmanen brauchbare Hilfsmittel an die Hand zu geben, die an einer theoretischen Absicherung der sich wie eine Erweckungsbewegung ausbreitenden Volksfrömmigkeit interessiert waren, soweit diese in den religiösen Sekten des dem Veda zumeist fernstehenden Viṣṇuismus und Śivaismus eine Organisation gefunden hatte. Zur philosophischen Legitimation des Glaubens an einen Gott ist das Advaita nur so weit brauchbar, als praktische Frömmigkeit zu den Mitteln gehört, das Erlebnis des Wissens vorzubereiten.

Zum anderen, und das wog schwerer, war die Bloßstellung des Kreislaufs der Wiedergeburten (saṃsāra) und mit ihm des den saṃsāra regierenden Prinzips der Tatvergeltung (karman) als ein durch Nichtwissen (avidyā) erzeugter Schein (māyā) ein Affront für den moralischen common sense, schon weil sie den Vorwurf des Amoralismus zu rechtfertigen schien. Wenn Handlungen in Hinsicht auf den durch sie erzeugten moralischen Zustand nicht mehr nach Ursache und Wirkung, eben durch das „Gesetz des Karma“, verknüpft sind und daher die Karma-Lehre in eine epistemologische Fiktion verwandelt ist, so verlieren Handlungen auch jede Funktion im Erlösungsprozeß. Die von der Karma-Mīmāṃsā als Forderungen behandelten rituellen Regeln (vidhi) des karma-kāṇḍa innerhalb des Veda sind in der Lesart von Śaṃkaras Advaita nur noch feststellende Beschreibungen von Wenn-dann-Zusammenhängen der gewöhnlichen Weltauffassung (vyavahāra) und daher genauso wie moralische Forderungen vom Standpunkt des wirklichen Wissens her gegenstandslos. In der Erlösung bei Lebzeiten (jīvanmukti) ist diese Virtualität der Tatvergeltung zwar durchschaut, gleichwohl aber muß – und das ist der Grund dafür, daß man im Sinne der gewöhnlichen Weltauffassung noch lebt – das Karma vergangener Existenzen, gleichsam das genetische Erbe, noch abgearbeitet werden. Ein Erlöster (jīvanmukta) ist vom vyāvahārika-Standpunkt ein saṃnyāsin, vom pāramārthika-Standpunkt hingegen frei von Tun und Leiden.

Die Rechtfertigung der Alleinheitslehre der Upaniṣaden durch Śaṃkara beruht nicht auf einer Abkehr von der gewöhnlichen Weltauffassung, sondern gerade umgekehrt auf der Einsicht in ihren transzendentalen Charakter, wie wir im vorhergehenden Kapitel gesehen hatten. Sie geht einher mit der ausschließlichen Beachtung der Du-Rolle zweiter Stufe für die Umgangsweisen lebendiger Wesen. Es war dies die Konsequenz von Śaṃkaras Strategie, Denken als Zeichen gegen das buddhistische Denken als Handeln durchzusetzen. Und nur dort, wo dieser Zusammenhang nicht durchschaut wurde, blieb Śaṃkaras Advaita dem Vorwurf eines Intellektualismus, wenn schon nicht eines Amoralismus – weil sich dieser angesichts der Praxis der Advaitins nicht aufrechterhalten ließ – ausgesetzt, für den die gewöhnliche Welt der körperlichen, sprachlichen und geistigen Tätigkeiten wegen ihrer Zugehörigkeit zum Bereich des Nichtwissens nichts mehr bedeute. Nicht nur die Bezeichnung ‚māyāvāda', auch die als Übersetzung auftretende Bezeichnung ‚Illusionismus' für Śaṃkaras Advaita trägt unleugbar pejorative Züge.

Aber natürlich war jedem ontologischen Pluralismus – es existieren viele (voneinander unabhängige) Gegenstände – und jedem epistemologischen Realismus – die erkannten Objekte sind (in ihrem Wesen) vom erkennenden Subjekt unabhängig –

nach den Anstrengungen der Denker des Mahāyāna und des Advaita grundsätzlich erst einmal der Boden entzogen. Das hat nicht verhindert, daß die Opposition sowohl von seiten des mit dem Vaiśeṣika verbundenen Neuen Nyāya als auch von seiten der Karma-Mīmāṃsā sich keineswegs geschlagen gab, und besonders im nicht-advaitistischen Vedānta wurden erhebliche Anstrengungen bei der kritischen Wiederbelebung solcher Positionen unternommen.

Gleichwohl ließ sich nicht leugnen, daß Śaṃkaras Erfolg gegenüber dem Mahāyāna mit einer bis in Einzelheiten spiegelbildlichen Annäherung an das buddhistische Verfahren erkauft worden war. Der Konsequenz einer auf allen Stufen, des Handelns, des Sprechens und der Reflexionsstufe des Denkens über beides, nur auf den Vollzug und damit die Ich-Rolle von Umgangsweisen zugeschnittenen „Lehre" – sie wird damit zu einer „Nicht-Lehre", nämlich zu nicht-artikulierter Praxis, der reinen intentionsfreien Tat – ließ sich nur mit der ebenso strengen Konsequenz begegnen, auf allen Stufen allein die Du-Rolle von Umgangsweisen, der praktischen, semiotischen und der reflektierend mentalen, gelten zu lassen. Dabei kommt es nicht auf die Eigentätigkeit, sondern nur auf das als Erlebnis (anubhava) oder auch als Schau (darśana) bezeichnete Widerfahrnis an: Die ihres aktiven Gegenübers, eines „Belehrten", derart beraubte Lehre ist ebenfalls zu einer „Nicht-Lehre" geworden, nämlich zu inhaltlich nicht-spezifizierter Theorie, der reinen perzeptionsfreien Schau.

Es ist diese äußerliche Strenge der Darstellung, der „Philosophie", die im Gleichgewicht mit einer entsprechenden innerlich strengen Lebensführung, der „Religion", stehen muß, um nicht mißverstanden zu werden. Im buddhistischen Falle leben die Schulen des Zen (= Ch'an) und des Kegon (= Hua-yen), sieht man sie zusammen als eine Einheit von Praxis und Theorie, von dieser Einsicht (vgl. Verdu 1981). Im Falle des Advaita war eine ähnliche Konsequenz wegen der spiegelbildlichen Ausgangslage so nicht möglich. Zwar läßt sich auf „reine Tat" im üblichen Lebensvollzug verweisen, wenn man ihn im Prozeß, das Unterlassen des Schematisierens – des „Anhaftens" (upādāna) – einzuüben, vorstellt, auf „reine Schau" in entsprechender Weise zu verweisen ist jedoch ausgeschlossen. Dazu wäre statt des „Abstiegs" in die Praxis des Alltags ein „Aufstieg" in ein Reich von Zeichenbedeutungen nötig, bei dem sich auf den schrittweisen Wegfall der Zeichenträger, also des aktiven Tuns zugunsten eines passiven Widerfahrens, gerade nicht mehr mit Hilfe von Einüben verweisen ließe: „Reine Schau" ist durch Eigentätigkeit nicht approximierbar und daher erst recht kein Handlungsergebnis. Aufgrund der Spiegelbildlichkeit von Advaita und Mahāyāna ist es gleichwohl nicht überraschend, daß sich für die reine Schau, das Alleinheitserlebnis, dieselbe Unerreichbarkeit durch Handlungen ergibt wie für das Nirvāṇa, nur aus anderen Gründen: wegen der zu verwirklichenden Intentionslosigkeit des Handelns im Fall des Nirvāṇa und wegen der sich schließlich ereignenden Perzeptionslosigkeit des Erkennens im Fall der Alleinheit.

Der einzige Ausweg, der bleibt, ist der Verzicht auf Śaṃkaras Schritt hin zu einer Betrachtung logisch zweiter Stufe und die Rückkehr zur Ich-Rolle und Du-Rolle der Umgangsweisen erster Stufe. Damit werden wieder beide Mīmāṃsā, die Erörterung des (rituellen) Tuns (karman) in der Karma-Mīmāṃsā und die Erörterung des Wissens (jñāna) in der Brahma-Mīmāṃsā, dem Vedānta, zu einer nur gemeinsam lösbaren Aufgabe. Genau diese Zusammengehörigkeit beider Mīmāṃsā wird von den nicht-advaitistischen Vedāntin gegen Śaṃkaras Advaita angemahnt und in eigenständigen Vedānta-Schulen auf verschiedene Weisen derart in einen systematischen Zusammenhang gebracht, daß Wissen und Tun, Philosophie und Religion, einander bedingen.

Die Folge ist eine philosophische Rehabilitation der von der Bhakti-Frömmigkeit geprägten religiösen Sekten des Viṣṇuismus, insbesondere der Bhāgavata und Pāñcarātra, auf der einen Seite und des Śivaismus, insbesondere der Pāśupata, auf der anderen Seite. Aus ihnen gehen im ersten Fall die theistischen Schulen des Vaiṣṇavismus und im zweiten Fall diejenigen des Śaivismus sowie des dem Śaivismus nahestehenden Śāktismus hervor. Damit wird die begriffliche Trennung zwischen Philosophie (darśana) und Religion (dharma) durch den Aufbau von Theologien unscharf (vgl. Gonda 1970).

Was die beiden genannten Sekten des Viṣṇuismus betrifft, so treten die Gruppen der Bhāgavata und der Pāñcarātra im Epos Mahābhārata ohne scharfe Abgrenzung voneinander auf. Sie repräsentieren streng monotheistische Strömungen des Brahmanismus, die wohl auf Verschmelzungen vedischer und außervedischer Traditionen zurückgehen und ab dem zweiten Jahrhundert vor unserer Zeitrechnung allmählich Verbreitung finden. Die Bhāgavata tragen ihren Namen aufgrund ihrer Verehrung des Bhagavān (= der Erhabene) – daher der Name der Bhagavadgītā, des „Gesangs des Erhabenen". Der höchste Gott Bhagavān regiert das karman, das Gesetz der Tatvergeltung, ist ihm also nicht wie die niederen Götter unterworfen, und er schützt zudem noch den dharma, die „Weltordnung". Unter seinem Namen ‚Vāsudeva' ist er auch der höchste Gott der Pāñcarātra, der „[Anhänger der während] fünf Nächten [gelehrten heiligen Schriften]", wie die verbreitete Deutung dieses Namens lautet. Die Bhāgavata sehen in Bhagavān Viṣṇu, der mit Śiva identisch ist, und identifizieren ihn als Vāsudeva mit Kṛṣṇa, der Inkarnation Viṣṇus. Bei den Pāñcarātra kommt die Identität von Vāsudeva mit Viṣṇu (aber nicht mit Śiva) dadurch zustande, daß aus ihrer Lehre von den vier Emanationen (vyūha) Vāsudevas – es sind der Evolution im Sāṃkhya folgende Schritte einer „Umwandlung" (pariṇāma) des höchsten Gottes in die Welt der Erscheinungen (prapañca) – durch Verschmelzung mit Viṣṇu-Frömmigkeit eine Lehre von den Inkarnationen (avatāra) Viṣṇus wird. Zu diesen zählen zum Beispiel auch Śiva, Buddha und Arjuna, der Held der Bhagavadgītā (vgl. Renou/Filliozat 1947, §§ 1303–1333; dazu die Grundlage bei: Schrader 1916). Die Pāśupata oder Anhänger des „Herrn der Tiere" (paśu-pati) wiederum bilden die vermutlich älteste unter den Gruppen des Śiva-Kultes. Sie unterscheiden sich trotz vielfältiger Überschneidungen von den Gruppen des Viṣṇu-Kultes grundsätzlich dadurch, daß sie mit Hilfe von Yoga-Praktiken Erlösung in Gestalt einer mystischen Vereinigung (saṃyoga) von Mensch und Gott (= Śiva) erreichen wollen, während im Viṣṇuismus, abgesehen von Lehren einer unio mystica auch bei den Bhāgavata, noch im Zustand der durch gläubige Hingabe (bhakti) des Menschen und gnädige Zuwendung Viṣṇus zustandegekommenen Erlösung die Differenz von Mensch und Gott aufrechterhalten bleibt (vgl. Renou/Filliozat 1947, §§ 1281–1285).

Ursprünglich waren alle philosophischen Schulen, die orthodoxen ebenso wie die heterodoxen, auch in ihrer Erlösungslehre, sofern es ursprünglich überhaupt eine gab, im Kern unabhängig von theistischen Überzeugungen ihrer Vertreter konzipiert (vgl. Renou/Filliozat 1947, § 1119; Halbfass 1991) und in diesem Sinne „rational", allein auf Wissen und seine Rechtfertigung bezogen. Das Pantheon der ebenfalls dem Gesetz der Tatvergeltung unterworfenen Götter, Dämonen und anderer „guter" oder „böser" Wesen spielte in ihnen keine theoretische Rolle. Alle diese Wesen hatten höchstens eine praktische Funktion bei der Gewinnung oder Verhinderung von Erkenntnis. Diese Verhältnisse änderten sich in der zweiten Hälfte des ersten Jahrtausends. Die von Seiten der theistischen Vedānta-Schulen nun auch theoretisch angeleitete Opposition gegen „atheistische" Philosophien bekommt sogar eine zuweilen fundamentalistisch anmutende Schärfe. Die orthodoxen Schulen hatten sich dagegen immunisieren können, indem sie sich einen theistischen Überbau gegeben hatten – Sāṃkhya und Yoga waren grundsätzlich viṣṇuitisch, Nyāya und Vaiśeṣika hingegen śivaitisch geworden –, die heterodoxen Schulen allerdings und ebenso das Advaita trifft die volle Wucht der Angriffe.

Es war der zum ersten Mal wohl von Bhāskara explizit gegen Śaṃkara erhobene Vorwurf des Kryptobuddhismus (pracchanna-bauddha; vgl. Nakamura 1983, 120f.) – er nennt Śaṃkara wegen der diesem zugeschriebenen Position des māyāvāda einen verkappten Anhänger des Yogācāra –, der noch ein halbes Jahrtausend später Madhva den Verdacht äußern läßt, Śaṃkara sei die Inkarnation eines bösen Dämons. In der ältesten erhaltenen Biographie Madhvas, dem Madhvavijaya von Nārāyaṇa Paṇḍitācārya (Sohn eines von Madhva bekehrten Advaita-Gelehrten), findet sich im Kontext einer Charakterisierung des māyāvāda als verborgen buddhistisch eine Schilderung der Überzeugung, daß der Dämon Maṇimān, von dem das Epos Mahābhārata erzählt, Bhīma habe ihn getötet, sich mit der Absicht, die Menschen zu umgarnen, in Śaṃkara erneut verkörpert habe; Madhva selbst aber werde als der neue Bhīma Śaṃkaras Macht brechen. Der dem Mythos entnommene Hintergrund für Madhvas Überzeugungen ist der folgende: Viṣṇu erscheint in jedem der drei Weltalter (yuga), um die Weltordnung (dharma) wiederherzustellen, und er wird dabei assistiert von entsprechenden Inkarnationen des Windgottes Vāyu. Im zweiten Weltalter sei Vāyu als Bhīma erschienen, der Viṣṇu in Gestalt von Kṛṣṇa helfe, im dritten Weltalter jedoch, dem kali-yuga der Gegenwart, sei Madhva selbst die Inkarnation des Vāyu und werde von Viṣṇu, der sich in Vyāsa, dem Verfasser des Mahābhārata und damit des Berichts vom zweiten Weltalter, verkörpert habe, in der Aufgabe der Wiederherstellung des dharma unterrichtet.

Dieses religiöse Sendungsbewußtsein wird im Madhva-vijaya von einem merkwürdigen Ereignis unterstrichen: Madhva glaubt sich von den Advaitin wegen seines Glaubens an einen persönlichen Gott, also saguṇa brahman anstelle von nirguṇa brahman, verfolgt; und belegt wird dies mit der Schilderung einer Plünderung von Madhvas Bibliothek durch Advaitin aus Rache dafür, daß sie Madhva in der Debatte nicht hatten besiegen können. Historisch allerdings gibt es keinerlei Hinweise auf ein solches Ereignis, und es ist auch wenig glaubhaft.

Zunächst jedoch war die Opposition gegen Śaṃkara und seine Schule nicht derart feindselig. Vielmehr ging es darum, angesichts der in ihrer systematischen Strenge als gewaltsam empfundenen Kommentierung des Brahma-sūtra durch Śaṃkara als erstes einen „ursprünglichen" Vedānta wiederherzustellen, und zwar durch Kommentare des Brahma-sūtra, die ohne den die Intentionen des Brahma-sūtra entstellenden Kunstgriff Śaṃkaras auskommen, zwischen einem Standpunkt gewöhnlicher Wahrheit und einem Standpunkt höchster Wahrheit zu unterscheiden. Eben dies ist, wie sich insbesondere durch die Forschungen Nakamuras (1983, chap. XI) bestätigen ließ, sowohl Bhāskara als auch Rāmānuja gelungen. Allerdings ist zu berücksichtigen, daß bei Rāmānuja die relative Unkenntnis buddhistischer Ansichten – zu seiner Zeit spielte der Buddhismus in der philosophischen Auseinandersetzung praktisch keine Rolle mehr – und sein hereinspielender Viṣṇu-Glaube die Ermittlung der ursprünglichen Intention des Brahma-sūtra ebenfalls beeinträchtigen, nur ist das keine Beeinträchtigung aus systematischen Gründen wie bei Śaṃkara. Im übrigen hat Rāmānuja durchaus auch an Bhāskara, der sektarisch nicht gebunden ist, angeknüpft (vgl. Dasgupta 1975, III 192ff.) und erfolgreich in seinem eigenen Kommentar zum Brahma-sūtra, dem Śrībhāṣya, die logische Anstößigkeit der Grundthese von Bhāskaras Bhedābheda beseitigt. Nach Bhāskara zeigen nämlich ātman und brahman zugleich sowohl Unterschied (bheda) als auch Unterschiedslosigkeit (abheda).

2. Die Viṣṇu-Frömmigkeit hinter Leben und Werk Rāmānujas

Rāmānuja gilt als der erste Theologe der indischen Tradition, weil es ihm als erstem gelungen ist, ein philosophisches System in Übereinstimmung und unter Berücksichtigung der im Viṣṇuismus seiner Umgebung praktizierten Bhakti-Frömmigkeit auf der Grundlage von Vorarbeiten anderer aufzubauen und erfolgreich vor allem gegen Śaṃkaras Advaita durchzusetzen. Dieser Erfolg spiegelt sich auch in der kaum als historisch treu zu bezeichnenden Überlieferung, er sei 120 Jahre alt gewesen, als er 1137 starb. Gegenwärtig wird nach sorgfältigem Vergleich mit weiteren Daten der Überlieferung angenommen, daß er um 1055 geboren wurde, und zwar im Süden Indiens, in Śrīperumbūdūr, nahe dem heutigen Madrās (Tamilnādu). Er wuchs mit dem tamilischen Namen Ilaya Perumaḷ in einer frommen Brahmanenfamilie auf und wurde im Zuge einer traditionellen Erziehung intensiv nicht nur mit dem Advaita vertraut gemacht, sondern auch mit den seine Herkunftsfamilie

Rāmānuja

prägenden Lehren der viṣṇuitischen Sekte der Śrī-Vaiṣṇava. Diese berufen sich vor allem auf die Tradition der Pāñcarātra, deren heilige Schriften (āgama) – traditionell werden 108 „Sammlungen" (saṃhitā) gezählt, obwohl faktisch mehr als 200 bekannt sind – bei den Śrī-Vaiṣṇava dieselbe Autorität wie der Veda besitzen.

Alle diese für die verschiedenen religiösen Sekten verbindlichen Textgrundlagen – darunter die einhundertundacht viṣṇuitischen Saṃhitās ebenso wie die traditionell achtundzwanzig śivaitischen Āgamas – enthalten in der Regel vier Abteilungen, die nach (erlösungsbezogenem) Wissen (jñāna), (meditativer) Übung (yoga), (ritueller, z.B. den Tempelbau betreffender) Praxis (kriyā) und (das Äußern von Frömmigkeit betreffenden) Wandel (caryā) gegliedert sind. Sie übernehmen und erweitern daher im wesentlichen die Rolle der Brāhmaṇas bzw. der aus ihnen hervorgegangenen Rituallehre (kalpa-sūtra) im traditionellen, allein am Veda orientierten und deshalb der bhakti noch keinen Platz einräumenden Brahmanismus. Abgesehen von einem allgemeinen, im Sāṃkhya-Yoga und in den beiden Mīmāṃsā wurzelnden philosophischen Hintergrund artikulieren diese Schriften, die den Bezug zu einem höchsten Wesen in den Mittelpunkt stellen, nicht selbst schon ein philosophisches Interesse. Sie werden vielmehr zu einem Gegenstand des Interesses an Erkenntnis, das deshalb den Aufbau einer philosophischen Theologie in einem unserer eigenen Tradition durchaus vertrauten Sinne verlangt. Allerdings muß von ihr um der öffentlichen Durchsetzbarkeit willen zusätzlich mindestens noch die Verträglichkeit mit der Lehre der Upaniṣaden nachgewiesen werden. Angesichts des vom Advaita Śaṃkaras in Bezug auf den Vedānta, insbesondere die Upaniṣaden, beanspruchten Auslegungsmonopols ist es daher auch im Falle der zuletzt genannten Aufgabe notwendig, Śaṃkaras Alleinheitslehre erfolgreich zu widerlegen.

Bereits während des Unterrichts im Advaita, den Rāmānuja im nahegelegenen Kāñcī (= Conjeeveram) erhielt, soll er die von seinem tief verwurzelten Viṣṇu-Glauben gestützten, der Lesart des Advaita widersprechenden Deutungen von Upaniṣaden-Stellen derart in Konflikte mit seinem Lehrer Yādavaprakāśa verwandelt haben, daß dieser ihn schließlich entließ. Rāmānuja fand eine Stelle als Priester in einem Viṣṇu-Tempel, heiratete und sammelte einen Schülerkreis um sich, der für die Verbreitung seines Rufes als scharfsinniger Schriftgelehrter sorgte. Seine Ehe soll jedoch derart unglücklich gewesen sein, daß er sie schließlich auflöste und zum Wanderasketen (saṃnyāsin) wurde. Noch zuvor jedoch hatte ihn ein Onkel mütterlicherseits, Mahāpūrṇa (tamil.: Periynāmbi), auf Yāmuna, den obersten Priester im Viṣṇu geweihten Raṅganātha-Tempel in Śrīraṅgam (zum Distrikt Tiruchchirappalli, d. i. Trichinopoly, gehörig), und dessen Lehren aufmerksam gemacht. Yāmuna (tamil.: Āḷavandār) war der theologische Kopf der Śrī-Vaiṣṇava-Gemeinde und hatte seinerseits schon den Plan, Rāmānuja als seinen Nachfolger zu berufen. Rāmānuja machte sich auf den Weg nach Śrīraṅgam, aber Yāmuna starb, ehe Rāmānuja ihn erreichte. Eine Legende erzählt, daß Yāmuna im Tode drei Finger seiner rechten Hand ausgestreckt hielt, die drei unerfüllt gebliebene Wünsche anzeigten: Einer davon sei der Wunsch nach einem aus dem Geist der Śrī-Vaiṣṇava geschriebenen Kommentar zum Brahma-sūtra gewesen, um dem übermächtigen Einfluß von Śaṃkaras Brahmasūtra-bhāṣya etwas entgegensetzen zu können.

Rāmānuja ging daraufhin bei seinem Onkel, einem überzeugten Śrī-Vaiṣṇava, noch einmal in die Lehre und schrieb dann den seinem künftigen Einfluß nach nur noch von Śaṃkaras Kommentar übertroffenen Kommentar der Śrī-Vaiṣṇava-Schule, das Śrībhāṣya. Er vertritt darin die Position eines Viśiṣṭādvaita (= Nichtzweiheit des [gleichwohl] mit einer Binnengliederung Ausgestatteten), was von dem als bedeutendster Viśiṣṭādvaitin nach Rāmānuja geltenden Veṇkaṭanātha (= Vedānta Deśika, 1268–1338) wie folgt erklärt wird: [Lehre von der] Einheit der geistigen und nicht-geistigen Substanzen der Welt (cit und acit) mit und in Gott (īśvara), den sie dadurch, daß sie seinen Körper (śarīra) bilden, modifizieren (zitiert nach der engl. Fassung in: van Buitenen 1968, 1). Das Viśiṣṭādvaita war von Rāmānuja zuvor schon in einer als systematische Abhandlung und nicht als Kommentar entstandenen Schrift Vedārtha-saṃgraha (= Zusammenfassung der Bedeutung des Veda) entwickelt worden. In ihr wird an die noch nicht zu einer philosophischen Theologie voll ausgebauten Lehren Yāmunas angeknüpft, die ihrerseits von dem ersten derartigen Theologen, Yāmunas Großvater Nāthamuni, herrühren.

Nāthamuni wiederum war Schüler des letzten der nicht sämtlich historisch belegbaren zwölf „Weisen“ (tamil.: āḷvār), deren in Tamil verfaßte Lieder mit der Verherrlichung der bhakti gegenüber Viṣṇu in Gestalt von dessen zahllosen Inkarnationen, besonders aber Kṛṣṇas, als Veda des südindischen Viṣṇuismus oder kurz „Tamil-Veda“ bezeichnet werden. Es gilt als das Verdienst Nāthamunis, im Zusammenhang der ersten, sprachlich noch gemischt tamilisch-sanskritisch orientierten Begründung der Śrī-Vaiṣṇava in Śrīraṅgam, die geistlichen Liebeslieder der Āḷvār in die später für die Śrī-Vaiṣṇava kanonisch gewordene Sammlung der „viertausend“ (tamil.: nāḷāyira) Hymnen, den Divya-prabandham, überführt zu haben. Sein erster Schritt zu einer Theologie bestand dabei darin, den „Weg zu Gott“ durch Hingabe (bhakti-mārga) um die beiden anderen, dem bhakti-marga allerdings untergeordneten Wege zu ergänzen, die in der längst von allen religiösen Sekten wie auch von allen orthodoxen philosophischen Schulen verehrten, teilweise sogar für autoritativ gehaltenen, Bhagavadgītā gelehrt werden: der „Weg zu Gott“ durch Wissen (jñāna-mārga) und der „Weg zu Gott“ durch Tun (karma-mārga).

Rāmānuja ist darüber hinausgegangen und hat dieser inzwischen schon von Yāmuna im Siddhitraya (= die Dreiheit des Vollendeten [d. h. īśvara, ātman und prakṛti als gesonderte Wesenheiten]) fortgeführten Behandlung der drei Wege zu Gott eine philosophische Grundlage innerhalb des Vedānta zu schaffen gewußt. Gegen den Ritualismus der Karma-Mīmāṃsā, der dem karma-mārga der Bhagavadgītā korrespondiert, und gegen den Intellektualismus des Advaita-Vedānta, der sich allein auf den jñāna-mārga der Bhagavadgītā konzentriert, soll das Viśiṣṭādvaita dem bhakti-mārga und damit der praktisch geübten Frömmigkeit in der alltäglichen Lebensführung die ausgezeichnete Rolle einer Vereinigung und zugleich Kulmination der beiden anderen Wege zuweisen. In diesem Sinne ergänzt der vermutlich nach dem Śrībhāṣya abgefaßte und einem entsprechenden Gītā-Kommentar von Yāmuna, dem Gītārthasaṃgraha (= Zusammenfassung der Bedeutung der Gītā), verpflichtete Kommentar zur Bhagavadgītā, das Gītābhāṣya, die Darstellung im Śrībhāṣya. Zwei Kurzfassungen des Kommentars zum Brahma-sūtra, das Vedāntasāra (= Mark des Vedānta) und der Vedāntadīpa (= Leuchte des Vedānta), runden die philosophisch relevante Überlieferung von Werken Rāmānujas ab.

Mit diesem Erfolg wurde Rāmānuja Nachfolger von Yāmuna als oberster Priester im Viṣṇu-Tempel von Śrīraṅgam und theologisches Haupt der Śrī-Vaiṣṇava. Im Rahmen seiner Weltentsagung soll Rāmānuja viele Jahre als saṃnyāsin Indien, lehrend und Śrī-Vaiṣṇava-Gemeinden gründend, durchwandert haben, möglicherweise bis nach Kaśmīr ganz im Norden. Aber nach der Rückkehr konnte er sich dem Zwang, Śiva als höchsten Gott anzuerkennen, die der mittlerweile auf den Thron gekommene militant śivaitische Cola-Herrscher Kulōttuṇgaṇ I. von den Angehörigen der Führungsschicht verlangte – Mahāpūrṇa, der Onkel Rāmānujas soll sogar geblendet worden sein –, nur durch eine Flucht ins Herrschaftsgebiet der Hoysala nach Mysore entziehen. Erst nach dem Tode Kulōttuṅgaṇs und wenige Jahre vor seinem eigenen Tode konnte Rāmānuja nach Śrīraṅgam zurückkehren. Es ist jedoch nicht sicher, ob Rāmānuja wirklich in Śrīraṅgam starb.

Um die positive Aufgabe einer philosophischen Rechtfertigung des bhakti-mārga als Kulmination aller Wege zu Gott lösen zu können, mußte man sich der negativen Aufgabe einer Widerlegung Śaṃkaras entledigen. Es ist daher kein Wunder, daß Rāmānuja in seinem Śrībhāṣya bereits den Kommentar zum ersten Einzelsūtra des Brahma-sūtra zum Anlaß nimmt, nach einer ausführlichen Präsentation der These seines Gegners, des pūrva-pakṣa, seine eigenen Ansichten zusammenfassend in ihrer Rolle als Widerlegung des Gegners zu entwickeln. Das erste Wort schon, ‚athā" (= nun) im Sūtra ‚athāto brahmajijñāsā (= Nun also die Untersuchung des brahman)', mit dem etwas dieser Untersuchung Vorausgehendes unterstellt wird, erlaubt es nämlich, gegen Śaṃkara die Karma-Mīmāṃsā in dem Sinne als Vorbedingung für die Jñāna-Mīmāṃsā auseinanderzusetzen, als die Erfüllung der dort geforderten (vergänglichen) rituellen Handlungen das Verlangen nach dem hier gelehrten (unvergänglichen) Wissen um das brahman überhaupt erst hervorbringt. Rāmānujas zusammenfassende Darstellung seiner eigenen Auffassungen schließlich setzt ein mit den Worten:

Die ganze [vom Gegner vorgetragene] Lehre beruht auf einem Gespinst gänzlich leerer und zirkelhafter Argumente, die sich nicht in die Gestalt einwandfreier logischer Alternativen bringen lassen. Auf solche Fiktionen kann nur kommen, wer nicht erwählt ward von dem höchsten Wesen, das die Schrift in Wahrheit lehrt –, nicht erwählt, weil ihm die dafür nötigen Eigenschaften fehlten. Sein Verstand ward verstört durch Wahnvorstellungen [...] darum weiß er nicht, was Worte und Sätze sind und bedeuten und irrt ab vom Wege richtigen Denkens, wie es sich aus der Wahrnehmung und allen anderen Erkenntnismitteln ergibt [...] Wer Einblick in das wahre Wesen der Dinge hat, wie sie sich aus Überlieferung (śabda), Wahrnehmung (pratyakṣa) und den anderen Erkenntnismitteln (pramāṇa), unterstützt von Schlußfolgerung (anumāna), ergibt, muß solche Lehre verwerfen (zitiert nach: Otto 1917, 42).

Rāmānuja war sich klar darüber, daß es nicht genügt, dem eigenschaftslosen (nirguṇa) brahman einen defizienten Status zu geben, wie es Bhāskara getan hatte und später wieder Madhva tun wird, es nämlich für das Ergebnis der Unzulänglichkeiten der gewöhnlichen Erkenntnismittel in Bezug auf Gott zu halten, weil dann die Begründbarkeit eines zuverlässigen Weges zu Gott auf dem Spiel stünde und somit seine immanente Erreichbarkeit, etwa durch Hingabe, gefährdet wäre. Es ging vielmehr darum, die Haltlosigkeit der Rede vom nirguṇa brahman tout court nachzuweisen.

Zu diesem Zweck wird für jedes Erkenntnismittel nachgewiesen, daß mit ihm niemals etwas in sich Ungegliedertes erkannt wird; insbesondere gibt es im Viśiṣṭādvaita auch keine gänzlich „unbestimmte" (nirvikalpa) Wahrnehmung. Jeder Wahrnehmungsakt ist zugleich mit einer auch prädikativ artikulierbaren Gliederung verbunden, weil erinnernde Bezugnahme auf den Wahrnehmungsakt ohne eine solche Gliederung unmöglich wäre. Es gibt keine Erkenntnis von etwas bloß Seiendem ohne irgendeine nähere Bestimmung, eine Spezifikation.

Tatsächlich macht diese völlig einwandfreie Argumentation davon Gebrauch, daß Ich-Rolle und Du-Rolle jeweils im Handeln und im Reden pragmatisch nicht voneinander isoliert werden können: Nur dadurch, daß ich etwas Bestimmtes tue, zeigt sich, daß überhaupt etwas getan wird, und nur dadurch, daß ich etwas Bestimmtes artikuliere, zeigt sich, daß überhaupt etwas da ist.

Erst mit dem Kunstgriff Śaṃkaras, durch den Übergang in die logisch zweite Stufe das Gegliederte zu einem *Zeichen* für das (ursprünglich) Ungegliederte zu machen, werden die Ich-

Rolle und die Du-Rolle semiotisch voneinander isolierbar: Ich kann logisch konsistent so *reden*, als sei das, was in den gewöhnlichen Lebenszusammenhängen stets voneinander abhängig ist – etwa im Bereich der Erkenntnis das erkennende Subjekt und das erkannte Objekt – etwas jeweils Eigenständiges. Śaṃkaras Schritt wird so ausgeführt, daß sowohl die Ich-Rolle im Handeln, d.i. das Selbertun, als auch die Du-Rolle im Reden, d.i. das Andere-verstehen, zum Inhalt, also der Du-Rolle, eines Zeichens zweiter Stufe gemacht werden, und diese Inhalte sind es, die jeweils Bewußtsein und Sein genannt werden, auch wenn sie sich nicht mehr voneinander unterscheiden lassen. Ohne diesen Schritt jedoch bleibt es bei der Korrelativität von Ich und Du, und damit epistemologisch bei derjenigen von Subjekt und Objekt bzw. ontologisch bei derjenigen von Substanz (dravya) und Modus (prakāra) bzw. Attribut-Träger (dharmin) und Attribut (dharma).

Ich meine, Bewußtsein (anubhūti), auch Wissen (jñāna), Erkennen (avagati) und anders genannt, ist das, was durch sein bloßes Dasein Gegenständen die Möglichkeit gibt, für den Träger des Bewußtseins zu [Bezugs-]Objekten des Denkens und Redens zu werden. Es ist ein besonderes Attribut eines bewußten Selbst [= Referent des Personalpronomens ‚ich', d.i. ‚aham'] und zugleich gerichtet auf ein Objekt [= den Referenten des Demonstrativpronomens ‚dies', d.i. ‚idam'] und wird als solches von jedermann durch Eigenzeugnis gewußt. So zeigen es gewöhnliche Aussagen, wie etwa ‚ich erkenne den Topf', ‚ich sehe diese Sache ein', ‚ich bin mir [der Gegenwart] dieses Stück Tuchs bewußt'. [...] Unmöglich kann das Bewußtsein, während es klar als Attribut eines Handelnden und als auf ein Objekt gerichtete Tätigkeit auftritt, zugleich selber der Handelnde oder das Handlungsobjekt sein. [...] Man sieht deutlich, daß der Handelnde [= der Träger des Bewußtseins] beständig ist, sein als Attribut auftretendes Bewußtsein jedoch [...] entsteht, andauert und verschwindet. Die Beständigkeit des bewußten Selbst ergibt sich aus der Möglichkeit des Wiedererkennens: ‚Eben diesen Gegenstand habe *ich* früher wahrgenommen.' Andererseits ergibt sich das Entstehen und Vergehen des Bewußtseins aus dem etwa wie folgt ausgedrückten Denken: ‚Ich erkenne jetzt', ‚Ich erkannte damals', ‚ich kenne den Gegenstand meiner Erkenntnis nicht mehr'. Woher also sollte die Identität von Bewußtsein und bewußtem Selbst kommen? (zitiert nach: Otto 1917, 55f., und: Radhakrishnan/Moore 1957, 546).

Nachdem auf diese Weise nachgewiesen ist, daß das Selbst als Träger des Bewußtseins vom Bewußtsein verschieden ist und sich im übrigen auch – an dieser Stelle folgt die Argumentation ganz der des Advaita – vom Werkzeug des Bewußtseins, dem Binnenvermögen (antaḥkaraṇa) und damit insbesondere dem Denken (manas), unterscheidet, sind Subjekte ebenso wie Objekte schon allein wegen dieser Bezogenheit aufeinander als gegliedert bestimmt.

3. Das Viśiṣṭādvaita von Rāmānuja als Opposition gegen das Advaita

Es kommt hinzu, daß Rāmānuja über ein begriffliches Werkzeug verfügt, das er bei der Auseinandersetzung mit dem logisch anstößigen Bhedābheda des Bhāskara aus der dem Nyāya und Vaiśeṣika entnommenen kategorialen Trennung von Substanz und Attribut entwickelt hat. Es erlaubt ihm, die beiden Redeweisen, von der Unterschiedenheit (aufgrund von Differenziertheit) und von der Unterschiedslosigkeit (mangels Differenziertheit), widerspruchsfrei nebeneinander zu verwenden – paradigmatisch in der Bezeichnung ‚Viśiṣṭādvaita' für seine eigene Position verwirklicht – und gleichwohl ohne Śaṃkaras „doppelten Blick" mit Hilfe der Unterscheidung zweier Ebenen des Wissens auszukommen: Gegenstände können in einer Hinsicht als Attribute (jeweils einer Substanz) und in einer anderen Hinsicht als Substanzen (jeweils mit Attributen) aufgefaßt werden.

Mein Körper etwa ist, obwohl einerseits ein eigenständiger Gegenstand, eine Substanz, zugleich, weil *mein* Körper, ein unselbständiger Gegenstand, nämlich das Attribut Körper-Haben, durch das die Ich-Substanz bestimmt ist. Substanz und Attribut sind verschieden, aber gleichwohl, weil ein Attribut der Bestimmung der Substanz dient, „untrennbar" (apṛthaksiddha); sie stehen in einer „internen" Beziehung im Unterschied zu einem Körper und einem Ich als zwei Substanzen, zwischen denen es nur „externe" Beziehungen geben kann. Nun hat aber das Ich oder bewußte Selbst, der ātman, der kraft seines Körpers zu einem jīva individuiert ist, als ihn charakterisierendes und damit für ihn wesentliches Attribut nicht seinen Körper, sondern sein Bewußtsein (von etwas) oder sein (auf etwas gerichtetes) Wissen (jñāna). Dieses Attribut (dharma-bhūta-jñāna) ist nach Rāmānujas Auffassung als eigenständiger Gegenstand und damit als eine Substanz (dharmibhūta-jñāna) das bei allen jīva einheitliche „Selbstbewußtsein", das Wissen des Selbst, daß es das Selbst ist. Das attributive jñāna hingegen variiert von jīva zu jīva in Abhängigkeit vom jeweiligen karman, das für die Art des Körpers zuständig ist, der mit Hilfe der verschiedenen Erkenntnismittel, also der Zugangsweisen zu Gegenständen für das jeweilige Selbst, die Gewinnung des jñāna erst ermöglicht. Das attributive jñāna kann „expandieren" und „kontrahieren", bis es beim erlösten Selbst als „Allwissenheit" seine maximale und dann auch stabile Expansion erreicht hat. In ihr imitiert es die göttliche Allwissenheit in einer individuellen Perspektive (vgl. Sharma 1960, 343–351).

In einem Bild wird das Selbst mit einer Lampe, das substantielle jñāna mit dem Licht und das attributive jñāna mit den Lichtstrahlen oder der Leuchtkraft verglichen: Das Selbst „ist" Selbstbewußtsein, aber es vermag nur mit Hilfe des jñāna sich und der anderen Gegenstände bewußt zu sein, also sie zu wissen; das attributive Bewußtsein wiederum „ist" Bewußtsein von jemandem (genitivus subjectivus) und von etwas (genitivus objectivus), aber „hat" kein Wissen davon.

Diese Konstruktionen ziehen eine Gleichbehandlung der beiden Verwandlungen nach sich, zum einen der Verwandlung des Körpers in ein Attribut der Ich-Substanz oder des Selbst und zum anderen der Verwandlung des Wissens oder Bewußtseins in ein Attribut des Selbst. Die Folge ist, daß die Attribution in ihrer (pragmatischen) Rolle, die *Unselbständigkeit* eines Gegenstandes auszudrücken, von ihrer (semiotischen) Rolle, das *Zeichensein* eines Gegenstandes auszudrücken, ununterscheidbar wird. Das Auftreten mentaler Gegenstände oder Zustände als Zeichen für ein Subjekt wird zu einem Spezialfall davon, daß beliebige Gegenstände von einem Subjekt regiert werden, d.h. des Auftretens eines Subjekts als „innerer Lenker“ (antaryāmin) seiner alle aktiven und passiven Aspekte, Tätigkeiten und Widerfahrnisse, einschließenden Verkörperung.

Der Wissensgewinn im gewöhnlichen Leben des Handelns, Sprechens und Denkens – Wissen von Gegenständen des Handelns nennen wir Kenntnisse, Wissen von Gegenständen des Denkens hingegen Erkenntnisse – vollzieht sich inmitten einer Vielzahl von Subjekten und Objekten. Diese Selbstverständlichkeit ließ sich nach den Analysen Śaṃkaras und des Mahāyāna nicht mehr ohne weiteres im begrifflichen Rahmen eines ontologischen Pluralismus und eines epistemologischen Realismus wiedergeben. An ihrer Statt stehen jetzt bei Rāmānuja jeweils der mit ‚viśiṣṭādvaita‘ bezeichnete „qualifizierte Monismus“ und eine Spielart des kritischen Realismus. Ihm zufolge werden auf der einen Seite die Substanzen durch ihre Attribute zugänglich, also Objekte für Subjekte; auf der anderen Seite jedoch sind auch die Subjekte als Substanzen bestimmt, und zwar als solche, die sowohl über eine Art Attribute, die physischen, also den „Körper“ (śarīra), (für Subjekte) zugänglich *werden*, als auch über eine andere Art Attribute, die mentalen, also das „Bewußtsein“ (jñāna), (Objekte) zugänglich *machen*. Subjekte sind im Unterschied zu den ausschließlich passiven Objekten durch beides, eine aktive Ich-Rolle und eine passive Du-Rolle charakterisiert.

Nun kommt aber hinzu, daß die Attribute ihrerseits ebenfalls als Substanzen auftreten, also über Attribute zugänglich werden, zum Beispiel ein Körper über seine Eigenschaften, etwa Farben oder Funktionen, oder ein Bewußtsein über seine Zustände, etwa Lust und Schmerz oder Liebe und Haß. Die Umkehrung hingegen, die Behandlung „unabhängiger“ Substanzen auch als „abhängige“ Attribute, leuchtet im allgemeinen Fall nicht so ohne weiteres ein. Sie tut das deshalb nicht, weil das ontologische Substanz-Attribut-Verhältnis wegen der nicht auseinandergehaltenen beiden Funktionen der Attribution, ebenso Unselbständigkeit wie Zeichensein von Gegenständen auszudrücken, zugleich die Gestalt des epistemologischen Subjekt-Objekt-Verhältnisses fundieren soll.

Im Falle der Ich-Substanzen erlauben die Attribute Körper [-Haben] (śarīra) und Bewußtsein[-Haben von etwas] (jñāna) sowohl die Ausdrucksweise, daß ein Ich seinen Körper und sein Bewußtsein regiert, als auch die Ausdrucksweise, daß Körper und Bewußtsein jeweils das Selbst anzeigen, man also von der Anwesenheit eines Körpers oder eines Bewußtseins auf die Anwesenheit ihres Trägers schließen kann. Im Erkennen oder Kennen von etwas ist daher das Selbst als Subjekt in aktiver Ich-Rolle, hingegen als erschlossener Träger dieser mentalen Tätigkeit in passiver Du-Rolle; die gleichen Verhältnisse liegen vor, wenn es sich um körperliche Tätigkeiten handelt. Aber woher weiß man, daß beim Schluß von „meinem" Körper auf seinen Träger und beim Schluß von „meinem" Kennen dieses Körpers auf den Träger des Kennens „dasselbe" erschlossen wird? Die entsprechende Frage stellt sich natürlich auch im aktiven Fall der Ich-Rolle.

Die Antwort Rāmānujas auf dieses Problem ist mit der Unterscheidung von Gegenständen in attributiv und in substantiell behandelte verbunden. Bewußtsein (jñāna) und Körper (śarīra) verhalten sich als Attribute eines Selbst verschieden: Der Körper individuiert den ātman, das Bewußtsein universalisiert den ātman. Im Selbstbewußtsein und nur in ihm stimmen alle Ich-Substanzen überein und sind auch mit Gott (īśvara) wesensgleich – nur in diesem Sinne läßt sich nach Rāmānuja die vom Advaita vertretene Identität des ātman mit dem brahman aufrechterhalten –, als Substanzen hingegen bleiben sie aufgrund der sie individuierenden Körper verschieden. Und dies wiederum läßt sich mit dem attributiven Bewußtsein, kraft dessen die Ich-Substanz andere Gegenstände kennt und erkennt, auf ganz gewöhnliche Weise erkennen. „Ich" kenne und erkenne andere Gegenstände nämlich anhand ihrer sie differenzierenden Merkmale, die Körper anhand ihrer Eigenschaften und die Selbste anhand ihrer Körper.

Ein höchstes Wesen jedoch, Gott als oberstes Selbst und damit als Person ist auf diese Weise als Gegenstand weder einer Aktion noch einer Kognition noch einer Emotion auszumachen. Es gibt nämlich kein gewöhnliches Erkenntnismittel, das den Inbegriff aller erkannten Objekte, die Welt der Erscheinungen im Ganzen, als Körper eines Selbst zu identifizieren erlaubte. Hier hilft erst das uns auch aus unserer eigenen Tradition vertraute Verfahren der Analogiebildung weiter, mit dem sich die autoritative Überlieferung im Sinne des Vedānta unter Einschluß der von der Bhakti-Erfahrung handelnden Texte der Pāñcarātra dem Verständnis erschließen läßt.

Weil das jñāna als Substanz unveränderlich ist, kann man im Erkennen, dem attributiven jñāna, geschehe es handelnd, denkend oder fühlend, eine Entsprechung des göttlichen Erkennens sehen, von dem die heiligen Schriften (śruti) als dem innersten Kern oder Wesen des zur Welt sich entfaltenden brahman „gehört" haben. War die śruti bei Śaṃkara ein Hören und Verstehen dessen, was sich (immanent) wahrnehmen läßt, so ist sie bei Rāmānuja ein Hören und Verstehen von etwas transzendent Wahrgenommenen, das immanent nur in seinen Attributen zugänglich ist. Das brahman als das höchste Selbst ist saguṇa brahman und damit der in Gestalt vieler göttlicher Personen erkennbare „Herr" (īśvara). Aber wegen des vom karman bestimmten Körpers kann ein Selbst Gott nur in dem Maße (über dessen Attribute) erkennen, als er „dies zuläßt". Diese Redewendung ist so zu verstehen, daß wegen der Identität aller Selbste einschließlich Gottes in ihrem Wesen als Selbstbewußtsein das (attributive) Erkennen in seiner Richtung von einem Selbst zum höchsten Selbst – ein jīva erkennt den īśvara – sein konverses Gegenstück in einem Erkennen mit der Richtung vom höchsten Selbst zu diesem Selbst haben muß.

Da nun das handelnde Erkennen des karma-yoga, wie es mit dem Erkenntnismittel Wahrnehmung geschieht, Veränderliches und Nichtbewußtes (acit) zum (direkten) Gegenstand hat, das denkende Erkennen des jñāna-yoga hingegen, unter Hinzunahme auch des Erkenntnismittels Schlußfolgerung, sich auf Unveränderliches und Nichtbewußtes richtet, ist es dem unter weiterer Hinzufügung des Erkenntnismittels Überlieferung (śabda) realisierbaren Erkennen des bhakti-yoga vorbehalten, sich auf sowohl Unveränderliches als auch Bewußtes (cit) richten zu können und daher in diesen wie auch in den Erkenntnisobjekten auf den anderen Ebenen die Attribute Gottes zu erfahren. Bei derart vollzogenem Yoga lassen sich die folgenden vier Stufen der Erkenntnis unterscheiden: Erstens erkennt man, daß die Selbste (ātman) bei allen jīva einander ähnlich sind, insofern sie in ihrem als Selbstbewußtsein bestimmten Wesen übereinstimmen; zweitens erkennt man auch īśvara und ātman in diesem Sinne einander ähnlich; drittens ist diese Erkenntnis auch außerhalb der yogischen Kontemplation im Alltag vorhanden; viertens schließlich handelt man, ohne den ātman bei sich und bei anderen zu unterscheiden. In der höchsten Erkenntnis, die zugleich als Dienen durch Hingabe (bhakti) erscheint, wird die zugeordnete konverse Erkenntnis, die eine Äußerung der schöpferischen Kraft (śakti) Gottes ist, als „Gnade" (prasāda) erfahren. Allerdings hatte Rāmānuja den mit seinem Akzent auf eigener Aktivität ausgezeichneten Weg der Hingabe (bhakti) aus Rücksicht auf die am Veda orientierte traditionelle soziale Praxis nur den oberen drei Kastengruppen gestattet. Der grundsätzlich damit gleichwertige, der ekstatischen Frömmigkeit des Tamil-Veda folgende Weg der Hinnahme (prapatti) war allen Menschen zugänglich, auch Frauen, die in den orthodoxen Schulen sonst ausgeschlossen blieben. Das hängt vermutlich damit zusammen, daß die Hinnahme wegen des ihr innewohnenden Charakters der Unterwerfung die Gelassenheit akzentuiert. Aber erst in der Folgezeit ist im Streit darüber, ob Hingabe und Hinnahme voneinander zu sondern und in welche Rangfolge sie dann zu bringen seien, eine Spaltung des Viśiṣṭādvaita in zwei Zweige erfolgt: Ein nördlicher Zweig (tamil.: Vaḍagalai), von Vedānta Deśika begründet, erklärt die Wirksamkeit göttlicher Gnade für abhängig von eigener aktiver Beteiligung durch Reinigungsprozeduren, während ein südlicher Zweig (tamil.: Teṉgalai) mit seinem Hauptvertreter Piḷḷai Lokācārya (um 1300) die „protestantische" These vertritt, daß Erlösung allein von göttlicher Gnade abhängt. Die konservativen Vaḍagalai lehren die „Affenmethode" (markaṭa-nyāya) – „so wie das Äffchen, wenn es von der Mutter aus einer Gefahr gerettet werden will, deren Hals umklammert, so muß der Fromme selbst aktiv an seiner Erlösung mitarbeiten" –, die radikalen Teṇgalai hingegen lehren die „Katzenmethode" (mārjāra-nyāya): „So wie die Katze ihr Junges in die Schnauze nimmt und fortträgt, ohne daß dieses etwas unternimmt", so rettet Gott „den Menschen nach seiner freien Entscheidung, auch ohne daß dieser etwas dazu tut" (von Glasenapp 1949, 265; vgl. auch: Sharma 1978).

So wie das Selbst seinen Körper regiert, so regiert das höchste Selbst die aus Bewußtem (cit) und Nichtbewußtem (acit) bestehende Welt; das Körpersein der Welt für den Körperhabenden (śarīra-śarīrī-bhāva) kann auch als das Gegliedertsein des höchsten Selbst durch das Bewußte und das Nichtbewußte (cidacidviśiṣṭa īśvaraḥ) bezeichnet werden. Dabei wird das Bewußte vom Bereich aller jīva gebildet, während das Nichtbewußte aus dem Undurchsichtigen (jaḍa; wörtl.: dumpf, unbeseelt), das seinerseits aus dem (materiellen) Stoff (prakṛti) und der Zeit (kāla) als dem Medium der Entwicklung des Stoffes zusammengesetzt ist, und dem Durchsichtigen (ajaḍa; in der Regel synonym zu ‚cetanā' [= geistig aktiv]) besteht. Das Durchsichtige wiederum umfaßt das Bewußtsein (jñāna) – Bewußtsein selbst ist nichts Bewußtes, nur der Träger des Bewußtseins, der jīva, ist es! – und den durchsichtigen Stoff, aus dem die als „unveränderliche Entfaltung" (nitya-vibhūti) bezeichneten Körper der vom karman erlösten Selbste bestehen, die im erlösten Zustand wie Gott „allwissend" sind. Das Bild ist noch verwirrender, weil die prakṛti, wie im Sāṃkhya, erst aufgrund ihrer drei attributiv als „gestaltende Kräfte" und substantiell als „Bestandteile" auftretenden guṇa: sattva (= das Leuchtende), rajas (= das Anregende) und tamas (= das Verhüllende), zur Entwicklung fähig ist, aber ein nur aus sattva gebildeter „durchsichtiger Stoff", eben die nitya-vibhūti, den Körper und die Wohnstatt der Erlösten bilden soll (vgl. etwa: von Glasenapp 1949, 261–265). Im übrigen gelten die drei guṇa der prakṛti, werden sie als Attribute des höchsten Selbst aufgefaßt, als die schöpferische Kraft (śakti) oder – von Rāmānuja in scharf artikulierter Differenz zu Śaṃkara jetzt positiv behandelt – die māyā Gottes (vgl. Sharma 1960, chap. 18). Die śakti, personifiziert auch als Göttin Lakṣmī, ist als Tatkraft (kriyā)

Viṣṇus die causa efficiens und als Potenz (bhūti) Viṣṇus die causa materialis der Welt. Bezogen auf die guṇa – und hier stimmen Advaita und Viśiṣṭādvaita bis auf die unterschiedliche negative bzw. positive Bewertung überein – ist tamas die Gott verbergende Kraft (āvaraṇa-śakti), rajas die Unterschiede erzeugende Kraft (vikṣepa-śakti) und sattva die erkennende Bezugnahme verursachende Kraft (buddhi) (vgl. Deutsch 1969, chap. 3).

Die letzte der sechs, vom Viśiṣṭādvaita anerkannten Substanzen – īśvara, jīva, prakṛti, kāla, jñāna, nityavibhūti – verdankt ihre Existenz einer Konstruktion, die deshalb zwiespältig geblieben ist, weil die pragmatische und die semiotische Rolle der Attribution bei Rāmānuja nicht auseinandergehalten worden sind. Wir hatten gesehen, daß für jede Substanz neben ihrem Wesen – es ist das in einen selbständigen Gegenstand verwandelte wesentliche Attribut der Substanz – noch ein für die Individuation der Substanz zuständiger Gegenstand konstruiert wurde, der aus der Verwandlung des Attributs Körper-haben hervorging und als der Körper der Substanz auftritt. So kam es, daß ohne die sachlich eigentlich erforderliche Unterscheidung zweier logischer Stufen jeweils drei Sorten Gegenstände nebeneinander zu berücksichtigen waren: eine Substanz, ihr (allgemeines) Wesen und ihr (besonderer) Körper.

Nun bedeutet aber der Körper eines gewöhnlichen Selbst eine Einschränkung der Erkenntnisfähigkeit des Selbst. Diese Einschränkung geht auf die mit der Existenz des individuierenden Körpers verbundene Fesselung durch das karman zurück. Anders ist es natürlich im Fall des höchsten Selbst. Sein Körper, die Welt der Erscheinungen, ist einem anfangs- und endlosen Prozeß der Umwandlung (pariṇāma) unterworfen, der in Zyklen von Weltschöpfung (sṛṣṭi) und Weltvernichtung (pralaya) abläuft und so das (als Substanz transzendente) höchste Selbst, das während dieses nur seinen Körper betreffenden Prozesses selbst völlig unverändert bleibt, für die übrigen Selbste (in seinen immanenten Attributen) erkennbar macht. Da aber auch nach der Aufhebung des karman die Individualität des Selbst erhalten bleiben soll, bedarf es der Annahme der nitya-vibhūti als einer Art „geistlichen Leibs" eines Selbst. Mit dieser Annahme kann man verhindern, daß im Zustand der Erlösung ein gewöhnliches Selbst vom höchsten Selbst ununterscheidbar wird.

Obwohl daher im Wesen Selbst (jīva) und Gott (īśvara) ununterscheidbar (a-dvaita) sind, bleiben Selbst und Gott als Substanzen verschieden, und zwar deshalb, weil ihnen nicht auf ihr Wesen bezogene Attribute „untrennbar" zukommen, die, in Substanzen verwandelt, verschieden sind: Es sind der individuelle Körper eines jīva und die Welt der Erscheinungen im Ganzen als der Körper des īṣvara. Dabei ist Gott attributiv gegliedert (viśiṣṭa), indem ein Selbst und dessen Körper, gleichgültig ob vom karman befreit oder gebunden, zum Körper Gottes gehören.

4. Das Dvaita von Madhva als Opposition gegen das Advaita

Die logischen Schwierigkeiten, die sich ergeben, wenn anstelle der Alleinheitslehre sowohl Einheitlichkeit als auch Differenziertheit des brahman beziehungsweise Identität *und* Verschiedenheit zwischen ātman und brahman, wie im Bhedābheda Bhāskaras, vertreten werden, sind damit ausgeräumt. Gleichwohl tritt an deren Stelle ein nicht minder unangenehmes Problem, wenn es darum geht zu erklären, wie das Wesen (eines Teils) des Körpers einer Substanz mit dem Wesen der Substanz selbst übereinstimmen kann, wenn doch das dazu geeignete Hilfsmittel einer Unterscheidung zwischen semiotischer und pragmatischer Rolle der Attribution gerade nicht in Anspruch genommen wird.

Es war Madhva, der dieses Problem in anderer Perspektive als Folge einer nicht hinreichend radikal konzipierten Alternative gegenüber Śaṃkara diagnostizierte. Wenn nämlich alle Attribute Gottes sich als Teile seines Körpers wiederfinden, weil für Gott sich der Unterschied zwischen Wesen einer Substanz und Körper einer Substanz nicht machen läßt, so gibt es

Madhva

auch keine Verschiedenheit mehr zwischen Gott und der Welt, dem Körper Gottes. Der Versuch, allein in Bezug auf die Wesensbestimmung Selbstbewußtsein (jñāna in substantieller und nicht in attributiver Rolle) Gleichheit von Selbst und höchstem Selbst zu vertreten, macht es in diesem Rahmen unmöglich, deren Verschiedenheit auf dem Weg über verschiedene Körper zu sichern. Will man nicht doch dem Advaita zum Opfer fallen, so war es unumgänglich, Madhvas Ansicht nach, auch jede Spur eines „advaita" zu beseitigen.

Es gibt keinerlei Übereinstimmung eines Selbst mit dem höchsten Selbst, auch nicht dadurch, daß sie über dasselbe Wesen Selbstbewußtsein verfügen. Jedes Selbst, ein Individuum (jīva), dessen Wesen in der Äußerung ‚ich' als (erkennendes) Subjekt sichtbar wird, ist Gott (īśvara) lediglich „ähnlich", womit Madhva die in der Verschiedenheit untereinander zugleich realisierte Abhängigkeit des jīva vom īśvara ausdrücken will, nicht aber die Gleichartigkeit beider in mindestens einer

Hinsicht. Das dafür verwendete Bild ist dasselbe, das zur Veranschaulichung der ganz anderen These vom Scheincharakter der Verschiedenheit zwischen ātman und brahman im Advaita gedient hatte: das Bild vom Ergebnis einer Spiegelung (pratibimba) in seinem Verhältnis zum Original (bimba). Die Advaitin des Vivaraṇa-Zweiges veranschaulichen damit, daß das Resultat einer Spiegelung seine selbständige Existenz gegenüber dem Original nur vortäuscht, während die Mādhva, die Anhänger Madhvas, darin ein Bild von der Abhängigkeit aller (spiegelungsrelevanten) Eigenschaften des Resultats der Spiegelung von den Eigenschaften des Originals sehen.

An die Stelle der dreifachen Gliederung des Viśiṣṭādvaita in īśvara, cit und acit tritt bei Madhva eine strenge Zweiteilung, bei der allein Gott (īśvara) als das Unabhängige (svatantra) auf der einen Seite und alles Übrige, die Welt der unbegrenzt vielen Subjekte und Objekte als das von Gott Abhängige (paratantra) auf der anderen Seite steht. Im Anu-vyākhyāna (= Nachgeordnete Erklärung) findet sich dabei eine Definition von Unabhängigkeit im Sinne der „Abhängigkeit [nur] von sich“ (svatantra): „das seinem eigenen Begehren Folgen“ (svaiccha-anusāritā) (Siauve 1968, 252). Die von Madhva entwickelte Alternative eines durch die „Zweitheit“ charakterisierten Vedānta, des Dvaita-Vedānta, wird im Lehrsatz vom „fünffachen Unterschied“ (pañca-bheda) zusammengefaßt, wie er sich zum Beispiel im Viṣṇu-tattva-vinirṇaya (= Bestimmung der Wirklichkeit Viṣṇus) (§ 325) findet:

Die Welt der Erscheinungen (prapañca) wird als ein fünffacher Unterschied konstituiert. Es gibt den Unterschied zwischen Gott und dem Nichtgeistigen (jaḍa) und auch den Unterschied zwischen Gott und den Subjekten (jīva); es gibt den Unterschied zwischen diesen Subjekten und dem Nichtgeistigen und den Unterschied der Subjekte untereinander; [schließlich] gibt es den Unterschied der [nichtgeistigen] Objekte untereinander (zitiert nach: Siauve 1968, 18).

Bei Madhva gehört daher, anders als bei Rāmānuja, Gott zur Welt der Erscheinungen, gleichwohl auch hier nicht als Objekt der von den sechs Sinnen vermittelten Wahrnehmung (pratyakṣa) und ebenso nicht als durch Sprache (śabda) oder durch

Schlußfolgerung (anumāna) zugängliches Objekt. Er ist aber auch nicht, hat man von ihm als „transzendenter" Substanz erst einmal „gehört", über seine Attribute – und diese bilden zusammen die der Wahrnehmung, der Sprache und der Schlußfolgerung zugängliche Welt – immanent erfahrbar wie im Viśiṣṭādvaita. Gott als etwas Ganzes, ebenso wie die Weltordnung, der dharma, und mit ihr das Gesetz des karman als etwas Allgemeines werden erst mit dem Erkenntnismittel der „autorlosen" und deshalb ihrerseits nicht an eine bloß individuelle Ansicht gebundenen „heiligen Überlieferung" zugänglich und sind in diesem Sinne tranzendent. Diese „heilige Überlieferung" (āgama) umfaßt im Falle des Dvaita neben der kanonischen Textbasis des Vedānta vor allem die Texte der Pāñcarātra, die von Madhva in Texteinheit mit dem Veda gesehen werden, und das Bhāgavata-Purāṇa. Insgesamt macht dieses zusätzliche Schrifttum für Madhva und seine Schule den fünften Veda aus. Die Purāṇas bilden dabei eine Gattung der indischen religiösen Literatur, die zum größten Teil gegen Ende der epischen Periode, also zu Beginn unserer Zeitrechnung, entstanden sind. Sie vermitteln ein Wissen, das zum geoffenbarten Wissen (śruti) und zum tradierten Wissen (smṛti) ein mit Hilfe religiöser Geschichten mythisch illustrierendes Wissen hinzufügt. Erst in den theistischen Vedānta-Schulen bekommen einzelne Purāṇen, vor allem unter den achtzehn großen, autoritativen Status, darunter das Viṣṇu-Purāṇa im Viśiṣṭādvaita und das erst gegen Ende des ersten Jahrtausends entstandene Bhāgavata-Purāṇa, das im Viśiṣṭādvaita keine Rolle spielt, im Dvaita. Im übrigen ist die heilige Überlieferung ein Sonderfall des im allgemeinen durchaus auf einen Autor angewiesenen Erkenntnismittels Sprache (śabda), und nur, weil die Autorlosigkeit des āgama ihm einen „transsubjektiven" Status gibt, ist mit der heiligen Überlieferung die Kraft verbunden, zu verbürgen, daß Wahrnehmung, Schlußfolgerung und Sprache zu wirklich wahrer Erkenntnis führen. Diese drei Erkenntnismittel werden ausdrücklich als nachgeordnete Erkenntnismittel (anu-pramāṇa) bezeichnet, die nur unter der Regie eines deshalb als „komprehensiv" (kevala) bezeichneten pramāṇa ihre Hilfsmittelfunktion erfüllen. Dieses kevala-pramāṇa ist im philosophischen Hauptwerk Madhvas, dem Anu-vyākhyāna, dem jīva zugeordnet, und zwar in dessen Rolle als sākṣin (= Zeuge): Der Zeuge ist jemand, der das, was er weiß, zugleich derart beurteilt, daß er auch weiß, worum es sich bei dem, was er weiß, eigentlich handelt. Im Brahma-tarka wiederum, einem zeitgenössischen logisch-erkenntnistheoretischen Text, der sich aus den umfangreichen Auszügen Madhvas weitgehend rekonstruieren läßt (vgl. Rao 1960) – und dem Madhva offensichtlich eine Reihe wichtiger begrifflicher Werkzeuge seiner Philosophie verdankt, insbesondere die Begriffsbildung ‚anu-pramāṇa' –, ist nur davon die Rede, daß die drei anu-pramāṇa dem āgama ihre Wahrheit vermittelnde Kraft verdanken. Der Schein der Unvereinbarkeit sowie überdies des Zirkels, da der āgama ein Spezialfall des śabda ist, läßt sich auflösen (vgl. Siauve 1968, 75), wenn man sich klar macht, daß die Rolle, ein „Zeuge" oder „Schauender" zu sein, vom Selbst und vom höchsten Selbst, dem Gegenstand des āgama-pramāṇa, geteilt wird. Der Unterschied besteht allein darin, daß das höchste Selbst die Objekte des Schauens dabei zugleich erzeugt – sie sind ohne Rest von etwas Gegebenem Gegenstände „reiner Schau" –, während das Schauen eines endlichen Selbst nur auf das Erkennenkönnen *gegebener* Objekte mithilfe der anu-pramāṇa geht, und nur insoweit sind die Objekte für ein endliches Selbst „rein" bzw. Gegenstände „reiner Schau". Wahrheit trägt dabei ebenfalls den Charakter von etwas Allgemeinem: Was wahr ist, ist ohne zeitliche Schranken wahr (vgl. Siauve 1968, 45).

Wie aber ist die heilige Überlieferung, das Hilfsmittel der als „Erkenntnis Gottes" verstandenen „Erkenntnis des brahman" (brahma-vidyā) ihrerseits zugänglich? Um einem unendlichen Regreß zu entgehen, muß Madhva erklären, sie sei „durch sich selbst" (svataḥ) bestätigt (vgl. Siauve 1968, 241 ff.). Für das so geforderte Evidenzerlebnis, eine „Vision" (aparokṣa-jñāna; wörtl.: nicht verstecktes, d.h. augenfälliges bzw. unvermitteltes, Wissen), soll ein besonderes „geistiges" Sinnesorgan, das svarūpa-indriya (= die Eigennatur ausmachendes Sinnesorgan), zuständig sein, das auch mit dem jīva in der Rolle eines „Zeugen“ (sākṣin) identifiziert wird. Die Erkenntnis eines jīva in dieser Rolle gilt als eine besondere Art „Wahrnehmung“ (pratyakṣa), weil der jīva dann „Zeuge“ von etwas Wahrem ist. Die ihm so, durch ein „Schauen“, zukommende „Geistigkeit“ (caitanya) ist „selbstleuchtend“ (sva-prakāśa), sie kann daher auch als das Reflexionsbewußtsein eines jīva bestimmt werden: Indem ich etwas weiß, weiß ich zugleich um dieses Wissen. Da es jedoch, genauer noch, beim Schauen um das Erfassen der Gültigkeit einer Erkenntnis, um ihre „Gültigkeit durch sich selbst“ (svataḥ prāmāṇya) geht, hat man das Reflexionsbewußtsein zum Urteilsvermögen zu spezialisieren. Man setzt Urteilsvermögen ein, wenn man die heilige Überlieferung als Mittel einer wahren Erkenntnis (pramā) begreift, nämlich des brahman als des Ganzen und deshalb Unabhängigen. Darüber hinaus ist dieses Begreifen deshalb, weil auch die Geistigkeit zum Ganzen gehört, diese aber reflexiv ist – vom Präfix ‚sva‘ indiziert – und Reflexivität nur einer Person zukommen kann, ein Begreifen des brahman als des „höchsten Herrn“ (parama īśvara, = parameśvara; dafür auch kurz: īśvara oder īśa, eben Viṣṇu). Im übrigen zerfällt die heilige Überlieferung, der autorlose śabda oder āgama, in eine inhaltliche Seite, das Gesagte, und in eine formale Seite, die Laute als die Träger des Gesagten. Auf beiden Seiten haben wir es mit Allgemeinem und deshalb „Ewigem“ (nitya) zu tun, durch das Gott ausgedrückt wird. Insbesondere sind die elementaren Laute (varṇa) der raumzeitlichen Begrenzung enthobene bloße Schemata, von denen man sagen kann, daß sie immer und überall vorhandene und deshalb einander durchdringende, allgegenwärtige, den Sinnen jedoch gerade deshalb unzugängliche Substanzen (dravya) sind; darüber hinaus aber sind sowohl die syntaktisch-semantische Organisation der Laute zu Wörtern und Sätzen – sie ist nämlich ebenfalls von raumzeitlichen Schranken unabhängig und deshalb nur „in Gedanken“, mit Hilfe der Vernunft (buddhi), möglich – als auch die raumzeitliche Realisierung der Laute vom Willen Gottes abhängig. Zu Beginn einer jeden Weltperiode (kalpa), nach einer Weltschöpfung, wird die inhaltliche Seite des āgama von „Sehern" (ṛṣi) „gehört", nach einer Weltvernichtung hingegen bleibt nur die formale Seite des āgama „im Geiste Gottes" erhalten (vgl. Siauve 1968, 273–298).

Da nun das Urteilsvermögen auch dazu eingesetzt werden muß, die gewöhnlichen drei Erkenntnismittel: Wahrnehmung, Schlußfolgerung und Sprache, als Hilfsmittel wahrer Erkenntnis zu begreifen, ist es selbst das eigentliche Erkenntnismittel. Die Gültigkeit jeder Erkenntnis beruht daher letztlich auf Evidenz: Wahrheit besteht nur „durch sich selbst". Madhva verfügt über eine Definition der Wahrheit durch Korrespondenz: yāthārthyaṃ prāmāṇyam, was wörtlich bedeutet: Gültigkeit [von Erkenntnis] ist „So-wie-die-bezeichnete-Sache-Sein" (yātha-arthya). Über diese Definition ist in seiner Schule, besonders bei dem bedeutendsten Interpreten Madhvas, Jayatīrtha, auf sprachkritisch höchstem Niveau diskutiert worden (vgl. Siauve 1968, 62–79). Madhva weiß aber auch, daß diese Definition nicht zugleich als Kriterium verwendet werden kann, wie aus einem Prakaraṇa, dem Pramāṇa-lakṣaṇa (= Merkmal eines Erkenntnismittels) hervorgeht:

Das pramāṇa [= Mittel wahrer Erkenntnis] ist Korrespondenz zur bezeichneten Sache. Es gibt von ihm zwei Arten: das komprehensive (kevala) pramāṇa und das nachgeordnete (anu) pramāṇa. Das kevala-pramāṇa ist Wissen, so wie die „bezeichnete Sache" (artha), das anu-pramāṇa ist dessen Werkzeug (sādhana) (zitiert nach: Siauve 1968, 74).

Auf beide Weisen wird in der wahren Erkenntnis das erkannte Objekt, so wie es ist, ohne weitere Vermittlung präsentiert. Wahre Erkenntnis ist letztlich ein Evidenzerlebnis, und auch die Mādhva benutzen, wie die Advaitin, den Ausdruck ‚anubhava' für solch ein Erlebnis. Nur steht er gerade nicht für das von einer beliebigen Gegenstandsvorstellung oder -wahrnehmung, also einer spezifischen Schematisierung, *bezeichnete* Universalschema Sein, wie bei Śaṃkara, sondern es ist die Realisierung dieser spezifischen Schematisierung selbst. Neben der Du-Rolle der Schematisierung, in der Begriffsbildung der „Vision" (aparokṣa-jñāna) des „Zeugen" (sākṣin) sehr genau erfaßt, bedarf es in diesem Falle auch der Ich-Rolle beim Vollzug der nachgeordneten gewöhnlichen Erkenntnismittel, deren Erfolg aber, da er tatsächlich nicht mehr zur Ich-Rolle gehört, nicht von ihnen selbst, sondern vom sākṣin abhängt.

Die verbliebene Ich-Rolle nun erzeugt ein Problem, wenn daneben die These von der durchgehenden Abhängigkeit aller Substanzen von der einen allein unabhängigen, nämlich nur von sich selbst abhängigen, Substanz, dem personalen höchsten Selbst, uneingeschränkt gültig bleiben soll. Es handelt sich offenbar um eine indische Variante des theologischen Problems, wie menschliche Freiheit mit göttlicher Allmacht (sarva-śakti) und Allwissenheit (sarva-jña) und darüber hinaus mit Gott als dem Universalagenten oder „Allesmacher" (sarva-kartṛ) vereinbar gedacht werden kann. Sie hat zu der auch schon im südlichen Zweig des Viśiṣṭādvaita gezogenen Konsequenz geführt, jede Eigentätigkeit als eine grundsätzlich von Gott bloß gnädig verliehene aufzufassen. Sogar die Leistungen, um der Gnade teilhaftig zu werden, also insbesondere die aus liebevoller Anerkennung von Gottes Herrschaft bestehende fromme Hingabe (bhakti) und ihre höchste, weil praktisch ohne Eigenanteil auskommende Form, die im Viśiṣṭādvaita begrifflich von ihr gesonderte inbrünstige Hinnahme (prapatti) von Gottes Herrschaft, werden als von Gott bewirkt angesehen. Im Anu-vyākhyāna heißt es:

> Durch Hingabe [kann kommen] Wissen (jñāna), durch dieses [wieder] Hingabe, durch sie Schau (dṛṣṭi), durch diese von neuem Hingabe; durch diese [kann kommen] Befreiung (mukti) und durch sie ebenfalls Hingabe in der Gestalt von Wohlbehagen (sukha). Durch Hingabe gnädig gestimmt kann der Erhabene haltbares Wissen geben, durch dieses entsteht vermöge der Hingabe wiederum Schau (darśana), durch sie wiederum wird er Befreiung verleihen (zitiert nach: Siauve 1968, 269).

Der allgemeine Zusammenhang wird im selben Werk, das von Jayatīrtha im Nyāya-sudhā (= Nektar der Logik), einem ebenbürtigen Kommentar zum Anu-vyākhyāna, sorgfältig begrifflich rekonstruiert ist, durch eine Referenz Madhvas auf eine nicht-identifizierte Quelle der śruti hergestellt und mit der von

Madhva selbst gegebenen Erklärung verknüpft, was Abhängigkeit (paratantra) bedeutet:

Die Eigennaturen (svarūpa), die Selbste (jīva), die Karmas, die Substanz (dravya), die Zeit (kāla), die śruti und die Taten (kriyā), alles dies existiert durch seine Gnade und hört auf zu existieren, wenn er sich abwendet.

Abhängigkeit wiederum besagt, daß jede śakti, also die schöpferische Potenz, die zum Seiendsein (sattva) oder Sein (sattā) gehört, in ihren drei Modi, der Eigennatur (svarūpa), dem Subjekt- und/oder Objektsein von wahrer Erkenntnis und dem Urhebersein von Tätigkeit (pravṛtti) bzw. dem Handlungsresultate Erzielenkönnen (artha-kriyāvattva), eine durch göttliche śakti bewirkte ist (vgl. Siauve 1968, 294 ff.).

Im Dvaita wird der Kampf gegen den Advaita praktisch von einem religiösen Sendungsbewußtsein gespeist und theoretisch mit einem kritisch wiederbelebten ontologischen Pluralismus und epistemologischen Realismus gestützt. Die Verbindung dieser beiden Positionen, auch als tattva-vāda (= Lehre vom Wirklichsein [der Welt der Erscheinungen]) im Unterschied zum māyā-vāda (= Lehre vom Täuschungssein [der Welt der Erscheinungen]) des Advaita bezeichnet, wird von Madhva als ein neuer siddhānta (= Quintessenz) des Vedānta verfochten. Dies geschieht zum einen aus Sorge, sonst die Mittel zu verlieren, die für eine Rechtfertigung unmittelbarer Gotteserfahrungen und damit auch der Praxis, zu ihnen hinzuführen, nötig zu sein scheinen, und zum anderen aus der Überzeugung heraus, daß die Wirklichkeit der Welt der Erscheinungen, ist sie an einer Stelle gesichert, nämlich über das Reflexionsbewußtsein, nicht mehr zurückgenommen werden kann.

Die Einsicht in die Allgemeinheit und damit Unveränderlichkeit der Wahrheit, eine gegen die Rede von den zwei Ebenen der Wahrheit im Advaita (und im Mahāyāna) gerichtete Einsicht, die auf die breit entwickelte Begriffsbildung zu Wahrheit oder Gültigkeit zurückzuführen ist, konnte mit der naturgemäß durchgehend von Kontroversen geprägten Praxis, Wahrheits*ansprüche* zu verfechten, nur noch dogmatisch verbunden werden. Positionen, die den eigenen widersprechen, also insbesondere solche des Advaita, gelten aus genau diesem Grund als bloß partikulare Positionen, die gar nicht wahr sein *können*. Ihr Auftreten wird dadurch erklärt, daß Gott den Personen, die solche „Irrlehren“ vertreten, auf diesem Felde den Zugang zur Wahrheit versagt habe. Der ohnehin nur in Gottes Macht liegende Prozeß immer besserer Einübung der mit einer Schau Gottes verbundenen frommen Hingabe muß daher befördert werden, weil man sich selbst als Gottes Diener versteht, denen nur gelingen wird, was Gott will. Ihr letzter Triumph, der aber die Gestalt einer Lobpreisung Gottes haben muß, ist die Konversion des Gegners.

Diese theologisch gestützte Haltung ist aus einer wegen ihrer Radikalität im Dvaita besonders unglückselig ausgefallenen Verbindung von Religion und Philosophie hervorgegangen. Man kann dies auch daran ablesen, daß mit einer Prädestinationslehre erklärt werden soll, warum Menschen sich in gleichen Situationen, zum Beispiel angesichts der Lehre der Mādhva oder auch anderer Wahrheiten, durchaus verschieden verhalten. Diese Prädestinationslehre führt sehr detailliert aus, daß Gott bestimmt, wer erlöst werden wird, wer für immer dem Kreislauf der Wiedergeburten (saṃsāra) unterworfen bleibt und wer der ewigen Verdammnis anheimfällt, Menschen also auch ihrem Wesen nach keineswegs gleich sind.

Der theologische Rahmen für die philosophischen Positionen im Dvaita ebenso wie im Viśiṣṭādvaita und insbesondere deren Opposition gegen das Advaita hat, so scheint es, blind gemacht für die systematische Tragfähigkeit einer konsequenten Gegenüberstellung von Gegenständen und Zeichen für Gegenstände nicht nur für die Behandlung von Prozessen der Erkenntnisgewinnung und -sicherung, sondern auch für Fragen nach den möglichen Typen von Gegenständen und der Art der Beziehungen zwischen ihnen. Das ist im Falle des Dvaita besonders deshalb so merkwürdig, weil in den Schriften der Mādhva, anders als in denen der Viśiṣṭādvaitin, von den logisch-sprachphilosophischen ebenso wie von den logisch-erkenntnistheoretischen Errungenschaften in der Tradition der orthodoxen und auch der heterodoxen philosophischen Schulen reicher und bis ins Einzelne gehender Gebrauch gemacht wird. Sie haben tatsächlich zu einer erfolgreichen semiotischen Behandlung epistemologischer Fragestellungen geführt, insbesondere zu einer kritischen Wiederbelebung eines epistemologischen Realismus, wie wir noch sehen werden. Hingegen haben sie die Dogmatik ontologischer Vorentscheidungen, zum Beispiel im Zusammenhang der radikalen Durchsetzung der svatantra-paratantra-Unterscheidung, nicht aufbrechen können.

5. Die Heilsgewißheit in Madhvas Leben und Werk

Madhva ist wie Rāmānuja, mit dem er trotz einer Reihe einschneidender Differenzen viele Überzeugungen teilt, in einer traditionsbewußten südindischen Brahmanenfamilie aufgewachsen. Auch Madhva hat vor dem Hintergrund viṣṇuitischer Frömmigkeit, die in seinem Falle sich besonders an den Lehren der Bhāgavata orientiert haben muß, eine traditionelle Erziehung erhalten, die intensiven Unterricht im Advaita einschloß und offensichtlich erhebliche Unzufriedenheit mit dessen Lehren auslöste. Madhvas Muttersprache war nicht Tamil, wie im Falle Rāmānujas, sondern Tuḷu, zum Kannaḍa, einem engen Verwandten des Tamil, gehörig.

In der Forschung wird nach gründlicher Sichtung einer reichhaltigen Überlieferung gegenwärtig angenommen, daß Madhva in einem Dorf namens Pājaka (tuḷu: Kakra), in der Nähe von Uḍipi (SW-Karṇāṭaka) im Jahre 1238 geboren wurde. Dieses Jahr ergibt sich aufgrund eines mittlerweile relativ gut gesicherten Todesjahres 1317 und dem ebenfalls gut bezeugten Lebensalter von 79 Jahren, so daß die noch immer genannte und lange Zeit tradierte Lebensspanne, 1199–1278, als überholt gelten muß (vgl. Sharma ²1981).

Mit 16 Jahren schon entschloß sich Madhva zur Weltentsagung (saṃnyāsa) und erwählte sich den Mönch Acyutaprekṣa, einen śivaitischen Advaitin, zu seinem Lehrer (guru). Er wurde von diesem auch unter Verleihung des Namens Pūrṇaprajña in die Klostergemeinschaft aufgenommen und im Stil der Iṣṭasiddhi (= Vollendung des Opfers) des bedeutenden Advaitin Vimuktātman (10. Jh.) unterrichtet. Die Iṣṭasiddhi steht in der von Sureśvara (ca. 720–770) angeführten direkten Śaṃkara-Tradition, die sie methodisch noch radikaler, dem rein widerlegenden Verfahren Nāgārjunas näher, fortführt. Der zunächst sicher primär emotional gespeiste Widerstand gegen den gedanklich überaus strengen und Emotionen als Störfaktoren behandelnden Advaita führte schon frühzeitig zu einem Abbruch des Lehrer-Schüler-Verhältnisses, nicht aber zum Ende gegenseitiger Anerkennung. Acyutaprekṣa machte Madhva unter dem später von diesem ausschließlich verwendeten Namen Ānandatīrtha zum Vorsteher seines Klosters (maṭha), was Madhva Gelegenheit gab, im Unterricht und auch in Streitgesprächen mit Angehörigen anderer Schulen seine eigene Position allmählich zu erarbeiten.

Es ist bis auf wenige Hinweise in der den Epen und Purāṇas nahestehenden Literatur nicht bekannt, auf welche Vorläufer er sich dabei stützt oder hätte stützen können. Er selbst zitiert rechtfertigend in seinen Kommentaren derart viel und ausführlich aus Werken, die zur autoritativen Tradition (śruti) gehören sollen, sich aber mit nur wenigen Ausnahmen nicht haben identifizieren lassen, weil sie auch nirgendwo sonst erwähnt werden, daß es um so mehr auffällt, wenn Madhva niemanden als seinen Lehrer anerkennt als Vyāsa, den mythischen Autor des Epos Mahābhārata. Der zum Bhāmatī-Zweig von Śaṃkaras Advaita gehörende Śaiva Appaya Dīkṣita (1520–1592) hat vermutlich als erster den auch heute nicht gänzlich ausgeräumten Verdacht geäußert, es handle sich bei Madhvas „Schriftbeweisen" um Bezüge auf größtenteils erfundene Quellen. Immerhin war es keine leichte Aufgabe, die kanonischen Vedānta-Texte, also die Upaniṣaden und das Brahmasūtra – die Bhagavadgītā ist wegen ihres Bhāgavata-Hintergrundes einer Dvaita-Auslegung leichter zugänglich –, durchgehend überzeugend im Sinne des Dvaita auszulegen. Insbesondere die für Śaṃkaras Advaita zentralen mahāvākya, wie das ‚tat tvam asi', ließen sich nur gewaltsam im Sinne einer

Verschiedenheit des individuellen ātman vom kosmischen brahman deuten. Die Mādhva lesen das ‚tat tvam asi' als Hinweis auf die Rückkehr des individuellen Selbst in das höchste Selbst und vergleichen sie mit der „Rückkehr" eines Flusses in den Ozean, bei dem auch die Wasser des Flusses ihre Identität im Ozean behalten. Einen berühmten Streit um die Auslegung des ‚tat tvam asi' haben im ersten Drittel des 14. Jahrhunderts der in die Sureśvara-Nachfolge gehörende Advaitin Vidyāraṇya (1302–1387) und der Mādhva Akṣobhya (gest. um 1365) geführt. Vidyāraṇya ist unter dem Namen Mādhava als Verfasser der historisch wichtigen Doxographie über die philosophischen Systeme der indischen Philosophie bekannt, des Sarvadarśana-saṃgraha [= Zusammenfassung aller Systeme], wo er den Dvaita-Vedānta unter dem Titel ‚Pūrṇaprajña darśana' schildert; Akṣobhyas Bedeutung wiederum besteht vor allem darin, daß er der Lehrer von Jayatīrtha (1345–1388) gewesen ist, des Mannes also, der mit seinen kommentierend vorgenommenen vorbildlichen systematischen Rekonstruktionen vieler Schriften Madhvas die Anerkennung des Dvaita als eigenständige Vedānta-Schule endgültig durchgesetzt hat. Als Schiedsrichter des Streits soll der Viśiṣṭādvaitin Vedānta Deśika (1268–1338) amtiert und Akṣobhya den Sieg zugesprochen haben (vgl. Sharma [2]1981, 229–234).

Madhva zieht für mehrere Jahre als Wanderasket durch Südindien, auch nach Śrīraṅgam, wo er das Viśiṣṭādvaita kennenlernt. Aber erst nach der Rückkehr nach Uḍipi reift sein Entschluß, einen neuen Siddhānta (= Quintessenz) für den Vedānta zu errichten. Er beginnt seinen Kommentar zur Bhagavadgītā, das Gītābhāṣya, aber erst nach weiteren Jahren als Wanderasket, die ihn bis nach Badarīnātha im hohen Norden in den Āśram Vyāsas führen, fühlt er sich in der Lage, das Gītābhāṣya und dazu auch gleich noch sein Brahmasūtrabhāṣya zu vollenden. Vor der Niederschrift des letzteren soll Madhva nach der Auskunft seines Biographen Nārayaṇa Paṇḍitācārya einundzwanzig frühere Kommentare zum Brahma-sūtra studiert haben, von denen uns aber nur die drei von Śaṃkara, Bhāskara und Rāmānuja heute bekannt sind.

Nach einer weiteren ausgedehnten Wanderung in den Norden Indiens faßt er endgültig mit seiner Lehre in Uḍipi Fuß, setzt seinen jüngeren Bruder und sieben weitere Mönche als Vorsteher der neugegründeten „acht Klöster" (aṣṭa-maṭha) in Uḍipi ein und kümmert sich bis zu seinem Tode sowohl um den Ausbau der Lehre als auch um Neuerungen im religiösen Kultus. Zum Beispiel setzt er durch, daß statt der blutigen Tieropfer – Schafe – Schafnachbildungen aus gebackenem Teig verwendet werden.

Die von den Nachfolgern Madhvas in der Schultradition zusammengestellten „Gesammelten Werke" (sarva-mūla) enthalten 37 Arbeiten, die in vier Gruppen eingeteilt werden können:

(A) Die Kommentare zu den Basistexten des Vedānta, d.s. die Bhāṣyas zum Brahma-sūtra – ein großes und ein kleines, das Anu-bhāṣya –, zu den ersten Versen des Ṛgveda, zu 10 Upaniṣaden, darunter Madhvas Lieblings-Upaniṣad, der Aitareya, und zur Bhagavadgītā,

(B) die 10 selbständigen Abhandlungen (daśa-prakaraṇa), darunter, als die beiden umfangreicheren, der Viṣṇu-tattvavinirṇaya und der Tattva-udyota, die teils positiv den Dvaita-Vedānta vorstellen und rechtfertigen, teils negativ andere Systeme, insbesondere den Advaita-Vedānta, widerlegen, und wegen ihrer Knappheit zum Verständnis vor allem auf die Kommentare Jayatīrthas angewiesen sind,

(C) weitere 5 als Tātparya bezeichnete oder in deren Funktion, einer freieren Behandlung der Bedeutung des kommentierten Textes, auftretende Kommentare: zur Gītā, zum Bhāgavata-Purāṇa, zum Mahābhārata, sowie, als zwei ergänzende Kommentare zum Brahma-sūtra, das Nyāya-vivaraṇa und das als das letzte und zugleich als das bedeutendste Werk Madhvas geltende Anu-vyākhyāna,

(D) 8 kleinere Werke eher betrachtenden oder den Ritus betreffenden Charakters.

Der Kampf gegen das „atheistische" Advaita wurde in beiden Schulen, dem Viśiṣṭādvaita und dem Dvaita, mit den Mitteln einer Theologie geführt, die für die befreiende Erfahrung Gottes durch Anerkennung seiner Überlegenheit im Vollzug frommer, nämlich verehrender und liebevoller, Hingabe an ihn, einen theoretischen Rahmen gefunden hatte. Es galt nachzuweisen, daß der Rahmen auf der einen Seite mit den überlieferten Auffassungen, wie sie in den Texten der śruti, der smṛti und gegebenenfalls auch verschiedener sektarischer āgama tradiert sind, verträglich ist. Er mußte aber auf der anderen Seite auch dazu taugen, die Gotteserfahrungen so zu artikulieren, daß die in den verschiedenen orthodoxen und heterodoxen Schulen erreichten Standards für die Darstellung und die Rechtfertigung von Erkenntnissen nicht verletzt werden.

Was beide Schulen eint, ist die Anerkennung der gewöhnlichen Weltauffassung, zu der auch die religiöse Welt und die Welt der in Texten zugänglichen Überlieferung gehört, als eine zwar vielfältig gegliederte, aber durchweg objektive Erfahrungsgrundlage. War Rāmānuja daran interessiert, sowohl der Alleinheitslehre als auch der Unterschiedenheit von Gott und Mensch jeweils eingeschränkte Geltung zu sichern, so besteht Madhva darauf, sowohl aus Gründen mangelnder theoretischer Stabilität als auch wegen vermeintlicher Unverträglichkeit mit der religiösen Erfahrung, diese Strategie aufzugeben, und zwar zugunsten des Postulats einer radikalen Pluralität ontisch total verschiedener, hingegen funktional aufeinander bezogener individueller Gegenstände.

Um seine Aufgabe zu erfüllen, hatte Rāmānuja den „untrennbaren“ (apṛthak-siddha) Zusammenhang von Substanz und Attribut beziehungsweise Modus so mit dem Zusammenhang von Geistigem und Körperlichem verbunden, daß Attribute auch in Substanzen verwandelt werden können und dann Teile des Körpers der ursprünglichen Substanz bilden, die für den Fall, daß es sich bei ihr um eine geistige Substanz gehandelt hat, ihren Körper „regiert“. Der umgekehrte Prozeß der Verwandlung von Substanzen in Attribute machte es möglich, Gott als die zugehörige geistige Substanz *aller* dieser Attribute zu verstehen. Wohin aber jetzt mit dem Attribut ‚fähig-etwas-zu-erkennen‘ oder ‚Bewußtsein-von-etwas-haben‘, zuständig für den Unterschied zwischen Geistigem und Körperlichem? Bei Menschen war dieses Attribut, verwandelt in eine Substanz, das (allgemeine) Selbstbewußtsein; es galt als sein Wesen und gehörte nicht zu seinem ihn individuierenden Körper, während es bei Gott nach Konstruktion noch immer dasselbe (allgemeine) Selbstbewußtsein war, bei ihm jedoch, wegen des Zusammenfallens von (allgemeinem) Wesen und (individuellem) Körper, zum Körper gehört. Was zunächst das Problem löst, auf logisch einwandfreie Weise von Gott und Mensch sowohl Unterschiedenheit (bheda) als auch Unterschiedslosigkeit (abheda) aussagen zu können – im Wesen abheda, im Körper bheda –, beschwört anschließend unlösbare Probleme herauf, wie wir gesehen haben: jñāna in der Rolle eines Attributs *und* der einer Substanz.

Madhva hatte bereits an der Untrennbarkeit von Substanz und Attribut Anstoß genommen und wegen der Symmetrie dieser Beziehung die Unabhängigkeit Gottes beeinträchtigt gesehen. Als Konsequenz ergab sich, daß der Übergang des Ungetrenntseins in ein Übergeordnetsein bei der Verwandlung von (geistiger) Substanz mit Attribut in (geistige) Substanz und (körperliche) Substanz nicht auf den logisch korrekten Umwandlungsprozeß der internen Beziehung zwischen einer Substanz und einem ihrer Attribute in die externe Beziehung zwischen zwei eigenständigen Substanzen zurückzuführen ist, sondern auf den Unterschied zwischen Geistigem und Körperlichem. Die Behandlung des jñāna hatte anders auszufallen.

Und tatsächlich übernimmt bei Madhva der sākṣin, der mit dem „geistigen Sinnesorgan" ausgestattete Mensch (jīva) als „Zeuge", methodisch diejenige Rolle, die das jñāna bei Rāmānuja spielt. Denn der sākṣin als das allen Erkenntnismitteln übergeordnete Erkenntnismittel ist verantwortlich dafür, daß wahre Erkenntnis (pramā) und die Gültigkeit einer wahren Erkenntnis (prāmāṇya) den Inhalt desselben Aktes bilden, also das Wirkliche (tattva) „so wie es ist" erfaßt wird (vgl. Siauve 1968, 61f.). Aus dem gegenständlich aufgefaßten Selbstbewußtsein, dem „Wesen jedes Selbst", wird ein funktional aufgefaßtes Reflexionsbewußtsein, die „Potenz (śakti) jedes Selbst". Statt vom ‚Wissen des Selbst, daß es das Selbst ist' zu sprechen, wobei ein Selbst das von ‚ich' Bezeichnete ist, wie bei Rāmānuja, spricht Madhva davon, daß ‚ich weiß, daß ich etwas weiß, wenn ich etwas weiß'.

Natürlich ist auch diese Potenz eine (einfache) Substanz, aber auf die Umwandlung von Substanzen in Attribute und umgekehrt, ohne die sich die Probleme Rāmānujas nicht erzeugen lassen, verzichtet Madhva aus „realistischer" Überzeugung: Substanzen sind Substanzen, und Attribute sind Attribute. Umwandlungen des einen ins andere sind ebensowenig „wirklich", wie die Verwandlung von etwas Geistigem in etwas Körperliches oder umgekehrt. Es ist die Unterschiedenheit (bheda), die sich als Inhalt jeder Erkenntnis zeigt und damit selbst als das letztlich Wirkliche zu gelten hat, und nicht die Unterschiedslosigkeit, wie bei den niemals als Gegner aus den Augen gelassenen Advaitin.

Aber natürlich mußte Madhva sich auch mit dem Problem befassen, das Rāmānuja mit der Zurückführung des Geist-Körper-Verhältnisses auf ein spezielles Substanz-Attribut-Verhältnis lösen wollte: Das Erkennen-von-etwas, ohne das ein Subjekt kein Subjekt wäre, darf nicht die Einfachheit des Subjekts beeinträchtigen. Wenn es daher ausscheidet, das Objekt einer Selbsterkenntnis zum Körper des Selbst zu zählen, und außerdem auch noch Gott als das Objekt einer Erkenntnis, nämlich der auch theoretisch zu legitimierenden Gotteserfahrung, aus diesem Grunde seine Einfachheit nicht verlieren darf, so bedarf es einer anderen Idee als der, Erkenntnisobjekte zu etwas Körperlichem zu machen.

An dieser Stelle schließlich machte Madhva von einer Idee des Brahma-tarka Gebrauch, die Unterschiedenheit (bheda) eines Objekts von einem anderen sowohl diesem Objekt, seiner „Eigennatur" (svarūpa), zugehörig anzusehen, als auch zu erklären, daß sie eine Gegebenheitsweise dieses Objekts, einen viśeṣa, für ein Subjekt bilde. Entgegen dem im Nyāya und Vaiśeṣika üblichen Gebrauch der Kategorie des viśeṣa im Sinne von Besonderheit im Unterschied zur Allgemeinheit (sāmānya) wird daraufhin von Madhva ganz allgemein jedem (individuellen) Objekt die „Kraft" zugesprochen, sich in Gegebenheitsweisen (viśeṣa) darzubieten, also die allen diesen Gegebenheitsweisen zugrundeliegende Einheit des Objekts sowohl auszudrücken als auch erkennbar zu machen. Jayatīrtha nennt in seiner Vādāvalī diese Kraft ‚padārtha-śakti', und er erklärt die „Potenz eines bezeichneten Gegenstandes" so, daß allein über Gegebenheitsweisen und nicht etwa über Attribute, die begrifflich nichts mit Erkennbarkeit zu tun haben, die Erkennbarkeit eines Gegenstandes gewährleistet ist (vgl. Siauve 1968, 54ff.). Was bei Rāmānuja im Begriff der Attribution nicht geschieden war, ihre pragmatische Rolle, Abhängigkeit des Attributs von der Substanz herzustellen, und ihre semiotische Rolle, auszudrücken, daß das Attribut ein Zeichen für die Substanz ist, ist Madhva mit der Begriffsbildung von der Gegebenheitsweise gelungen. Der viśeṣa ist das „objektive" Gegenstück zum „subjektiven" sākṣin. Ist der sākṣin die Potenz eines Subjekts, so ist der viśeṣa jeweils eine Realisierung der Potenz eines Objekts.

VIII. Ausblick. Über Wirkungen indischen Denkens in Europa

An dieser Stelle schließt sich der Kreis der Darstellung. Er hatte im Anschluß an die Vorbereitungen in den ersten beiden Kapiteln die Gestalt einer Vorführung von Auseinandersetzungen, wie sie in Schriften einer Reihe von Denkern der klassischen indischen Tradition überliefert sind und natürlich auch unter verschiedenen Perspektiven schon Gegenstand von Arbeiten zahlreicher Kenner aus unserer eigenen Tradition gewesen waren. Damit steht auch diese Darstellung in der langen Tradition der Wechselwirkungen zwischen Indien und Europa, die bis in die Antike zurückreichen.

Allerdings beschränkte sich nach allem, was wir bis heute wissen, die gegenseitige Kenntnis der Denkweisen und ihrer Inhalte bis ins achtzehnte Jahrhundert auf äußerst vage und allgemeine Vorstellungen im Zusammenhang von Berichten eher anekdotischer Art.

Der erste durch Herodot namentlich bezeugte griechische Indienreisende war ein gewisser Skylax von Karyanda um 520 v.u.Z., der in persischen Diensten stand. Er sollte im Auftrag seines Dienstherrn, Dareios des Ersten, zur Vorbereitung der Eroberungen im Osten bis zum Industal den Verlauf des Indus erkunden. Die Aufzeichnungen des Skylax über seine abenteuerliche, zwei Jahre dauernde Rückreise auf dem Seeweg über Ägypten sind nicht erhalten, wurden aber von Aristoteles als Quelle benutzt, wenn er in seiner *Politik* bemerkt (Pol VII. 14), daß bei den Indern die „Herrscher" – das griechische ‚basileus' dient zur Wiedergabe von ‚kṣatriya' – den höchsten Rang einnehmen. Auch der Geograph Hekataios von Milet, vermutlich ein Schüler des Anaximenes und Begründer der wissenschaftlichen Prosa, hatte um 500 v.u.Z. schon von diesen wenig Verläßliches bietenden Aufzeichnungen Gebrauch gemacht.

Sieht man davon ab, daß den Griechen bekannt war – und wir wissen es wieder durch Herodot –, daß der Perserkönig Xerxes auf seinem erst 479 v.u.Z. mit der Niederlage bei Plataiai beendeten Feldzug gegen die Griechen indische Bogenschützen beschäftigte, so verbreiten sich etwas genauere Informationen über Indien erst auf Grund des großen Alexanderzuges von 327 bis 325 v.u.Z. dorthin. Sie bleiben jedoch alle ohne Wirkung auf das griechische Denken. Wir wissen zum Beispiel, daß der Skeptiker Pyrrhon von Elis (ca. 360–270 v.u.Z.) indischen „Gymnosophisten", also nackt umherziehenden Asketen, begegnete. Es wird jedoch bis heute für unbegründbar gehalten, daß sich die auf Unabhängigkeit gegenüber äußeren und inneren Bedingungen der Lebensführung, also Urteilsenthaltung und Gemütsruhe, zielende skeptische Haltung durch indischen Einfluß gebildet habe. Auch die durch den Musiker Aristoxenos (um 300 v.u.Z.) überlieferte Geschichte, Sokrates sei in Athen einem Inder begegnet, ist mit größter Wahrscheinlichkeit eine Legende. Umgekehrt ist die Lage noch enttäuschender: Vom Alexanderzug findet sich in indischen Quellen überhaupt keine Spur.

Nun gibt es neuerdings aber durchaus Wiederaufnahmen älterer Thesen über indischen Einfluß auf griechisches Denken. Auch wenn es dabei kaum noch jemand für belegbar hält, daß die pythagoreische Lehre von der Seelenwanderung (griech.: metempsychosis; lat.: reincarnatio) mit der indischen Lehre vom Kreislauf der Wiedergeburten (saṃsāra) in einem wirkungsgeschichtlichen Zusammenhang steht, so sollen doch Heraklit und die ionische Naturphilosophie in ihren Begriffsbildungen zumindest teilweise von indischem Gedankengut abhängig sein, das über die medischen Magier in den Westen vermittelt wurde (West 1971). Auch die Möglichkeit eines historischen Zusammenhangs der Alleinheitslehre der Upaniṣaden mit der Lehre vom Einswerden mit dem Ur-Einen des Neuplatonikers Plotin (ca. 205–270) wurde und wird ernsthaft erörtert, soll sich Plotin doch im Jahre 243 einem, allerdings erfolglos gebliebenen, Heerzug gegen die Perser angeschlossen haben, um persische und indische Weisheit an der Quelle studieren zu können (Lacombe 1950).

Hauptquelle der sehr oberflächlichen antiken Indienkenntnis ist der nur fragmentarisch erhaltene Indienbericht des Megasthenes (McCrindle 1877). Dieser war fünf Jahre, von 302 v.u.Z. an, Gesandter des Diadochen Seleukos Nikator am Hofe des Maurya-Herrschers Candragupta (griech.: Sandrakottos) in Pāṭaliputra, dem heutigen Paṭnā. Seleukos Nikator hatte das Erbe Alexanders antreten wollen, war aber von Candragupta zum Verzicht auf alle von Alexander zuvor eroberten indischen Territorien auch westlich des Indus gezwungen worden. Megasthenes nennt unter den verschiedenen Berufsgruppen, die er unterscheidet, als erstes die „Philosophen", die einerseits ihren Rang persönlicher Anstrengung verdanken und andererseits diesen durch Geburt einnehmen. Er schreibt also von den Asketen (śramaṇa) und von den Brahmanen, und er vermerkt selbstkritisch gegen seine Heimat Griechenland, wenngleich sich dabei irrend, daß es in Indien, dem vom Indus bis Bengalen und vom Himalaya bis zum Vindhya-Gebirge reichenden Großreich, keine Sklaven gebe. Es gab Sklaven, allerdings nur als „Haussklaven" (dāsa), weil man die Angehörigen der vierten Kastengruppe (śūdra) als Lohnarbeiter zur Verfügung hatte. Von dem in dieser Zeit entstandenen, erst zu Beginn dieses Jahrhunderts aufgefundenen berühmten Werk der Staats- und Wirtschaftswissenschaft, dem Arthaśāstra von Kauṭilya, ist bei Megasthenes nichts zu finden.

Auch Initiativen aus umgekehrter Richtung blieben offenbar wirkungslos. So rühmt sich zum Beispiel Aśoka, der Enkel Candraguptas, der dem Maurya-Reich seine größte Ausdehnung verschafft hatte – im Westen bis ins heutige Afghanistan, im Süden bis fast an die Spitze des indischen Subkontinents –, Sendboten des Buddhismus bis nach Syrien, Ägypten und Griechenland geschickt zu haben. Wir wissen dies durch das dreizehnte, nach dem dritten buddhistischen Konzil verfaßte Felsenedikt Aśokas um das Jahr 256 v.u.Z.; über Rückmeldungen jedoch ist nichts überliefert. Die erste gegenwärtig bekannte westliche Erwähnung Buddhas (griech.: Boutta) zum Beispiel findet sich erst in den *Stromateis* des christlichen Gnostikers Clemens von Alexandrien (gest. 216), wo davon die Rede ist, daß die Inder Buddha als einen Gott verehrten.

In Baktrien wiederum, dessen Zentrum im Norden Afghanistans und im angrenzenden Tadschikistan liegt, hielt sich nach dem Zerfall des Alexanderreiches bis etwa um die Zeitenwende ein gräco-indisches Reich, über das im Westen einiges durch den griechischen Geographen und Historiker Strabon (gest. 26) überliefert war. Es erstreckte sich zeitweise von Gandhāra, der Gegend zwischen Kabul und Peshawar, nach Osten bis in den Pañjāb und nach Süden bis an die Indusmündung. Hier entstand unter König Menandros (gest. um 150 v.u.Z.) ein berühmtes buddhistisches Werk, das Milindapañha (= Fragen des Milinda [d.i. die Pāli-Form von ‚Menandros'), in dem in Gestalt einer Unterhaltung zwischen Menandros und dem buddhistischen Mönch Nāgasena die Lehre Buddhas auseinandergesetzt wird. Im Westen ist davon damals nichts bekannt geworden.

Nach der Entstehung eines islamischen geographischen Riegels zwischen Indien und Europa gegen Ende des ersten Jahrtausends gehen die direkten Kontakte bis zum Beginn des Zeitalters der Entdeckungen auf ein Minimum zurück. Erst mit Vasco da Gamas Entdeckung des Seeweges nach Indien vor genau 500 Jahren, als er auf der Suche nach „Christen und Gewürzen" war, beginnt die neuzeitliche Kenntnis Indiens. Sie beschränkt sich allerdings zunächst ganz auf die islamische Moghulkultur in Nordindien, die nicht mehr in den zeitlichen Rahmen dieses Buches fällt.

Die klassische indische Philosophie geriet ins Blickfeld der europäischen Philosophie erst um die Wende vom achtzehnten zum neunzehnten Jahrhundert. Das war die Zeit, als im Zusammenhang der Entdeckung der indoeuropäischen Sprachverwandtschaft durch William Jones (1786) das Sanskrit in Europa zugänglich wurde. Damit konnten sowohl die Indologie als auch die vergleichende Indogermanistik als Disziplinen etabliert werden. In Deutschland waren August von Schlegel und Franz Bopp die ersten akademisch anerkannten Sanskritisten. Das erste religiös-philosophische Werk aber, das direkt aus dem Sanskrit in eine europäische Sprache übersetzt wurde, war die 1785 durch Charles Wilkins ins Englische übersetzte Bhagavadgītā. Im Jahre 1823 veröffentlichte daraufhin Schlegel zusammen mit einer lateinischen Übersetzung eine kritische Ausgabe der Bhagavadgītā, die der berühmten Akademieabhandlung von 1825 über die Gītā durch Wilhelm von Humboldt zugrunde lag. Es ist jedoch dem schon 1808 erschienenen einflußreichen Essay von Schlegels jüngerem Bruder Friedrich ‚Über die Sprache und Weisheit der Indier. Ein Beitrag zur Begründung der Alterthumskunde' zu danken, daß eine breitere Öffentlichkeit auf diese nicht-europäische Geisteswelt aufmerksam wurde. Allerdings hatte sich Friedrich dabei auch noch indirekter Quellen bedient, nämlich neben der Arbeiten seines Bruders noch der aus einer persischen Übersetzung (Oupnek'hat) hergestellten lateinischen Übersetzung (secretum tegendum) ausgewählter Upaniṣaden durch Anquetil-Duperron (1801/1802).

Erst mit dem in zwei Teilen 1824 veröffentlichten ‚Essay on the Philosophy of the Hindus' des Engländers Henry Thomas Colebrooke standen dem gebildeten europäischen Leser grundsätzlich zuverlässige Informationen über indisches Denken zur Verfügung. Sie beruhen auf eigenen Übersetzungen Colebrookes einer breiten Palette von Texten indischer philosophischer Systeme und markieren den Beginn ernsthafter europäischer Auseinandersetzung mit indischer Philosophie. Bereits im Wintersemester 1825/26 hat Georg Wilhelm F. Hegel den Essay Colebrookes in der Einleitung seiner Vorlesung über ‚Die Geschichte der Philosophie' verwendet. Allerdings verwendet ihn Hegel zur Stützung seiner These, daß Religion und Philosophie deshalb eng miteinander verwandt seien, weil sie beide Gott, den Geist oder das Absolute zum Gegenstand hätten. Sie behandelten ihren Gegenstand nur auf verschiedene Weise: die Religion kultisch, die Philosophie gedanklich. Daraus aber entwickle sich ein Widerstreit, der erst in Hegels eigenem System aufgehoben werde.

Diese und verwandte Stellungnahmen europäischer Philosophen des letzten Jahrhunderts (vgl. von Glasenapp 1960; Kitzel 1997) vor der stürmischen Entwicklung in der Erforschung der indischen Geistesgeschichte, die im letzten Drittel des neunzehnten Jahrhunderts einsetzte, verdanken ihre Einseitigkeit vor allem zwei Ursachen. Zum einen waren zunächst nur verhältnismäßig wenige Texte – und diese natürlich nicht in einer repräsentativen Auswahl – in Übersetzung verfügbar. Zum anderen überwog gerade im letzten Jahrhundert das Interesse an spekulativem Denken und seinen möglichen Wurzeln im Mythos, gedeutet als Geburt der Philosophie aus der Religion, bei weitem das Interesse an Philosophie als Anfang und als Problematisierung wissenschaftlichen Denkens. Es ist daher kein Wunder, daß man die zentrale Rolle, die in den indischen philosophischen Systemen Fragen der Logik und Erkenntnistheorie im Kontext von Sprachphilosophie und Philosophie des Geistes einnehmen, erst in diesem Jahrhundert angemessen zu würdigen beginnt.

Hinzu kommt, daß umgekehrt in Indien die um ungefähr dieselbe Zeit, Ende des achtzehnten Jahrhunderts, beginnende Auseinandersetzung mit westlicher Philosophie fast ausschließlich von Denkern getragen wurde, für die der Vedānta und dessen religiöser Kontext den Hintergrund ihres Denkens bildet. Den Vedānta auf diese Weise zu reformieren ist auch noch das Hauptinteresse so unterschiedlicher indischer Denker der ersten Hälfte unseres Jahrhunderts wie Sarvepalli Radhakrishnan (1888–1975), des Philosophen „auf dem Königsthron" – er war Staatspräsident der Republik Indien von 1962 bis 1967 –, und Krishna Chandra Bhattacharya (1875–1949), des an der Auseinandersetzung mit Kant zu seiner eigenen neo-vedāntistischen Position gelangten akademischen Lehrers.

Im einzelnen sind die seit nunmehr zweihundert Jahren begangenen Wege des geistigen Austauschs zwischen Indien und Europa derart ineinander verschlungen, daß bis heute eine verläßliche historische Darstellung dieses Austauschs fehlt. Erst recht wäre es vermessen, hier eine Wirkungsgeschichte einzelner indischer Denker im Zusammenhang der Entwicklung westlichen Denkens der letzten beiden Jahrhunderte zu versuchen. Selbst in Umrissen würde ein solcher Versuch schon deshalb scheitern, weil für eine an einzelnen Denkern orientierte Wirkungsgeschichte der indischen Philosophie die meisten Voraussetzungen erst noch zu erarbeiten sind. Auch davon, von dieser Aufgabe und den damit verbundenen Problemen, eine erste Vorstellung zu vermitteln, gehörte zu den mit dem vorliegenden Buch verfolgten Absichten.

Das Hauptaugenmerk der Darstellung war darauf gerichtet, die Auseinandersetzungen eines uns weithin unvertrauten Denkzusammenhanges mit Hilfe der begrifflichen Folie immer wieder wechselnder Bestimmungen von Art und Verhältnis der Ich-Rolle und Du-Rolle im menschlichen Handeln, Sprechen und Denken kennenzulernen. Es ging darum, den indischen Auseinandersetzungen gleichsam einen „cantus firmus" zu unterlegen, damit sie „im Vergleich" mit ihm „hörbar" werden. Nur Leserin und Leser können beurteilen, ob und wie die indischen Stimmen in diesem Buche zu hören sind.

Anhang

Glossar

āgama: Terminus für *heilige Schriften*

anātman: *nicht-Selbst*; im Buddhismus neben ‚leidvoll' und ‚vergänglich' eines der drei Kennzeichen aller Gegenstände, insbesondere auch der Personen

anumāna: Terminus der indischen Logik für das Erkenntnismittel *Schlußfolgerung*, neben den Erkenntnismitteln Wahrnehmung (pratyakṣa), Überlieferung (śabda) u.a.

apoha: *Sonderung*; in der Logik Dignāgas das Verfahren, das Unter-einen-Begriff-Fallen durch Nichtzugehörigkeit zum Komplement des Begriffs auszudrücken

artha: *Sache*, Gut; eigentlich der kraft eines Zeichens zugängliche Gegenstand

ātman: im Veda das die lebendige Einheit eines Gegenstandes ausmachende substantielle Prinzip, speziell die *Einzelseele*, das Selbst

avidyā: *Unwissenheit*, im Vedānta ebenso wie im Buddhismus das entscheidende Hindernis auf dem Wege zur Erlösung

bhakti: *Hingabe*, Liebe; anstelle etwa von Erkennen (jñāna) der leichtere Weg zur Erlösung

bhava: das *Werden* oder Entstehen

bhāva: *Seiendes*, ein individueller Einzelgegenstand, ein Partikulare; auch als Oberbegriff für lebendige Partikularia (sattva) und leblose Partikularia (bhūta) verwendet

bodhi: *Erleuchtung*; im Buddhismus der Beginn der Erlösung

brahman: (a) neutrum: im Veda ursprünglich magischer Spruch, schließlich die höchste Wirklichkeit als *Weltseele*, frei von Leid und Vergänglichkeit; (b) maskul.: ursprünglich Priester, dann durch Personifikation des neutralen brahman der *Weltschöpfer* neben Viṣṇu als Welterhalter und Śiva als Weltzerstörer

buddhi: *Vernunft*; vom tieferstehenden Verstand (manas) zu unterscheiden

citta: *Geist*; im Yogācāra Charakteristikum der Daseinsfaktoren (dharma), weil sie nur etwas Gesagtes sind

darśana: eigentlich „Schau" ; ein philosophischer Standpunkt, ein philosophisches System; als Terminus für *Philosophie* verwendet

dharma: (a) in den hinduistischen Systemen die praktisch-religiösen Lebensregeln bzw. Pflichten; deshalb als Terminus für *Religion* verwendet; (b) im Buddhismus die nicht als Substanzen, sondern nur als Modi oder

Akzidenzien zu deutenden „Bestandteile“ aller Gegenstände, die *Daseinsfaktoren*

dhyāna: *Meditation*; das intuitive Erkenntnisverfahrten, speziell im Yoga eine von drei Meditationsstufen, später typisch für den Zen-Buddhismus

dravya: *Stoff*, auch für Einzelding (vyakti) gebräuchlich; die Kategorie der Substanz

duḥkha: *Leid*; im Buddhismus neben Vergänglichkeit und Substanzlosigkeit bzw. Nicht-Selbstheit eines der drei Kennzeichen aller Gegenstände; seine Überwindung macht Erlösung (mokṣa) aus

guṇa: eigentlich „Faden“ eines Gewebes; im philosophischen Sprachgebrauch *Eigenschaft*, speziell im Fall des Sāṃkhya Bezeichnung für die drei gestaltenden Kräfte der Materie (prakṛti)

hetu: Terminus der indischen Logik für *Grund* bzw. Begründung

indriya: *Sinnesorgan*, funktional und nicht körperlich verstanden

jīva: *Lebewesen*; der individuelle Mensch bzw. das individuelle Ich

jñāna: *Erkenntnis*; in den hinduistischen Systemen neben Hingabe (bhakti) und rechtem Tun (karman) einer der Wege zur Erlösung (mokṣa)

kāma: *Lust*; Liebe

kāraṇa: im Unterschied zum logischen Grund (hetu) die physische *Ursache*; von karaṇa, der speziell bewirkenden Ursache (causa efficiens: nimitta kāraṇa) neben z.B. der stofflichen Ursache (causa materialis: upādāna kāraṇa) streng zu unterscheiden

karuṇā: *Mitleid*; eine der vier Unermeßlichkeiten, die sich während der Versenkung (dhyāna) auf dem achtgliedrigen Weg zur Aufhebung des Leidens im Buddhismus einstellt

karman: generell die bewegenden Kräfte bzw. das rechte Tun; im besonderen das in grundsätzlich allen Systemen zum Kreislauf der Wiedergeburten (saṃsāra) führende *Gesetz der Tatvergeltung*

kārya: die zu einer Ursache (kāraṇa) gehörende *Wirkung*

kṣaṇa: der *Moment* oder Augenblick; im Buddhismus Terminus für die strikt einmaligen Singularia

manas: *Denken*; *Denkorgan*; auch Verstand im Unterschied zur übergeordneten Vernunft (buddhi)

māyā: *Täuschung*, Illusion; in vielen Systemen die durch Nichtwissen (avidyā) bloß vorgegaukelten Unterschiede der Alltagswelt

mokṣa: *Erlösung*, Befreiung; Ziel insbesondere des Erkenntnisprozesses, durch Auflösung des Karma zu erreichen

nāma: *Name*, Benennung; die inneren Bestimmungen eines Gegenstandes

nāma-rūpa: *Name-und-Gestalt*; im Vedānta Terminus für die Welt als Erscheinung; im Buddhismus die zusammenfassende Bezeichnung für die fünf Gruppen von Daseinsfaktoren (dharma), aus denen jeder Mensch zusammengesetzt ist: Körper (rūpa) und die vier mit ‚nāma‘ bezeichneten Empfindung (vedanā), Unterscheidungsvermögen (saṃjñā), Begehrung (saṃskāra) und Bewußtsein (vijñāna)

nyāya: *Argumentation*; das diskursive Erkenntnisverfahren

nirvāṇa: *Verlöschen*; das Ziel des Erlösungsprozesses im Buddhismus: im Hīnayāna in tätiger Einstellung durch Überwindung des Kreislaufs der Wiedergeburten (saṃsāra), im Mahāyāna in kontemplativer Einstellung durch Einsicht (prajñā) in die Ununterschiedenheit von saṃsāra und nirvāṇa

nitya: *unveränderlich*, bleibend

pada: *Wort*

padārtha: eigentlich „von einem Wort bezeichneter Gegenstand"; daher als Terminus für *Kategorie* gebräuchlich, auch für *Wortbedeutung*

pariṇāma: *Umwandlung*, Transformation

prajñā: *Einsicht*, Weisheit; die nicht-diskursive Erkenntnis

prakṛti: eigentlich „das Hervorbringende"; im Sāṃkhya das aktive *Materieprinzip*, dessen drei gestaltende Kräfte (guṇa) die Evolution der prakṛti steuern

pramāṇa: Terminus der ind. Philosophie für *Erkenntnismittel*, also Oberterminus für Schlußfolgerung (anumana), Wahrnehmung (pratyakṣa), Überlieferung (śabda) u. a.

prapañca: die sinnliche Mannigfaltigkeit der *Erscheinungswelt*

pratyakṣa: das Erkenntnismittel *Wahrnehmung*, in der Regel unter Einschluß des sechsten Sinns, des „Denksinns" (manas)

puruṣa: eigentlich „der Mensch"; im Sāṃkhya das passive *Geistprinzip*, der bloße Auslöser für die Evolution der Materie

rūpa: *Körper*, Gestalt, Form; die äußeren Bestimmungen eines Gegenstandes

śabda: sprachlicher Ausdruck; daher *Sprache* im weiten Sinn wie Logos im Griechischen; insbesondere das Erkenntnismittel (pramāṇa) Überlieferung oder (zuverlässige) Mitteilung

śakti: *Potenz* im Sinne der aristotelischen Dynamis; Kraft

samādhi: im Yoga und im Buddhismus die nach Tiefenstufen gegliederte *Versenkung*, die neben anderen Techniken, z. B. Atemübungen, zu den Meditationsübungen (dhyāna) zählt

sāmānya: *allgemein*, *Allgemeinheit*; als Terminus für die Universalien verwendet

saṃjñā: das *Unterscheidungsvermögen* mit Hilfe der Sinne, meist unter Einschluß des sechsten „Denksinns" (manas)

saṃnyāsin: *Wanderasket*; das durch Weltentsagung gekennzeichnete vierte Lebensstadium im Brahmanismus

saṃsāra: die Wanderung durch die verschiedenen Lebenszyklen, der *Kreislauf der Wiedergeburten*

saṃskāra: *Strebung*, Begehrung; das sind zusammen mit dem Nichtwissen (avidyā) die das Karma erzeugenden Kräfte

śāstra: Terminus für lehr- und lernbare, also Kenntnisse (vidyā) vermittelnde *Disziplinen*; daher auch didaktische *Abhandlungen* oder auch nur Abrisse

sat: *Sein* im Unterschied zum Bewußt-Sein im Sinne von Darum-wissen (cit)

sattā: das *Sein*; Abstraktum zu Sein (sat)
sattva: *Seiendsein*, insbesondere etwas Lebendig-seiendes
satya: *Wahrheit*
smṛti: das „Erinnerte"; insbesondere die der Erklärung des geoffenbarten Wissens (śruti) dienenden Texte der Tradition, die *autoritative Überlieferung*
sphoṭa: *Bersten*; bei den ind. Grammatikern der Terminus für die schematische Seite einer Sprachhandlung, z. B. auf der Ebene der einzelnen Sprachlaute (varṇa) das Phonem
śruti: das „Gehörte"; eine Bezeichnung für den Veda als das Corpus heiligen, weil *geoffenbarten Wissens*
śūnya: *leer*; im Madhyamaka Charakteristikum der Daseinsfaktoren (dharma), weil sie als das Wirkliche (tattva) prädikativ nicht bestimmbar sind
sūtra: (a) den Gehalt des Veda zusammenfassende *Leitfäden*; daher auch Bezeichnung für den einem philosophischen System des Hinduismus (darśana) zugrundeliegenden Text bzw. dessen einzelne *Lehrsätze*; (b) im frühen Buddhismus die *Lehrreden* Buddhas und die ihnen nachgebildeten umfangreichen Grundtexte der Mahāyāna-Schulen
tat: das Demonstrativpronomen ‚das'
tathatā: *Sosein*; im Buddhismus Ausdruck für die Substanzlosigkeit, also die Leerheit (śūnyatā)
tathāgata: der „Sogegangene"; in der Bedeutung *der Vollendete* eine Bezeichnung für den Buddha
tattva: eigentlich „Dasheit"; daher das *Wirkliche*, das Wirklichsein, ein Wirklichkeitsbestandteil
vadā: eine Debatte (kathā), bei der es um Wahrheit geht, also eine *Disputation*; daneben Bezeichnung für eine philosophische *Position*
vākya: *Satz*
vedanā: *Empfindung*, Fühlen; dem engl. ‚sensation' entsprechend
vidyā: *Wissen*, im Sinne von Kennen
vijñāna: *Bewußtsein*, im Sinne von Reflexionswissen als Einheit von Kennen (vidyā) und Erkennen (jñāna)
vijñapti: *intentionales Bewußtsein*
vikalpa: das *unterscheidende Vorstellen*
viśeṣa: *besonders*, Besonderheit
vyāpti: Terminus der indischen Logik für *Implikation*; in einer Schlußfolgerung (anumāna) der Gestalt A; $A < B \Rightarrow B$ die Prämisse $A < B$, d. h. ‚wenn A, dann B' im Sinne von ‚A impliziert B'
vyavahāra: die gewöhnliche, in Handeln, Sprechen und Denken gegliederte *Weltauffassung*

Zeittafel

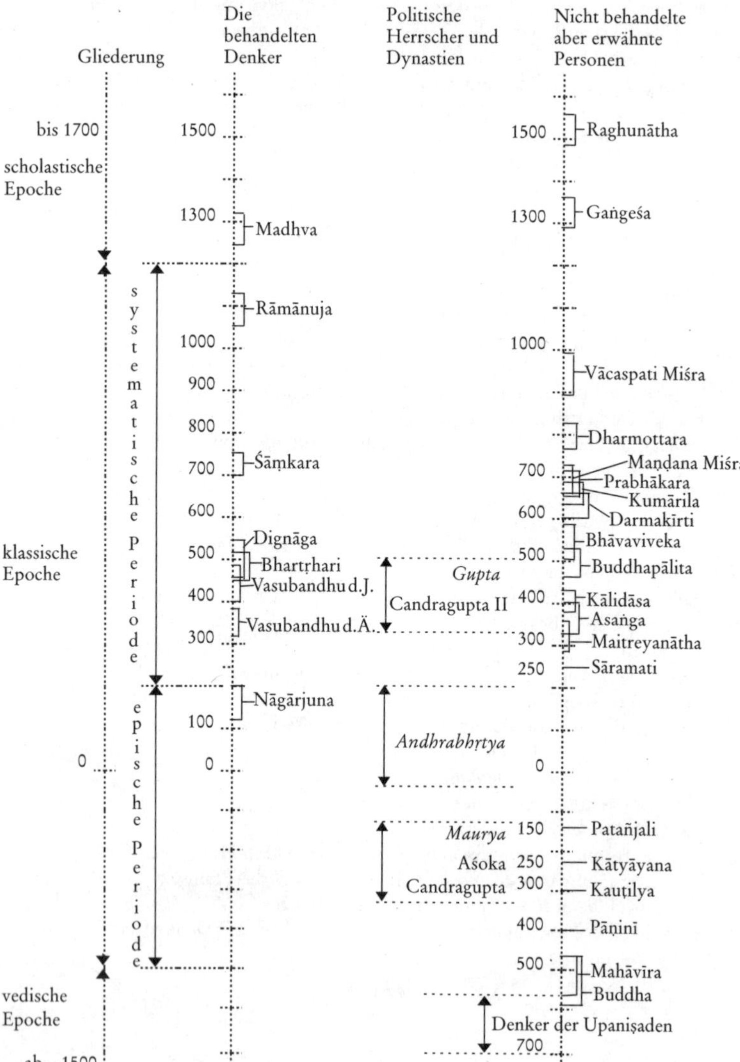
Gliederung
Die behandelten Denker
Politische Herrscher und Dynastien
Nicht behandelte aber erwähnte Personen
bis 1700
scholastische Epoche
klassische Epoche
0
vedische Epoche
ab – 1500
systematische Periode
epische Periode
1500
1300
Madhva
Rāmānuja
1000
900
800
Śāṃkara
700
600
Dignāga
500
Bhartṛhari
Vasubandhu d.J.
400
Vasubandhu d.Ä.
300
Nāgārjuna
100
0
Gupta
Candragupta II
Andhrabhṛtya
Maurya
Aśoka
Candragupta
1500
Raghunātha
1300
Gaṅgeśa
1000
Vācaspati Miśra
Dharmottara
700
Maṇḍana Miśra
Prabhākara
Kumārila
600
Darmakīrti
Bhāvaviveka
500
Buddhapālita
400
Kālidāsa
Asaṅga
300
Maitreyanātha
250
Sāramati
0
150
Patañjali
250
Kātyāyana
300
Kauṭilya
400
Pāṇinī
500
Mahāvīra
Buddha
Denker der Upaniṣaden
700

0-200m über Meeresspiegel
200-500m über Meeresspiegel
500-1000m über Meeresspiegel
über 1000m über Meeresspiegel
USBE-KISTAN
TADSCHIKISTAN
AFGHANISTAN
Indus
Purusapura
Srinagar
GANDHARA
KASHMIR
HIMACHAL PRADESH
Sialkot
Simla
PAKISTAN
PANJAB
Kedarnath(a)
CHINA
Chandigarh
Bad(a)rinath(a)
HARYANA
NEU-DELHI
UTTAR PRADESH
NEPAL
RAJASTHAN
Agra
Lakhnau
SIKKIM
BHUTAN
Darjeeling
Jaipur
Chambal
Ayodhya
Kanpur
Varanasi
Vaisali
Mithila
MEGHA-LAYA
Yamuna
Prayaga
Patna
Ganges
Kausambi
Nalanda
BANGLA-DESH
GUJARAT
Ahmadabad
Bhopal
BIHAR
Ujjain
BERAR
WEST BENGAL
Dvar(a)ka
Valabhi
Narmada
MADHYA PRADESH
Kalkutta
ORISSA
MAHARASHTRA
Mahanadi
Aurangabad
Nagpur
Bhubaneswar
Bombay
Godavari
Puri
Hyderabad
Amaravati
Krishna
Nagarjuna-konda
Guntur
Golf von Bengalen
KARNATAKA
ANDHRA PRADESH
Arabisches Meer
Sr(i)ngeri
Udipi
Bangalore
Madras (Chennai)
Mysore
Kanchi
TAMIL NADU
Kozhikode
Kaveri
KERALA
Tiruchirappalli
Lakkadiven
Palkstr.
Madurai
Kaladi
Trivandrum
SRI LANKA
N
0
500 km
Indischer Ozean

Literatur

A. Werkausgaben

A.1. Nāgārjuna

Die erste vollständige deutsche Übersetzung aus dem Sanskrit der in 27 Kapitel gegliederten 448 Merkverse (kārikā) der Madhyamaka-Kārikā liegt vor in:

B. Weber-Brosamer/D. M. Back, Die Philosophie der Leere. Nāgārjunas Mūlamadhyamaka-Kārikās. Übersetzung des buddhistischen Basistextes mit kommentierenden Einführungen, Wiesbaden 1997.

Daneben gibt es noch ältere deutsche Übersetzungen aus dem Tibetischen und dem Chinesischen in:

M. Walleser, Die Mittlere Lehre des Nāgārjuna. Nach der tibetischen Version übertragen, Heidelberg 1911;

Ders., Die Mittlere Lehre des Nāgārjuna. Nach der chinesischen Version übertragen, Heidelberg 1912 (gekürzter Wiederabdruck in: *J. Mehlig* (Hg.), Weisheit des alten Indien, Bd.II (Buddhistische Texte), Leipzig-Weimar 1987).

Vollständige englische Übersetzungen liegen vor in:

F. J. Streng, Emptiness, Nashville-New York 1967;

K. K. Inada, Nāgārjuna. A Translation of his Mūlamadhyamakakārikā with an Introductory Essay, Tokyo 1970;

D. Kalupahana, Nāgārjuna. The Philosophy of the Middle Way, Albany 1986;

R. Ch. und M. Pandeya, Nāgārjuna's Philosophy of No-Identity. With Philosophical Translations of the Madhyamaka-Kārikā, Śūnyatā-Saptati and Vigrahavyāvartanī, Delhi 1991;

J. L. Garfield, The Fundamental Wisdom of the Middle Way – Nāgārjuna's Mūlamadhyamakakārikā. Translation and Commentary, New York-Oxford 1995.

90 Kārikās der Madhyamaka-Kārikā werden thematisch gruppiert übersetzt und erläutert in:

H. W. Schumann, Buddhismus. Stifter, Schulen und Systeme, München ³1995, 195–212; Ergänzungen dazu in:

Ders., Mahāyāna-Buddhismus. Das Große Fahrzeug über den Ozean des Leidens, München ²1995, 60–76.

Der Sanskrit-Text der Vigrahavyāvartanī (= Die Streitabwehrerin) liegt in der kritischen Ausgabe von E.H. Johnston und A. Kunst zusammen mit einer englischen Übersetzung vor in:

K. Bhattacharya, The Dialectical Method of Nāgārjuna (Vigrahavyāvartanī), Delhi 1978.

Deutsche Übersetzungen wichtiger Ausschnitte der Kommentare von Buddhapālita, Bhāvaviveka und Candrakīrti zum ersten Kapitel der Madhyamaka-Kārikā finden sich in: Frauwallner 1956, 221–247.

A.2. Vasubandhu

Die Standardausgabe des Sanskrittextes des Abhidharmakośa zusammen mit dem einzigen in Sanskrit überlieferten Kommentar von Yasomitra (8. Jh.) liegt vor in:

D. Shastri (ed.), Abhidharmakośa and Bhāṣya of Āchārya Vasubandhu with the Sphuṭārtha Commentary of Āchārya Yasomitra I–IV, Varanasi 1970–1973.

Eine vollständige französische Übersetzung der von Hsüan-tsang stammenden und im chinesischen und japanischen Buddhismus stets als Grundlage verwendeten chinesischen Übersetzung des Abhidharmakośa liegt vor in:

L. de La Vallée Poussin (Übers.), L'Abhidharmakosa de Vasubandhu I–VI, Paris-Louvain 1923–1931, Brüssel ^{2}1980.

Von der Viṃśatikā zusammen mit der Triṃśikā liegt eine Ausgabe des Sanskrittextes vor in:

S. Lévi (éd.), Vijñaptimātratāsiddhi. Deux traités de Vasubandhu Viṃśatikā (La vingtaine) accompagnée d'une explication en prose, et Triṃśikā (La trentaine) avec le commentaire de Sthiramati, Paris 1925; dazu seine Übersetzung in:

S. Lévi, Un système de philosophie bouddhique. Matériaux pour l'étude du système Vijñaptimātra, Paris 1932.

Eine korrigierte neuere Edition beider Texte in:

Svāmī Maheśvarānanda (ed.), Vijñaptimātratāsiddhi, Varanasi 1962.

Es gibt zahlreiche Übersetzungen auf der Basis dieser Ausgaben, aber auch auf der Basis der chinesischen Version der Vijñaptimātratāsiddhi von Hsüan-tsang in:

L. de La Vallée Poussin (Übers.), Vijñaptimātratāsiddhi. La siddhi de Hsuan-Tsang, I–II, Paris 1928/29; und (für die Viṃśatikā) in: *C. H. Hamilton* (Übers.), Wei shih er shih lun, or the Treatise in Twenty Stanzas on Representation-only, by Vasubandhu, New Haven Conn. 1939, New York 1967; und (für die Triṃśikā) in: *Radhakrishnan/Moore* 1957, 333–337 (The Thirty Verses on the Mind-Only Doctrine, übers. W. Chan).

Unter den Übersetzungen aus dem Sanskrit sind deutsch zugänglich die Triṃśikā in: *Schumann* 1973, 152–155;
die Viṃśatikā samt Vṛtti und Triṃśikā in: *Frauwallner* 1956, 350–390.

S. Anacker, Seven Works of Vasubandhu. The Buddhist Psychological Doctor, Delhi-Varanasi-Patna-Madras 1984.
E. Frauwallner, Vasubandhu's Vādavidhiḥ, Wiener Zeitschrift für die Kunde Süd- und Ostasiens und Archiv für indische Philosophie 1 (1957), 104–134.
E. Lamotte (engl. Übers. L.M. Pruden), Karmasiddhiprakaraṇa. The Treatise on Action by Vasubandhu, Berkeley, Cal. 1988.
T. A. Kochumuttom, A Buddhist Doctrine of Experience. A New Translation and Interpretation of the Works of Vasubandhu the Yogācārin [d. h. von Vasubandhu dem Älteren], Delhi 1982.

Eine kritische Ausgabe des Trisvabhāva-nirdeśa mit Übersetzung und Kommentar liegt vor in:

F. Tola/C. Dragonetti, The Trisvābhavakārikā of Vasubandhu, Journal of Indian Philosophy 11 (1983), 225–266.

Ebenfalls kritisch ediert ist Vasubandhus Bhāṣya zu Maitreyas Madhyāntavibhāga:

R. Pandeya (ed.), Madhyānta-vibhāga-śāstra. Containing the Kārikā's of Maitreya, Bhāṣya of Vasubandhu and Ṭīkā by Sthiramati, Delhi u.a. 1971; eine kommentierte englische Übersetzung von Kārikā und Bhāṣya unter Berücksichtigung der Ṭīkā in: *Anacker* 1984, 191–286.

A.3. Bhartṛhari

Textgrundlage ist die kritische Ausgabe des Vākyapadīa: Bhartṛharis Vākyapadīya. Die mūlakārikās nach den Handschriften hg. und mit einem Pāda-Index versehen von *W. Rau*, Wiesbaden 1977.

Die derzeit verwendete Standardübersetzung der drei Bücher des Vākyapadīya ist Bestandteil der Textausgabe:

K.A. Subramania Iyer, Brahmakāṇḍa (samt Bhartṛharis Vṛtti), Poona 1966;
Ders., Vākyakāṇḍa (samt Ṭīkā von Puṇjarāja), Delhi 1983
Ders., Padakāṇḍa, Teil 1 (samt Helārājas Kommentar Prakīrṇa-prakāśa), Poona 1963;
Ders., Padakāṇḍa, Teil 2 (samt Helārājas Kommentar Prakīrṇa-prakāśa), Poona 1973.

Eine kritische Ausgabe samt englischer Übersetzung des Fragments der Mahābhāṣya-ṭīkā in Teilen mit verschiedenen Herausgebern wird vom Bhandarkar Oriental Institute, Poona, seit 1985 betreut.

A.4. Dignāga

E. Frauwallner, Dignāgas Ālambanaparīksā. (tibet.) Text, Übersetzung und Erläuterungen, in: Wiener Zeitschrift für die Kunde des Morgenlandes 37 (1930), 174–194, wiederabgedr. in: *Frauwallner* 1982, 340–360.

D. C. Chatterjee, Hetucakranirṇaya [= Hetucakra-ḍamaru; tibet. Text, sanskr. Rekonstruktion und engl. Übersetzung], in: Indian Historical Quarterly 9 (1933), 266–272, 511–514.
G. Tucci (ed.), The Nyāyamukha of Dignāga. The oldest Buddhist text of logic, after Chinese and Tibetan materials in English, Heidelberg 1930.

In westlichen Sprachen sind nur Teile des Pramāṇa-samuccaya zugänglich, darunter Auszüge aus den Kapiteln 2 und 5 in:

R. Herzberger, Bhartṛhari and the Buddhists. An Essay in the Development of Fifth and Sixth Century Indian Thought, Dordrecht-Boston-London 1986; sowie in:
R. P. Hayes, Dignāga on the Interpretation of Signs, Dordrecht-Boston-London 1987; der gesamte Teil zur Wahrnehmung in: *Dignāga,* On Perception, being the Pratyakṣapariccheda of Dignāga's Pramāṇasamuccaya from the Sanskrit Fragments and the Tibetan Versions, translated and annotated by *M. Hattori,* Cambridge Mass. 1968;

Ein kurzes Stück, in dem Dignāga die Selbsterkenntnis behandelt, findet sich in deutscher Übersetzung in: *Frauwallner* 1956, 390–394.

A.5. Śaṃkara

S. Mayeda, Śaṅkara's Upadeśasāhasrī, critically edited with introduction and indices, Tokyo 1973; vom selben Verfasser findet sich eine engl. Übers. der Prosateile in: *E. Deutsch/J. A. B. van Buitenen,* A Source Book of Advaita Vedānta, Honolulu 1971, 124–150; ergänzt zu einer vollständigen engl. Übers. in: A Thousand Teachings. The Upadeśasāhasrī of Śaṅkara. Translated with introduction and notes by *S. Mayeda,* Tokyo 1979. Eine noch nicht auf der kritischen Edition beruhende deutsche Übersetzung ebenfalls der Prosateile in: Upadeśasāhasrī. Unterweisung in der All-Einheits-Lehre der Inder von Meister Shankara, Gadyaprabandha oder das Buch in Prosa, aus dem Sanskrit übersetzt und erläutert von *Paul Hacker,* Bonn 1949.

Die Hauptwerke Śaṃkaras stehen im originalen Sanskrit zur Verfügung in:

Works of Śrī Śaṅkarācārya I–III, H.R. Bhagavat (ed.), Poona 1928, ND Delhi 1978.
Zusammengefaßte englische Übersetzungen der echten und vieler mutmaßlich unechter Werke Śaṃkaras in: *Potter* 1981, 115–345.
Thematisch gruppierte Auszüge aus dem Gesamtwerk liegen übersetzt vor in:
A. J. Alston (ed.), Śaṃkara Source Book, I–VI, London 1980–1989.

Von Swāmī Gambhīrānanda liegen englische Übersetzungen der folgenden Werke vor:

Eight Upaniṣads with the Commentary of Śaṃkara (I: Īśa, Kena, Kaṭha, Taittirīya, II: Aitareya, Muṇḍaka, Māṇḍūkya, Praśna), Calcutta 1938/1958;

Brahmasūtrabhāṣya of Śrī Śaṅkarācārya, Calcutta 1965, [2]1972.

Im übrigen konsultiert man:

Māṇḍūkyopaniṣad with Gauḍapāda's Kārikā and Śaṃkara's Commentary. Translated and annotated by *Swāmī Nikhilānanda*, Mysore 1936;

Vedānta Explained. The Śaṃkara's Commentary on Brahma-Sūtra, I–II, transl. *V. H. Date*, Bombay 1954, New Delhi [2]1973.

Übersetzungen der beiden großen Upaniṣaden samt Kommentar in:

The Chāndogyopaniṣad. A Treatise on Vedānta Philosophy. Translated into English with the Commentary of Śaṃkara, transl. *G. Jha*, Madras 1899, Poona 1942;

The Bṛhadāraṇyakopaniṣad with the Commentary of Śaṃkarācārya, transl. Swāmī Mādhavānanda, Almora 1935, Calcutta [4]1965.

Eine deutsche Übersetzung des Bhagavadgītā-Kommentars in: Bhagavadgītā. Der vollständige Text mit dem Kommentar Śaṃkaras, übers. *J. Dünnebier*, München 1989.

Die älteste deutsche und noch immer brauchbare Übersetzung des Brahmasūtra-bhāṣya in:

P. Deussen, Die Sūtra's des Vedānta oder die Śārīraka-Mīmāṃsā des Bādarāyaṇa nebst dem vollständigen Kommentare des Śaṃkara. Aus dem Sanskrit übersetzt, Leipzig 1887 (ND Hildesheim 1966).

A.6. Rāmānuja

Eine vollständige englische Übersetzung des Śrībhāṣya durch *George Thibaut* liegt vor als Band 48 der Serie ‚Sacred Books of the East' (I–L, ed. F. M. Müller, London 1879–1910, repr. Delhi 1977–1980); eine neuere Übersetzung zusammen mit dem Sanskrittext in:

R. D. Karmakar (ed. and transl.), Śrībhāṣya of Rāmānuja, I–III, Poona 1959–1964.

Eine kommentierte und mit Anmerkungen versehene jeweils deutsche und französische Übersetzung allein des umfangreichen, unter dem Titel ‚Siddhānta' (= Quintessenz) tradierten Rāmānuja-Kommentars nur zum ersten Einzelsūtra des Brahma-sūtra in:

Siddhānta des Rāmānuja. Ein Text zur indischen Gottesmystik (aus dem Sanskrit von *R. Otto*), Jena 1917, Tübingen [2]1923; und

La doctrine morale et métaphysique de Rāmānuja (traduction [du premier sūtra du Śrībhāṣya accompagnée du texte sanskrit] et notes par *O. Lacombe*), Paris 1938.

Eine vollständige Übersetzung des Gītābhāṣya ins Niederländische liegt vor in der Dissertation von J. A. B. van Buitenen, wobei deren englische

Veröffentlichung nur noch eine zusammenfassende Übersetzung ins Englische enthält:

J. A. B. van Buitenen, Rāmānuja on the Bhagavadgītā. A condensed rendering of his Gītābhāṣya with copious notes and an introduction, 's-Gravenhage 1953, Delhi 1968.

Das Vedāntasāra wurde herausgegeben und ins Deutsche übersetzt in:

E. von Voss (Übers.), Das angeblich von Rāmānuja verfaßte Vedāntatattvasāra, Leipzig 1906.

Eine kritische Ausgabe mit englischer Übersetzung des Vedārtha-saṃgraha liegt vor in:

Rāmānuja's Vedārthasaṃgraha. Introduction, Critical Edition and Annotated Translation, ed. *J. A. B. van Buitenen*, Poona 1956.

Der Vedāntadīpa ist verfügbar in:

A. Hohenberger, Rāmānujas Vedāntadīpa. Seine Kurzauslegung der Brahmasūtren des Bādarāyaṇa, Bonn 1964.

A.7. Madhva

Die Gesammelten Werke von Madhva sind unter dem Titel ‚Sarva-Mūla' herausgegeben von *T. R. Krisnacarya* (Kumbhakonam 1910); ausgewählte Übersetzungen in:

B. N. K. Sharma, Śrī Madhva's Teachings in His Own Words, Bombay 1961, ³1979; sie stehen im Kontext der Gesamtdarstellung:

B. N. K. Sharma, Philosophy of Śrī Madhvāchārya, Bombay 1962, Delhi ²1986.

Eine englische Übersetzung des Brahmasūtra-bhāṣya liegt vor in:

S. Subba Rau, The Vedānta-Sūtras, with the Commentary by Śrī Madhwāchārya. A Complete Translation, Madras 1904, Tirupati ²1936; Auszüge daraus sind abgedruckt in: *Radhakrishnan/Moore* 1957, 555–571.

Eine englische Übersetzung des Gītābhāṣya zusammen mit der Gītā findet sich in:

The Bhagavad Gītā. Translation and Commentaries in English according to Śrī Madhwāchārya's Bhāṣya, Madras 1906.

Übersetzungen von Upaniṣaden-Kommentaren liegen vor in:

B. Heimann (Hg.), Madhvas (Ānandatīrthas) Kommentar zur Kaṭhaka-Upaniṣad. Sanskrit-Text in Transkription nebst Übersetzung und Noten, Leipzig 1922;

B. Venkatesachar, Talavakāra Upaniṣad Bhāṣya (Kenopaniṣad), in: Tattva-Vāda 3 (Bangalore 1956), Nr.10.

Des weiteren stehen in westlichen Sprachen zur Verfügung:

H. von Glasenapp, Lehrsätze des dualistischen Vedānta (Madhva Tattvasaṃkhyāna) [= eines der zehn Prakaraṇa], in: Aufsätze zur Kultur- und

Sprachgeschichte vornehmlich des Orients. Ernst Kuhn zum 70. Geburtstage gewidmet, Breslau 1916, 326–331, wiederabgedr. in: *H. von Glasenapp*, Von Buddha zu Gandhi. Aufsätze zur Geschichte der Religionen Indiens, Wiesbaden 1962, 187–192;

Śrīmad-Viṣṇu-Tattva-Vinirṇaya of Śrī Madhvācārya. English Translation by *S. S. Raghavachar*, Mangalore 1959;

S. Siauve, La voie vers la connaissance de Dieu (Brahma-jijñāsā) selon l'Anuvyākhyāna de Madhva, Pondichéry 1957.

B. Sekundärliteratur

B.1. Allgemein

S. S. Barlingay, A Modern Introduction to Indian Logic, New Delhi 1965, ²1976.

M. Biardeau, Théorie de la connaissance et philosophie de la parole dans le brahmanisme classique, Paris-Le Haye 1964.

M. Dascal/D. Gerhardus/K. Lorenz/G. Meggle (Hg.), Sprachphilosophie. Philosophy of Language. La philosophie du langage. Ein internationales Handbuch zeitgenössischer Forschung, I, Berlin-New York 1992; II, Berlin-New York 1995.

P. Della Santina, Madhyamaka Schools in India. A Study of the Madhyamaka Philosophy and of the Division of the System into the Prāsaṅgika and Svatāntrika Schools, Delhi 1986.

D. C. Dennett, The Intentional Stance, Cambridge Mass. 1987.

H. Diels, Die Fragmente der Vorsokratiker. Griechisch und Deutsch, I–III, Berlin 1903, (ed. W. Kranz) ⁶1951/52.

H. Dumoulin, Zen. Geschichte und Gestalt, Bern 1959.

M. Eliade, Yoga, Immortality, and Freedom, London-New York 1958.

E. Frauwallner, Untersuchungen zu den älteren Upaniṣaden, Zeitschrift für Indologie und Iranistik 4 (1926), 1–45.

Ders., Kleine Schriften (hg. *G. Oberhammer/E. Steinkellner*), Wiesbaden 1982.

Ders., Amalavijñānam und Ālayavijñānam. Ein Beitrag zur Erkenntnislehre des Buddhismus, in: *Frauwallner* 1982, 637–648.

Ders., Zum Vṛttikāragranthaḥ, Wiener Zeitschrift für die Kunde Südasiens 16 (1972), 165–167.

Ders., Sprachtheorie und Philosophie im Mahābhāṣyam des Patañjali, in: Wiener Zeitschrift für die Kunde Süd- und Ostasiens und Archiv für indische Philosophie 4 (1960), 92–118, wiederabgedr. in: *Frauwallner* 1982, 284–310.

H. von Glasenapp, Zur Geschichte der buddhistischen Dharma-Theorie, Z. der Deutschen Morgenländischen Gesellschaft 92 (1938), 338–420.

J. Gonda, Viṣṇuism and Śivaism. A Comparison, London 1970.

N. Goodman, Ways of Worldmaking, Hassocks, Sussex, 1978 (dt. Weisen der Welterzeugung, Frankfurt am Main 1984).

P. J. Griffiths, On Being Mindless. Buddhist Meditation and the Mind-Body-Problem, La Salle, Ill. 1986.

P. Hacker, Kleine Schriften (hg. L. Schmithausen), Wiesbaden 1978.

Ders., Vivarta. Studien zur Geschichte der illusionistischen Kosmologie und Erkenntnistheorie der Inder, Wiesbaden 1953 (Akademie der Wiss. und der Lit. Mainz, geistes- und sozialwiss. Klasse 5).

W. Halbfass, Tradition and Reflection. Explorations in Indian Thought, Albany, N.Y. 1991.

E. Hanefeld, Philosophische Haupttexte der älteren Upaniṣaden, Wiesbaden 1976.

I. C. Harris, The Continuity of Madhyamaka and Yogācāra in Indian Mahāyāna Buddhism, Leiden 1991.

J. Kulenkampff, David Hume, München 1989.

G. J. Larson/E. Deutsch (eds.), Interpreting Across Boundaries. New Essays in Comparative Philosophy, Princeton, N.J. 1988.

C. I. Lewis, Mind and the World Order, New York-Chicago-Boston 1929

K. Lorenz, Rede zwischen Aktion und Kognition, in: *A. Burri* (Hg.), Sprache und Denken, Berlin 1997, 139–156.

K. Lorenz/J. Mittelstraß, On Rational Philosophy of Language. The Programme in Plato's *Cratylus* Reconsidered, in: *Mind* 76 (1967), 1–20.

P. Masson-Oursel, La philosophie comparée, Paris 1923.

B. K. Matilal, Indian disputes about the primary units of meaning, in: *Dascal/Gerhardus/Lorenz/Meggle* 1995, 909–916.

Ders., The sphoṭa doctrine of the Indian Grammarians, in: Dascal/Gerhardus/Lorenz/Meggle 1992, 609–620.

Ders., Perception. An Essay on Classical Indian Theories of Knowledge, Oxford 1986.

G. H. Mead, Mind, Self and Society from the Standpoint of a Social Behaviorist, hg. *C.W. Morris*, Chicago 1934 (dt.: Geist, Identität und Gesellschaft aus der Sicht des Behaviorismus. Mit einer Einleitung herausgegeben von *Charles W. Morris*, Frankfurt am Main 1968).

H. Nakamura, Parallel Developments. A Comparative History of Ideas, Tokyo-New York 1975.

R. Pinxten (ed.), Universalism versus Relativism in Language and Thought. Proceedings of a Colloquium on the Sapir-Whorf-Hypotheses, The Hague 1976.

W. Rahula, Zen and the Taming of the Bull. Towards the Definition of Buddhist Thought, London 1978.

W. Ruben, Die Philosophen der Upanishaden, Bern 1947.

D. S. Ruegg, The uses of the four positions of the catuṣkoṭi and the problem of the description of reality in Mahāyāna Buddhism, Journal of Indian Philosophy 5 (1977), 1–72.

H. Scharfe, Die Logik im Mahābhāṣya, Berlin 1961.

L. Schmithausen, Ālayavijñāna. On the Origin and the Early Development of a Central Concept of Yogācāra Philosophy, I, II (Studia Philologica Buddhica Monograph Series IV), Tokyo 1987.

U. Schneider, Die altindische Lehre vom Kreislauf des Wassers, Saeculum 12 (1961), 1–11.

F. O. Schrader, Introduction to the Pāñcarātra and the Ahirbudhnyā Saṃhitā, Madras 1916.

H. W. Schumann, Buddhismus. Stifter, Schulen und Systeme, Olten 1976, neubearb. München 1993.

A. Verdu, The Philosophy of Buddhism. A „Totalistic" Synthesis, The Hague-Boston-London 1981.

Ders., Dialectical Aspects in Buddhist Thought, New York 1974.

M. Wandruszka, Sprachen vergleichbar und unvergleichlich, München 1969.

A. Wayman, Buddhist Dependent Origination and the Sāṃkhya Guṇas, Ethnos 27 (1962), 14–22.

I. Weber, Unendliche Weiten. Die Science-Fiction-Serie Star Trek als Entwurf von Kontakten mit dem Fremden, Frankfurt 1997.

L. Wittgenstein, Philosophische Untersuchungen/Philosophical Investigations, Oxford 1953.

T. E. Wood, Mind Only, Honolulu 1991.

B.2. Bibliographien; Übersichten; Sammelbände; Textsammlungen

The Cultural Heritage of India, I–VI (div. Herausgeber), Calcutta 1958-1986 [I: The Early Phases; II: Itihāsas, Purāṇas, Dharma and Other Śāstras; III: The Philosophies; IV: The Religions; V: Languages and Literatures; VI: Science and Technology].

A. J. Alston, The Realization of the Absolute. The Naiṣkarmya Siddhi of Sureśvara, London ²1971.

E. Conze (Hg.), Im Zeichen Buddhas. Buddhistische Texte, Frankfurt-Hamburg 1957.

H. G. Coward/K. Kunjunni Raja (ed.), Encyclopedia of Indian Philosophies (vol. V). The Philosophy of the Grammarians, Princeton, N. J. 1990.

E. B. Cowell/A. E. Gough (Übers.), The Sarvādarśana-saṃgraha or the Review of the different Systems of Hindu Philosophy by Mādhava Ācārya (ed. K. L. Joschi), Ahmedabad-Delhi 1981.

S. Dasgupta, A History of Indian Philosophy, I–V, Cambridge 1922–1955, Delhi 1975.

P. Deussen, Das System des Vedānta nach den Brahma-sūtra's des Bādarāyaṇa und dem Kommentare des Çaṅkara über dieselben als ein Kompendium der Dogmatik des Brahmanismus vom Standpunkte des Çaṅkara aus, Leipzig ²1906.

E. Deutsch, Advaita Vedānta. A Philosophical Reconstruction, Honolulu 1969, ²1973.

E. Frauwallner, Die Philosophie des Buddhismus, Berlin 1956, [3]1969.
H. von Glasenapp, Die Philosophie der Inder. Eine Einführung in ihre Geschichte und ihre Lehren, Stuttgart 1949.
E. Lamotte, Le Traité de la Grande Vertu de Sagesse, I–V [= komm. franz. Übers. aller 52 Kapitel des ersten Teils und des 20. Kapitels unter den 89 Kapiteln des zweiten Teils des Mahā-prajñāpāramitā-upadeśa], Louvain 1944–1980.
G. J. Larson/R. S. Bhattacharya (eds.), Encyclopedia of Indian Philosophies (vol. IV). Sāṃkhya: A Dualist Tradition in Indian Philosophy, Delhi-Varanasi-Patna-Madras 1987
B. K. Matilal, Indian philosophy of language, in: *Dascal/Gerhardus/Lorenz/Meggle* 1992, 75–94.
H. Nakamura, Indian Buddhism. A survey with bibliographical notes, Tokyo 1980.
K. H. Potter (ed.), Encyclopedia of Indian Philosophies (vol. II). Indian Metaphysics and Epistemology: The Tradition of Nyāya-Vaiśeṣika up to Gaṅgeśa, Princeton, N.J. 1977.
Ders. (ed.), Encyclopedia of Indian Philosophies (vol. III). Advaita Vedānta up to Śaṃkara and His Pupils, Delhi-Varanasi-Patna 1981.
S. Radhakrishnan, Indische Philosophie, I-II, Darmstadt 1956.
S. Radhakrishnan/C. A. Moore (eds.), A Source Book in Indian Philosophy, Princeton, N.J. 1957.
L. Renou/J. Filliozat, L'Inde classique. Manuel des études indiennes, t.I, Paris 1947, t.II, Paris 1953.
D. S. Ruegg, The Literature of the Madhyamaka School of Philosophy in India, Wiesbaden 1981.
H. Scharfe, Grammatical Literature, Wiesbaden 1977.
Buddhas Reden: Majjhimanikāya. Die Sammlung der mittleren Texte des Pāli-Kanons, übers. u. komm. *K. Schmidt*, Reinbek 1961.
H. W. Schumann, Buddhismus. Ein Leitfaden durch seine Lehren und Schulen, Darmstadt 1973.
Ders., Mahāyāna-Buddhismus. Das Große Fahrzeug über den Ozean des Leidens, München [2]1995.
Ders., Buddhistische Bilderwelt. Ein ikonographisches Handbuch des Mahāyāna- und Tantrayāna-Buddhismus, Darmstadt [3]1997.
K. Seidenstücker, Pāli-Buddhismus in Übersetzungen, München-Neubiberg [2]1923.
C. Sharma, A Critical Survey of Indian Philosophy, London 1960.
J. Takakusu, The Essentials of Buddhist Philosophy, *W. T. Chan/C. A. Moore* (eds.), Honolulu [2]1949.
J.-M. Verpoorten, Mīmāṃsā Literature, Wiesbaden 1987.
A. K. Warder, Outline of Indian Philosophy, Delhi-Varanasi-Patna 1971.
V. Zotz, Geschichte der buddhistischen Philosophie, Reinbek 1996.

B.3. Nāgārjuna

Sung-Ki Hong, pratītyasamutpāda bei Nāgārjuna, Dissertation Saarbrükken 1993.

Chr. Lindtner, Nāgārjuna, in: *B. Carr/I. Mahalingam* (eds.), Companion Encyclopedia of Asian Philosophy, London-New York 1997, 349–370.

Ders., Nagarjuniana. Studies in the Writings and Philosophy of Nāgārjuna, Copenhagen 1982, Delhi ²1987.

K. S. Murty, Nāgārjuna, New Delhi 1971.

K. V. Ramanan, Nāgārjuna's Philosophy As Presented in The Mahā-Prajñāpāramitā-Śāstra, Cambridge Mass. 1966, ND Delhi 1978.

K. R. Subramanian, Buddhist Remains in Andhra, Madras 1932.

M. Walleser, The life of Nāgārjuna from Tibetan and Chinese sources (Hirth Anniversary Volume), Leipzig 1923, ND Delhi 1979.

A. K. Warder, Is Nāgārjuna a Mahāyānist?, in: *M. Sprung* (ed.), The Problem of Two Truths in Buddhism and Vedānta, Dordrecht-Boston 1973, 78–88.

B.4. Vasubandhu

S. Beal (Übers.), Hsüan-tsang: Records of the Western Kingdoms, London 1906, Bd.I, 97–109.

S. Chaudhuri, Analytical Study of the Abhidharmakośa, Calcutta ²1983.

E. Frauwallner, On the Date of the Buddhist Master of the Law Vasubandhu, Serie Orientale Roma (Instituto Italiano per il Medio ed Estremo Oriente) 3 (1951).

L. Schmithausen, Sautrāntika-Voraussetzungen in Viṃśatikā und Triṃśikā, Wiener Zeitschrift für die Kunde Süd- und Ostasiens und Archiv für indische Philosophie 11 (1967), 109–136.

J. Takakusu, A Study of Paramārtha's Life of Vasubandhu and the Date of Vasubandhu, in: Journal of the Royal Asiatic Society of Great Britain and Ireland 57 (1905), 33–53.

B.5. Bhartṛhari und Dignāga

A. Akamutsu, Pratibhā and the meaning of the sentence in Bhartṛhari's Vākyapadīya, in: *Bhate/Bronkhorst* 1993, 37–43.

S. Bhate/J. Bronkhorst (eds.), Bhartṛhari – Philosopher and Grammarian. Proceedings of the First International Conference on Bhartṛhari (Univ. of Poona, Jan. 6–8, 1992), Bern 1993.

V. van Bijlert, Apohavāda in Buddhist logic, in: *Dascal/Gerhardus/Lorenz/Meggle* 1992, 600–609.

J. Brough, I-ching on the Sanskrit grammarians, in: Bulletin of the School of Oriental and African Studies (London) 36 (1973), 248–260.

H. G. Coward, Bhartṛhari, Boston 1976.

E. Frauwallner, Landmarks in the History of Indian Logic, in: Wiener Zeitschrift für die Kunde Süd- und Ostasiens und Archiv für indische

Philosophie 5 (1961), 125–148; wiederabgedr. in: *Frauwallner* 1982, 847–870.
Ders., Dignāga, sein Werk und seine Entwicklung, in: Wiener Zeitschrift für die Kunde Süd- und Ostasiens und Archiv für indische Philosophie 3 (1959), 83–164, wiederabgedr. in: *Frauwallner* 1982, 759–841.
J. D. Kelly, Meaning and the limits of analysis. Bhartṛhari and the Buddhists, and post-structuralism, in: *Bhate/Bronkhorst* 1993, 171–194.
C. Lindtner, Linking up Bhartṛhari and the Bauddhas, in: *Bhate/Bronkhorst* 1993, 195–213.
T. Patnaik, Śabda. A Study of Bhartṛhari's Philosophy of Language, New Delhi 1994.

B.6. Śaṃkara

H. Brückner, Zum Beweisverfahren Śaṃkaras, Berlin 1979.
P. Hacker, Eigentümlichkeiten der Lehre und Terminologie Śaṅkaras: Avidyā, Nāmarūpa, Māyā, Īśvara, Zeitschrift der Deutschen Morgenländischen Gesellschaft 100 (= NF 25) (1950), 246–286, wiederabgedr. in: *Hacker* 1978, 69–109.
Ders., Śaṅkara der Yogin und Śaṅkara der Advaitin. Einige Beobachtungen, Wiener Zeitschrift für die Kunde Süd- und Ostasiens 12 (1968), 119–148, wiederabgedr. in: *Hacker* 1978, 213–242.
W. Halbfass, Studies in Kumārila and Śaṅkara, Reinbek 1983.
H. Nakamura, A History of Early Vedānta Philosophy, Delhi 1983.
G.C. Pande, Life and Thought of Śaṅkarācārya, Delhi 1994.
T. Vetter, Studien zur Lehre und Entwicklung Śaṅkaras, Wien 1979.

B.7. Rāmānuja und Madhva

M. Comans, Later Vedānta, in: *B. Carr/I. Mahalingam* (eds.), Companion Encyclopedia of Asian Philosophy, London-New York 1997, 211–229.
A. Hohenberger, Rāmānuja. Ein Philosoph indischer Gottesmystik, Bonn 1960.
C. R. K. Rao, Madhva and Brahma Tarka, Uḍipi 1960.
A. Sharma, Viśiṣṭādvaita Vedānta. A Study, New Delhi 1978.
B. N. K. Sharma, History of the Dvaita School of Vedānta and its Literature. From the earliest beginnings to our own times, Delhi-Varanasi-Patna ²1981.
S. Siauve, La doctrine de Madhva, Pondichéry 1968.

C. Wirkungsgeschichte einschließlich Vergleiche

M. Abe, Zen and Western Thought, London 1984.
A. H. Anquetil-Duperron, Oupnek'hat (id est, Secretum Tegendum), 2 Bde., Straßburg 1801/1802.
H. von Glasenapp, Das Indienbild deutscher Denker, Stuttgart 1960.

C. Gudmundsen, Wittgenstein and Buddhism, London-New York 1977.
W. Halbfass, Indien und Europa. Perspektiven ihrer geistigen Begegnung, Basel-Stuttgart 1981 (engl.: India and Europe. An Essay in Understanding, Albany, N.Y. 1988).
Y. Hoffmann, The Idea of Self – East and West. A comparison between Buddhist Philosophy and the Philosophy of David Hume, Calcutta 1980.
R. Inden, Imagining India, Oxford 1990.
K. Jaspers, Die großen Philosophen I, München 1957.
A. D. P. Kalansuriya, A philosophical analysis of Buddhist notions: the Buddha and Wittgenstein, Delhi 1987.
J. *G. Kitzel*, Thema und Tabu. Über Behandlungshindernisse in der Philosophie, Würzburg 1997.
O. Lacombe, Note sur Plotin et la pensée indienne, Paris 1950.
J. W. McCrindle, Ancient India as described by Megasthenes and Arrian, Bombay 1877.
M. L. West, Early Greek Philosophy and the Orient, Oxford 1971.

Bildquellennachweis

Die Abbildungen Rāmānuja, Śaṃkara und Madhva von K. S. Ramu stammen aus dem Buch „Handbook of Hindu Gods, Goddesses and Saints", Delhi 1991.

Personenregister

Sachregister

Buchanzeigen

Philosophie und Geistesgeschichte

Klaus Michael Meyer-Abich
Praktische Naturphilosophie
Erinnerung an einen vergessenen Traum
1997. 520 Seiten mit 3 Abbildungen. Leinen
Kulturgeschichte der Natur in Einzeldarstellungen

Klaus Michael Meyer-Abich
Vom Baum der Erkenntnis zum Baum des Lebens
Ganzheitliches Denken der Natur in Wissenschaft und Wirtschaft
Von Klaus Michael Meyer-Abich, Gerhard Scherhorn,
Franz-Theo Gottwald, Hans Werner Ingensiep, Michael Drieschner,
Zeyde-Margreth Erdmann
1997. 470 Seiten. Leinen
Kulturgeschichte der Natur in Einzeldarstellungen

Gernot Böhme/Hartmut Böhme
Feuer, Wasser, Erde Luft
Eine Kulturgeschichte der Elemente
1996. 344 Seiten mit 47 Abbildungen. Leinen
Kulturgeschichte der Natur in Einzeldarstellungen

Gernot Böhme (Hrsg.)
Klassiker der Naturphilosophie
Von den Vorsokratikern bis zur Kopenhagener Schule
1989. 458 Seiten mit 4 Abbildungen und 24 Porträtabbildungen.
Leinen.

Wolfgang Röd
Der Weg der Philosophie
Von den Anfängen bis ins 20. Jahrhundert
Band 1: Altertum, Mittelalter, Renaissance
1994. 524 Seiten. Leinen
Band 2: 17. bis 20. Jahrhundert
1996. 637 Seiten. Leinen

Verlag C.H. Beck München